教育部哲学社会科学研究发展报告项目（13JBGP035）
国家"985工程"四川大学哲学社会科学创新基地研究成果

姚乐野 /主编　王阿陶 /副主编

中国人文社会科学
国际学术影响力发展报告

2006—2010

中国社会科学出版社

图书在版编目(CIP)数据

中国人文社会科学国际学术影响力发展报告.2006~2010/姚乐野主编.
—北京：中国社会科学出版社，2015.12
ISBN 978-7-5161-7478-4

Ⅰ.①中… Ⅱ.①姚… Ⅲ.①社会科学—研究报告—中国—2006~2010 Ⅳ.①C12

中国版本图书馆 CIP 数据核字(2015)第 312416 号

出 版 人	赵剑英
责任编辑	王 茵
特约编辑	王 称
责任校对	郝阳洋
责任印制	王 超

出　　版	中国社会科学出版社
社　　址	北京鼓楼西大街甲 158 号
邮　　编	100720
网　　址	http://www.csspw.cn
发 行 部	010-84083685
门 市 部	010-84029450
经　　销	新华书店及其他书店
印　　刷	北京君升印刷有限公司
装　　订	廊坊市广阳区广增装订厂
版　　次	2015 年 12 月第 1 版
印　　次	2015 年 12 月第 1 次印刷
开　　本	710×1000 1/16
印　　张	21.25
插　　页	2
字　　数	359 千字
定　　价	79.00 元

凡购买中国社会科学出版社图书，如有质量问题请与本社营销中心联系调换
电话：010-84083683
版权所有　侵权必究

二　需要说明的问题 ·· (51)
第二节　2006—2010年BKCI-SSH收录中国
　　　　内地著作的情况 ·· (52)
　　一　BKCI-SSH收录中国内地著作的年代分布 ················ (52)
　　二　BKCI-SSH收录中国内地著作的学科领域分布 ·········· (54)
　　三　BKCI-SSH收录中国内地著作合作
　　　　国家/地区分布 ·· (56)
　　四　BKCI-SSH收录中国内地著作的作者
　　　　所在机构分布 ·· (58)
　　五　BKCI-SSH收录中国内地著作的被
　　　　引用情况 ·· (60)
第三节　统计结果及分析 ··· (64)
　　一　学术著作数量呈稳定增长的趋势 ······························ (64)
　　二　学术著作涉及语种较为单一 ····································· (64)
　　三　学术著作集中于部分学科领域 ·································· (64)
　　四　学术交流与科研合作有待于进一步扩大 ···················· (65)
　　五　高等院校是学术著作的主要产出机构 ······················· (65)
　　六　学术著作的被引用频次较低 ····································· (65)
第四节　结论 ··· (66)

第四章　中国人文社会科学期刊国际学术影响力 ············ (67)
第一节　导论 ··· (67)
　　一　中国内地人文社会科学期刊的界定 ··························· (68)
　　二　期刊国际学术影响力评价指标 ·································· (68)
第二节　统计分析 ·· (69)
　　一　SSCI和A&HCI收录中国内地人文社会科学期刊概况 ····· (69)
　　二　SSCI和A&HCI收录中国内地人文社会科学期刊的
　　　　论文概况 ·· (74)
　　三　SSCI和A&HCI收录中国内地人文社会科学期刊的论文
　　　　被引分析 ·· (81)
　　四　SSCI和A&HCI收录中国内地人文社会科学期刊影响
　　　　因子分析 ·· (89)

目　录

第一章　绪论 ……………………………………………………（1）
　第一节　研究背景及目的、意义 ………………………………（1）
　　一　研究背景 …………………………………………………（1）
　　二　目的、意义 ………………………………………………（4）
　第二节　研究内容、方法与技术路线 …………………………（6）
　　一　研究内容 …………………………………………………（6）
　　二　研究方法与技术路线 ……………………………………（11）

第二章　中国人文社会科学期刊论文国际学术影响力 ………（13）
　第一节　导论 ……………………………………………………（13）
　第二节　数据统计与分析 ………………………………………（14）
　　一　期刊论文年度分布 ………………………………………（14）
　　二　期刊论文语种分布 ………………………………………（15）
　　三　期刊论文来源期刊分布 …………………………………（16）
　　四　期刊论文作者所在机构情况 ……………………………（21）
　　五　期刊论文的合作国家/地区情况 ………………………（23）
　　六　期刊论文受国外基金资助情况 …………………………（25）
　　七　期刊论文被引用情况 ……………………………………（30）
　第三节　结论 ……………………………………………………（48）

第三章　中国人文社会科学学术著作国际学术影响力 ………（50）
　第一节　导论 ……………………………………………………（50）
　　一　研究目的和研究内容 ……………………………………（50）

五　SSCI 和 A&HCI 收录中国内地人文社会科学期刊施引文献
　　　　分析 ……………………………………………………………（91）
　第三节　结论 …………………………………………………………（95）
　　一　中国内地人文社会科学国际性期刊数量少、
　　　　学科领域集中 …………………………………………………（95）
　　二　中国内地人文社会科学期刊国际影响力偏低 ……………（95）
　　三　中国内地人文社会科学期刊发展呈良好态势 ……………（96）

第五章　中国人文社会科学国际学术交流活动情况 ………………（97）
　第一节　2006—2010 年全国高校人文社会科学国际学术活动
　　　　　情况分析 ……………………………………………………（97）
　　一　全国高校人文社会科学国际学术会议情况分析 …………（97）
　　二　全国高校人文社会科学学者国外受聘讲学情况
　　　　分析 ……………………………………………………………（99）
　　三　全国高校人文社会科学学者国外社科考察情况
　　　　分析 ……………………………………………………………（100）
　　四　全国高校人文社会科学学者国外进修学习情况分析 ……（101）
　　五　全国高校人文社会科学学者国外合作研究情况分析 ……（102）
　第二节　2006—2010 年不同层次高校的人文社会科学学者
　　　　　参与国际学术活动情况分析 ……………………………（103）
　　一　本科院校人文社会科学学者参与国际学术
　　　　活动情况分析 …………………………………………………（103）
　　二　专科院校人文社会科学学者参与国际学术
　　　　活动情况分析 …………………………………………………（104）
　第三节　2006—2010 年不同隶属关系学校的人文社会科学学者
　　　　　参与国际学术活动情况分析 ……………………………（105）
　　一　教育部直属院校人文社会科学学者参与
　　　　国际学术活动情况分析 ……………………………………（105）
　　二　其他部委院校人文社会科学学者参与
　　　　国际学术活动情况分析 ……………………………………（106）
　　三　地方院校人文社会科学学者参与
　　　　国际学术活动情况分析 ……………………………………（107）

第四节 2006—2010年不同学科属性学校的人文社会科学
　　　　学者参与国际学术活动情况分析 ……………………（108）
　一　综合大学人文社会科学学者参与
　　　国际学术活动情况分析 ………………………………（108）
　二　理工农医院校人文社会科学学者参与
　　　国际学术活动情况分析 ………………………………（109）
　三　高等师范院校人文社会科学学者参与
　　　国际学术活动情况分析 ………………………………（110）
　四　语言院校人文社会科学学者参与
　　　国际学术活动情况分析 ………………………………（111）
　五　财经院校人文社会科学学者参与
　　　国际学术活动情况分析 ………………………………（112）
　六　政法院校人文社会科学学者参与
　　　国际学术活动情况分析 ………………………………（113）
　七　艺术院校人文社会科学学者参与
　　　国际学术活动情况分析 ………………………………（114）
　八　民族院校人文社会科学学者参与
　　　国际学术活动情况分析 ………………………………（115）
　九　体育院校人文社会科学学者参与
　　　国际学术活动情况分析 ………………………………（116）

第五节 2006—2010年教育部直属院校人文社会科学
　　　　学者参与国际学术活动情况统计分析 ………………（117）
　一　教育部直属院校人文社会科学学者参与
　　　国际学术会议统计排名 ………………………………（117）
　二　教育部直属院校人文社会科学学者
　　　国外受聘讲学统计排名 ………………………………（122）
　三　教育部直属院校人文社会科学学者
　　　国外社科考察统计排名 ………………………………（127）
　四　教育部直属院校人文社会科学学者
　　　国外进修学习统计排名 ………………………………（132）
　五　教育部直属院校人文社会科学学者
　　　国外合作研究统计排名 ………………………………（137）

第六章 学科影响力 (142)

学科与数据来源 (142)
 一 学科对象 (142)
 二 论文所属学科 (142)
 三 论文的归属 (143)
 四 数据说明 (143)

第一节 哲学学科国际学术影响力 (143)
 一 引言 (143)
 二 数据来源 (144)
 三 数据比较与分析 (144)
 四 小结 (151)

第二节 宗教学学科国际影响力 (151)
 一 引言 (151)
 二 数据来源 (152)
 三 数据比较与分析 (152)
 四 小结 (158)

第三节 语言学学科国际影响力 (158)
 一 引言 (158)
 二 数据来源 (159)
 三 数据统计与分析 (159)
 四 小结 (166)

第四节 文学学科国际影响力 (167)
 一 引言 (167)
 二 数据来源 (168)
 三 数据统计与分析 (168)
 四 小结 (175)

第五节 艺术学学科国际影响力 (176)
 一 引言 (176)
 二 数据来源 (176)
 三 数据统计与分析 (177)
 四 小结 (183)

第六节　历史学学科国际学术影响力 …………………… (183)
　一　引言 ……………………………………………………… (183)
　二　数据来源 ………………………………………………… (184)
　三　数据比较与分析 ………………………………………… (184)
　四　小结 ……………………………………………………… (190)

第七节　考古学学科国际影响力 ………………………… (190)
　一　引言 ……………………………………………………… (190)
　二　数据来源 ………………………………………………… (191)
　三　数据比较与分析 ………………………………………… (191)
　四　小结 ……………………………………………………… (197)

第八节　经济学学科国际影响力 ………………………… (197)
　一　引言 ……………………………………………………… (197)
　二　数据来源 ………………………………………………… (198)
　三　数据比较与分析 ………………………………………… (198)
　四　结论 ……………………………………………………… (204)

第九节　政治学学科国际学术影响力 …………………… (204)
　一　引言 ……………………………………………………… (204)
　二　数据来源 ………………………………………………… (205)
　三　数据比较与分析 ………………………………………… (205)
　四　小结 ……………………………………………………… (211)

第十节　法学学科国际学术影响力 ……………………… (212)
　一　引言 ……………………………………………………… (212)
　二　数据来源 ………………………………………………… (212)
　三　数据比较与分析 ………………………………………… (213)
　四　小结 ……………………………………………………… (219)

第十一节　社会学学科国际学术影响力 ………………… (220)
　一　引言 ……………………………………………………… (220)
　二　数据来源 ………………………………………………… (220)
　三　数据统计与分析 ………………………………………… (221)
　四　小结 ……………………………………………………… (227)

第十二节　新闻学与传播学学科国际学术影响力 ……… (227)
　一　引言 ……………………………………………………… (227)

二　数据来源 …………………………………………………… (228)
　　三　数据比较与分析 …………………………………………… (228)
　　四　小结 ………………………………………………………… (233)
第十三节　图书馆学情报学国际影响力 ………………………… (234)
　　一　引言 ………………………………………………………… (234)
　　二　数据来源 …………………………………………………… (235)
　　三　数据比较与分析 …………………………………………… (236)
　　四　小结 ………………………………………………………… (242)
第十四节　管理学科国际学术影响力 ……………………………… (242)
　　一　引言 ………………………………………………………… (242)
　　二　数据来源 …………………………………………………… (242)
　　三　数据统计与分析 …………………………………………… (243)
　　四　小结 ………………………………………………………… (248)
第十五节　教育学学科国际学术影响力 …………………………… (249)
　　一　引言 ………………………………………………………… (249)
　　二　数据来源 …………………………………………………… (249)
　　三　数据比较与分析 …………………………………………… (250)
　　四　小结 ………………………………………………………… (256)
第十六节　心理学学科国际学术影响力 …………………………… (257)
　　一　引言 ………………………………………………………… (257)
　　二　数据来源 …………………………………………………… (257)
　　三　数据比较与分析 …………………………………………… (258)
　　四　小结 ………………………………………………………… (264)

第七章　中国人文社会科学国际学术影响力总体评估与对策
　　　　建议 ……………………………………………………… (265)
　第一节　回顾与评估 ……………………………………………… (265)
　　一　期刊论文影响力分析 ……………………………………… (265)
　　二　著作影响力分析 …………………………………………… (266)
　　三　期刊影响力分析 …………………………………………… (267)
　　四　国际学术交流活动分析 …………………………………… (268)
　　五　学科影响力分析 …………………………………………… (268)

第二节　影响和阻碍我国人文社会科学国际学术影响力
　　　　提升的原因 ………………………………………………（272）
第三节　提高中国人文社会科学国际学术影响力的对策与
　　　　建议 ………………………………………………………（274）
　　一　鼓励和培养具有国际研究视野和研究能力的
　　　　中国学者 …………………………………………………（275）
　　二　打破地区、系统和机构壁垒，组建高质量的学术团队
　　　　和学术合作平台 …………………………………………（275）
　　三　实施中国人文社会科学类期刊"走出去"战略 ………（277）
　　四　构建具有中国特色的学术话语体系 …………………（280）
结语 ………………………………………………………………（281）

附　录 ……………………………………………………………（282）
　　附录1　教育部关于进一步发展繁荣高校哲学
　　　　　　社会科学的若干意见 …………………………………（282）
　　附录2　中共中央关于进一步繁荣发展哲学社会科学的意见……（286）
　　附录3　高等学校哲学社会科学繁荣计划
　　　　　　（2011—2020年）………………………………………（290）
　　附录4　高等学校哲学社会科学"走出去"计划 ……………（296）
　　附录5　高等学校人文社会科学重点研究基地建设计划…………（299）
　　附录6　我国学科门类、一级学科与WOS学科类别对应表……（302）

参考文献 ………………………………………………………（318）

后　记 …………………………………………………………（326）

第一章 绪论

第一节 研究背景及目的、意义

一 研究背景

科学发展史表明，世界科学中心转移存在"贝尔纳—汤浅现象"：如果一国的科学成果产量在一段时期内超过当时世界科学成果总数的1/4，该国就可以被称为"世界科学中心"，该时期为该国的科学兴隆期。在每一个历史时期，都有一个国家成为世界科学中心，引领世界科学技术发展潮流，经过一段时期的科学兴隆期后，世界科学中心再转移到他国。按照这一学说，近代以来世界科学中心按下列顺序转移：意大利→英国→法国→德国→美国。这一科学中心发展的轨迹也与该国高等教育和科研机构发展的历史高度相吻合。

现代世界高等教育和科研起源于欧洲中世纪，在意大利北部建立的博洛尼亚大学成为全世界近现代意义上的第一所高等学府。从该校诞生的1088年开始后的数百年中，意大利、法国、英国等欧洲中世纪国家也陆续开办大学，其主要功能是通过教学来培养人才。实际上，这些机构也同时在进行相关的科学研究。首次明确提出大学具有除教书育人之外的科学研究功能的是1810年在德国建立的洪堡大学。20世纪初，美国威斯康星大学开始将服务社会的能力作为教授评价的标准之一，标志着高等教育和科研机构的第三大功能——服务社会的确立。

在我国，1919年"五四运动"奠定了以"民主、科学"为基础的现代高等教育精神。在新中国成立后，各地创办和恢复了很多高等教育和科研机构，这些机构共同形成了关切人类、追求真理、自由独立、崇尚科学的精神。改革开放以后，大学等高等教育和科研机构被人们称为"象牙塔"，一方面是因为高校和其他科研机构作为纯洁典雅、高贵神圣的精神象征，被视为商品社会中的一片净土；另一方面也是人们对这部分机构人员教学科研状态的一种描述。1998年，时任中国国家主席的江泽民同志在北京大学百年校庆大会上的讲话中指出，大学要继承和发扬"五四运动"的光荣传统，发挥培养人才、探求真理、科学研究、知识创新和文化交流的作用。为落实中国共产党第十五次全国代表大会上提出的科教兴国战略，1998年12月24日，教育部制订了《面向21世纪教育振兴行动计划》，由国务院于次年1月13日批转执行。该文件的主要内容包括提高高等学校的知识创新能力和科学研究水平，按照江泽民同志在北京大学百年校庆大会上讲话的精神，部署创建若干所具有世界先进水平的一流大学和一批一流学科。

进入21世纪，随着社会进步和时代发展，高等教育和科研机构也在发生着巨大的变化。2006年，国务院颁布了《国家中长期科学和技术发展规划纲要（2006—2020年）》，明确了未来15年我国科技工作的指导方针（自主创新、重点跨越、支撑发展、引领未来）、总体发展目标（自主创新、科技强国）以及总体部署。其中要求，未来15年本国人发明专利年度授权量和国际科学论文被引用数均进入世界前5位。该文件提出要改革科技成果评价和奖励制度，完善科研评价制度和指标体系。2010年6月，党中央、国务院批准颁布《国家中长期人才发展规划纲要（2010—2020年）》，其中部署了"人才强国"国家战略总体目标，肯定了高等教育在"人才强国"战略中具有不可动摇的地位和作用，以"高等教育强国"为国家顶层战略进行了制度设计。当年7月，《国家中长期教育改革和发展规划纲要（2010—2020年）》出台，其中"高等教育"部分强调了人才培养、科学研究和社会服务等要求。

2011年4月，时任国家主席的胡锦涛同志在清华大学百年校庆大会上的重要讲话中指出，全面提高高等教育质量，需要贯穿在"高等学校人才培养、科学研究、社会服务、文化传承创新各项工作中"。其中强调，"必须大力推进文化传承创新"，"推动社会主义先进文化建设"，"增强我国文化软实力和中华文化国际影响力，努力为推动人类文明进步作出积极贡献"。同年，中共中央办公厅、国务院办公厅转发了《教育部关于深入推进高等学校哲学社会科学繁荣发展的意见》，提出了深入推进高等学校哲学社会科学繁荣发展的5项任务，要求提升高等学校哲学社会科学科研创新能力和社会服务水平，加强哲学社会科学基础研究，强化哲学社会科学综合研究，推进哲学社会科学成果的转化应用，实施哲学社会科学"走出去"战略，以及创新高等学校哲学社会科学科研体制机制。为了贯彻落实《教育部关于深入推进高等学校哲学社会科学繁荣发展的意见》的精神，教育部也于当年制订了《高等学校哲学社会科学"走出去"计划》，提出通过实施"当代中国学术精品译丛"等项目，鼓励教育系统出版机构设立海外出版发行基地，重点建设国际的知名外文学术期刊，鼓励学术成果的国际发表和出版，来"促进学术精品海外推广"，推动高等学校哲学社会科学"走出去"。2012年，为贯彻落实胡锦涛同志在清华大学百年校庆大会上的重要讲话精神和《国家中长期教育改革和发展规划纲要（2010—2020年）》，教育部出台了《全面提高高等教育质量的若干意见》（又称"高教三十条"），对如何大力提升人才培养水平、增强科学研究能力、服务经济社会发展、推进文化传承创新、全面提高高等教育质量，提出了实施要求。

可见，继1998年江泽民同志在北大百年校庆大会上的讲话和2011年胡锦涛同志在清华大学百年校庆大会上的重要讲话之后，高等院校等被认为具有传承和创新文化的能力与使命的文化机构。至此，高等教育和科研机构肩负"人才培养、科学研究、社会服务、文化传承创新"的使命成为普遍共识。

一个国家的综合国力主要包括两个方面：一是由经济、科技、军事等物质力量表现出来的"硬实力"；二是由文化、教育、意识形态和价值观的吸引力、感染力、影响力等精神力量所体现出来的"软实力"。其中，文化是一个民族和国家的灵魂，文化对本民族和本国人的思想、行为潜移默化的影响和渗透，以及对其他民族、国家和地区的感染力构成了一个国家的"文化软实力"，是世界各国制定文化战略和国家战略的一个重要参照系。随着我国政治、经济等领域快速发展，越来越需要文化建设的强力支持。党的十八大报告认为"文化是民族的血脉，是人民的精神家园"，倡导"文化大发展大繁荣"，"要坚持社会主义先进文化前进方向，树立高度的文化自觉和文化自信"，"兴起社会主义文化建设新高潮"，建设社会主义文化强国，达到"提高国家文化软实力，发挥文化引领风尚、教育人民、服务社会、推动发展的作用"。报告还指出，"文化实力和竞争力是国家富强、民族振兴的重要标志"。的确，文化已经成为衡量一个国家国际影响力的标志之一。

当今世界，文化在综合国力竞争中的地位和作用更加凸显，文化也越来越成为民族凝聚力和创造力的重要源泉。正如党的十八大报告指出的那样，提高文化软实力，要"建设优秀传统文化传承体系，弘扬中华优秀传统文化"，还有一个方面也是基础性的，那就是发挥高等教育和科研机构在文化传承创新中的重要作用。高等教育和科研机构作为知识文化的汇聚中心，除了人才培养、科学研究和社会服务，还在文化传承创新方面发挥着不可替代的作用。高等教育和科研机构发挥文化传承创新的作用，除了在高等教育和科研机构文化建设中推进，还可以贯穿在人才培养、科学研究和服务社会中进行。充分发挥高校的文化传承创新功能，也是高校人文社会科学的重要任务。因此，在高校人文社会科学领域，应推进高校哲学社会科学繁荣发展，注重发挥人文社会科学认识和改造世界、传承文明成果和服务社会的作用。

二 目的、意义

在文化传承创新中，学术"走出去"是中国文化"走出去"最重要的组成部分，其中高等教育和科研机构人文社会科学的国际影响力在其中发挥着不可缺少的作用。研究中国人文社会科学国际学术影响力发展状况，适时地对我国人文社会科学的国际学术影响力进行系统评估和总结，对政府教育行政管理部门、对高等教育和科研机构及其师生，以及相关领域的专家学者，乃至整个社会都有着重要的价值。

具体来讲，撰写中国人文社会科学国际学术影响力发展报告，主要有以下四个方面的重要意义和作用。

（一）为政府教育和科研管理部门科学管理和决策提供定量依据

中国人文社会科学国际学术影响力发展报告通过科学定量的系统分析，展现我国人文社会科学在国际上的学术影响力全貌，可以为政府教育和科研管理部门制定和调整高等教育发展战略提供客观依据。通过对我国人文社会科学国际学术影响力的分析，可以正确把握我国人文社会科学发展的现实状况，特别是有助于对我国人文社会科学相关领域在国际学术界的地位和贡献有清醒的认识。在认清我国人文社会科学存在的优势和弱势的基础上，有利于政府教育和科研管理部门立足全球视野，正确认识我国人文社会科学的国际地位，既不必高估自身的发展水平，也不必低估自身的发展实力，客观正视自身的发展状况。在此基础上，政府教育和科研管理部门以此为依据来制定科学合理的人文社会科学高等教育和科研发展战略，把握这些机构的人文社会科学发展方向，确定人文社会科学发展的未来奋斗目标，将更加有说服力。对于政府教育和科研管理部门来说，监督和评估是国家监控高等教育和科研质量的重要手段。中国人文社会科学国际学术影响力发展报告可以为建立和完善合理的高校和其他科研机构人文社会科学教育质量评估体系提供参考，将人文社会科学国际学术影响力纳入评估范畴，改变目前我国学术界单一的国外评价指标马首是瞻、盲目追崇国际出版发表的状况，根据我国学术传播体系科学评判我国人文社会科学学术影响力，从而建立合理的人文社会科学评价指标体系，推动我国人文社会科学的繁荣发展。

（二）为我国各高等教育和科研机构长远发展提供指导和定位信息

在中国人文社会科学国际学术影响力发展报告中，通过观察我国各高等教育和科研机构人文社会科学研究群体（包括师生和专职研究人员等学者）发表论著和被引用等数据，不但可以了解本机构人文社会科学在国际上的学术影响力，而且可以通过与其他高等教育和科研机构的比较以了解自身的发展水平，从而对本机构人文社会科学的发展现状有一个多维的认识和客观评价。对于各高等教育和科研机构的管理部门来讲，在此基础上掌握本机构人文社会科学发展状况，对本机构人文社会科学发展水平进行准确定位，中国人文社会科学国际学术影响力发展报告可以提供宝贵的参考。通过对中国人文社会科学国际学术影响力发展报告的客观分析，尤其是基于对本机构人文社会科学国际影响力的清醒认识，将对各高等教育和科研机构制定本机构长远发展规划大有裨益，特别是为选择本机构人文社会科学发展方向、重点保持和发展的人文社会科学优势领域、扶持有潜力的人文社会科学领域，提供客观的依据。同时，对各高等教育和科研机构来说，在本机构发展规划中，以中国人文社会科学国际学术影响力发展报告为依据，制定繁荣本机构人文社会科学发展的措施，有助于提升本机构人文社会科学的国际影响力。

（三）为我国人文社会科学学科资源的整合提供理论依据

中国人文社会科学国际学术影响力发展报告可以直观地显示出我国人文社会科学学科发展的国际水平，对于那些在人文社会科学的某些学科领域有一定国际学术影响力的高等教育和科研机构来说，可以对相关学科资源进行整合，突出优势，继续挖掘潜力；对于那些在人文社会科学的某些学科领域国际影响力较弱的高等教育和科研机构来说，可以对相关学科资源进行优化调整。人文社会科学学科资源整合的模式，可以依据中国人文社会科学国际学术影响力发展报告的相关事实和数据，进行经验分析和理论总结，以开放、集成、高效为原则，除了整合和调整机构内部的学科资源外，还可以探索建立跨行业、跨系统、跨地区甚至跨国合作协同等形式。从人才、资金、技术等各方面，依据发展报告所展现的人文社会科学国际学术影响力情况，合理配置人力、财力、物力，优化我国人文社会科学学科资源。

（四）为学者提供人文社会科学相关研究领域的现实状况

中国人文社会科学国际学术影响力发展报告可以帮助人文社会科学各专业领域的专家、学者、研究人员等熟悉和了解我国人文社会科学各学科在国际上的进展，包括同专业领域学术论文国际发表数量和被引用情况、学术专著在国外出版社出版情况、国际合作科研项目进展和参与国际学术活动情况等。通过了解人文社会科学相关研究领域的国际影响力情况，可以正确认识我国人文社会科学在国际学术界的地位，认清我国人文社会科学研究的优势和不足，研究制订出下一步研究计划和方案。通过中国人文社会科学国际学术影响力发展报告，学者可以掌握我国人文社会科学相关研究领域的现实状况，拓展人文社会科学研究的国际视野，树立国际意识和世界眼光，有针对性地传播我国人文社会科学研究成果，积极把握中华文化的国际话语权，提高人文社会科学在国际上的学术影响力。

第二节 研究内容、方法与技术路线

一 研究内容

（一）国际学术影响力的含义

学术影响力（Academic Impact）是一个用于测评个体、机构以及某个学术领域、学术成果的原创性与创新性等学术成果质量水平、社会实践影响力与社会信誉度、读者接受度与认可度等多方面因素的复杂概念，也是这些各方面因素集中所体现出来的一种综合性效果。机构和学术成果的学术影响力越大，则其社会影响力就越大，愈易受到学术界的关注，愈易被更多的专家、学者接受、推广和深化。国际学术影响力则是将学术影响力的范围扩展到国际学术界，即个体、机构以及某个学术领域、学术成果在一定时间范围内影响或作用于国际学术界的深广度。国际学术影响力包括深度和广度两位维度，其中影响力深度是指在国际学术界的认可度与接受度，直接表现为学术成果数量多少、被引量多少、刊载学术成果的期刊的级别高低、成果被引频次等多个因素；影响力广度是指被国际学术界认可与接收的范围，直接表现为学术成果的合作国家数量多少、施引文献的国家数量与语种等多个因素。

此外，在学术成果发挥国际化影响的过程中，沟通交流的语言是不可忽略的要素。虽然中文是世界上使用人数最多的语言之一，但英文作为最有影响力的国际化语言，是学术成果国际化的最重要标志之一。尽管以英文发表或出版不是学术成果发挥国际影响力的唯一选择，但英文仍然是学术成果发挥国际影响力的有力媒介。因此，以英文发表或出版的中国人文社会科学学术成果为对象进行统计分析，是研究中国人文社会科学国际学术影响力的一个最重要的途径。

（二）国际学术影响力的要素

人文社会科学的学术成果一般由各种知识载体来承载和实现，按照我国教育部2013年制定颁布的《高等学校科学研究优秀成果奖（人文社会科学）奖励办法》，人文社会科学成果一般包括著作类、论文类和研究报告。本《报告》围绕国际学术影响力的具体含义，根据现实中数据的相关性、可获得性、可靠性等方面进行综合考虑，最终选取期刊论文、著作、期刊、国际学术交流活动和学科这5项作为考察2006—2010年我国人文社会科学国际学术影响力的指标。其中期刊论文和著作是一个国家科学研究成果的最直接呈现方式，期刊则是一个国家科学研究成果系统化、连续性表达的体现，国际学术交流活动则直接反映出一个国家的科学研究工作者及其成果在国际学术界的被认可和被接纳程度，学科可以反映出一个国家在科学研究中的重点领域和优势学科。这5项在考察一个国家人文社会科学的国际学术影响力方面同样适用，具体如下。

一是期刊论文，主要围绕发表论文年度、语种、论文所属学科分布、论文作者所在机构、来源期刊、合作作者所在国家/地区、受国外基金资助情况以及被引情况八个方面，对2006—2010年SSCI（社会科学引文索引）和A&HCI（艺术与人文科学引文索引）收录的中国内地学者发表的人文社会科学论文进行考察。

二是著作，主要围绕收录著作数量、学科分布、合作国家/地区、作者来源机构、被引情况五个方面对 2006—2010 年 BKCI-SSH 收录的我国内地人文社会科学学术著作进行考察。

三是期刊，主要围绕期刊载文量、学科及语种分布、载文类型与载文量，期刊刊载论文的合作国家/地区，论文高产机构、刊载论文的被引量及高被引论文，期刊的影响因子及在同类学科中的分区排名，引用期刊论文的施引文献等方面对 2006—2010 年 SSCI 和 A&HCI 收录的中国内地主办的期刊进行考察。

四是国际学术交流活动，主要围绕全国高校人文社会科学与国外合作、开展校办国际学术会议，高校学者参加国际学术会议、受聘讲学、社科考察、进修学习、合作研究等方面对 2006—2010 年我国高校人文社会科学国际学术交流活动进行考察。

五是学科，主要围绕 16 个人文社会科学学科的论文，以论文的年代分布、期刊分布、作者所属国家/地区、作者所属机构、发表论文被引频次和核心作者六个方面对各个学科进行考察。

(三) 数据来源

本《报告》的期刊论文、著作、期刊以及学科影响力的数据来自三大著名引文索引：Social Science Citation Index（社会科学引文索引，简称"SSCI"）、Arts & Humanities Citation Index（艺术与人文科学引文索引，简称"A&HCI"）和 Book Citation Index（图书引文索引，简称"BKCI"），以及 Journal Citation Reports（期刊引用报告，简称 JCR）。

SSCI、A&HCI、BKCI 和 JCR 由基于 Web 构建的动态数字研究平台 Web of Science™ 核心合集（以下简称"WOS"）提供统一的检索平台。WOS 是由美国汤森路透集团（Thomson Reuters）研发的一个基于 Web 而构建的整合型的数字研究环境，通过强大的检索技术和基于内容的连接能力，将高质量的信息资源、独特的信息分析工具和专业的信息管理软件无缝地整合在一起，兼具知识的检索、提取、分析、评价、管理与发表等多项功能，从而大大扩展和加深了信息检索的广度与深度，加速科学发现与创新的进程。之所以选取这三个引文索引和 JCR 作为数据来源，是基于以上分析检索工具在国际学术界的重要影响和认可度。

SSCI 是由世界著名学术出版机构美国科学信息研究所（Institute for Scientific Information，以下简称"ISI"）于 1973 年创建，是在 Science Citation Index（科学引文索引，以下简称"SCI"）基础上逐渐发展起来的全球知名的社会科学领域的引文索引，现在成为由汤森路透集团发布的数据库产品①，是目前世界上可以用来对不同国家和地区的社会科学论文的数量进行统计分析的大型检索工具。据 ISI 网站最新公布数据显示，SSCI 收录 1955 年以来的 3000 多种社会科学期刊，其中包括 Science Citation Index Expanded［科学引文索引（扩展版），简称 SCIE］所收录期刊中涉及社会科学研究的论文，学科范围涉及 50 多个学科，主要包括人类学、考古学、地区研究、商业与金融、传播学、犯罪与监狱、人口统计学、经济学、教育学以及特殊教育、环境研究、人类工程学、种族研究、家庭研究、地理学、接待、休闲、运动与旅游、卫生政策、护理、老年医学、健康与康复、药物滥用、科学史与科学哲学、劳资与劳动、信息科学与图书馆学、国际关系、法律、法医学、语言学、管理科学、运筹学、计划与发展、政治学、精神病学、心理学、伦理学、公共管理、社会学、城市研究、运输、女性研究等。收录文献类型包括：研究论文、书评、专题讨论、社论、人物自传、书信等，数据每周更新。

A&HCI 同样由 ISI 创建，1976 年正式发布，是全球最权威的人文艺术引文数据库，收录了 1975 年以来的 1700 多种国际性、高影响力的艺术与人文学术期刊，其学科范围包括考古学、建筑学、艺术、文学、哲学、宗教、历史、文学评论、诗歌、亚洲研究、舞蹈、电影/广播/电视等社会科学领域，数据每周更新。

BKCI 是汤森路透集团于 2011 年推出的引文数据库，分为 BKCI – Science（简称 BKCI – S，即科学图书引文索引）和 BKCI – Social Science & Humanities（简称 BKCI – SSH，即人文与社会科学图书引文索引）两个子集。BKCI 引入了 1570 万条新的引文数据，这些数据来源于 2005 年以来出版的 5 万多种在世界上有影响力的重要图书，内容几乎覆盖所有学科，而且还在以每年新增 1 万种新书的速度增加。② BKCI 为研究者提供了快速与便捷的查询期刊、图书和会议录的新途径，全面呈现被引参考文献检索以及图书记录和图书章节的相互链接，以及期刊、会议记录和其他图书的准确引用次数，还提供针对图书和图书章节的被引频次计数，此外还提

---

① 1992 年，ISI 并入汤森路透集团的汤姆森科学与健康公司旗下，被称为"Thomson ISI"，现在成为该集团知识产权与科学事业的一部分。
② Book Citation Index.［EB/OL］. http：//thomsonreuters.com/en/products – services/scholarly – scientific – research/scholarly – search – and – discovery/book – citation – index.html.

供来自图书和其章节的完整书目,并能从图书和图书章节记录链接至全文。

JCR 是 ISI 出版的一个综合性、多学科的期刊分析与评价工具,通过对自 1997 年以来世界上 8000 多种同行评议的期刊引用数据的定量统计分析,客观地统计 WOS 收录期刊所刊载论文的数量、论文参考文献的数量、论文的被引用次数、每种期刊的影响因子(Impact Factor)等原始数据,帮助用户了解出版物的影响力。JCR 收录的期刊涵盖了 200 多个学科。每年度更新一次。

一个国家或地区的人文社会科学研究成果被 SSCI、A&HCI 和 BKCI 收录,在一定程度上能反映其人文社会科学的国际学术影响力和国际地位。而目前我国学术界对学术论文和期刊的国际影响力的评价,也多以是否被 SSCI、A&HCI 和 BKCI 等国际知名检索工具收录作为重要的衡量标准。因此,通过对 SSCI、A&HCI 和 BKCI 这三大国际知名检索系统中收录我国人文社会科学论文、著作和期刊,学者参与国际学术交流活动以及学科这五个方面的考察,加之利用 JCR 的统计分析工具,可以从整体上考察我国人文社会科学的国际学术贡献和影响力水平。

本《报告》中的国际学术交流活动的数据来源于 2006—2010 年的《全国高校社会科学统计资料汇编》,该书是由教育部社会科学司编撰,高等教育出版社出版,是开展高校社会科学研究的极为珍贵的第一手资料。此外,需要说明的是本《报告》在使用以上数据来源中的数据时,完全保持原有格式,如中国学者的姓名拼音,外国学者的名字等,以免人为修改可能产生的错误。

(四)时间段、地址范围与文献类型

时间段:2006—2010 年是我国"十一五"时期,也是我国人文社会科学全面推进"走出去"战略的重要阶段,取得了显著成就,初步形成了门类较为齐全、布局较为合理的学科体系结构,推出了一批学术价值高、社会影响广的优秀成果,涌现出一批学术领军人物、学科带头人和中青年科研骨干,对外学术交流与合作不断扩大,"走出去"步伐进一步加快,在国际学术舞台上的话语权和影响力明显增强。因此,本《报告》以"十一五"时期限定研究对象的时间范围,一方面衡量 2006—2010 年我国人文社会科学学术成果在国际学术界的影响力水平,以供相关决策部门制定科学合理的科研发展规划;另一方面探寻目前我国人文社会科学

"走出去"中的障碍和不利因素,并提供合理化建议和对策,为相关部门制定政策提供参考借鉴。此外,选取2006—2010年作为数据时间范围也兼顾数据的时效性与获取数据的完整性方面的问题,加之数据库收录完整数据以及引文数据在时间上具有相对滞后性,最终确定收集数据的时间段为2006年1月1日到2010年12月31日。

地址范围:由于中国内地与香港、澳门、台湾地区的学科分类体系存在差异,而且与国际学术界接轨时间以及交流合作的深度、广度等方面都有所不同,因此,在选择各类数据来源时,我们只选取地址范围为中国内地(即不包括香港、澳门、台湾)的相关数据。

文献类型:基于 WOS 平台的各个数据库收录了不同类型的文献,如 Article、Review、Proceedings Paper、Communication、Letters、Comments 等,由于 Article(全文型研究论文)相比其他类型的文献在研究内容的深广度和新颖性、研究主题的延续性等各个方面都更具有优势,因此,本《报告》第二章和第六章中对论文进行统计分析时,只选取 Article 类型的论文。此外,需要说明的是,由于 WOS 无法进行只针对第一作者的检索。因此,本报告中只要是符合检索条件的论文,无论中国内地学者是以第一作者发表还是作为参与者发表,都视为中国内地学者发表的论文。

为了语言表述上的精练和简洁,以上时间段、地址范围及文献类型等的说明在本《报告》进行具体内容分析时不再突出强调。

此外,本报告中的所有数据中非整数部分保留到小数点后两位数,四舍五入后可能会导致细小的误差。

二 研究方法与技术路线

(一)定量评价法

定量评价是采用数学的方法,收集和处理大量数据,根据统计数据情况,计算出数量分析结果,从而对事物或现象进行判断和鉴定的方法。为了获得2006—2010年我国人文社会科学国际学术影响力发展的真实情况,需要采用定量评价的方法,以大量数据为基础,通过对反映我国人文社会科学国际影响力发展的相关数据的搜集、提炼、整合与分析,发现存在的问题和障碍。具体来说,根据不同类型学术成果的国际学术影响力要素的不同,收集能够直接反映国际学术影响力的各项数据,包括我国人文社会科学研究机构和学者发表的国际性论文被国际知名检索系统收录、我国内地机构主办的国际性期刊被国际知名检索系统收录、我国内地学者在国外出版社出版学术著作、我国内地学者参与人文社会科学方面的国际学术交流、我国16个人文社会科学学科的国际学术影响力的相关情况。

（二）引文分析法

引文分析法是利用各种数学与统计学的方法进行比较、归纳、抽象、概括等的逻辑方法，对论文、期刊、著者等分析对象的引用和被引用现象进行分析，以揭示其数量特征和内在规律的一种信息计量研究方法。本《报告》中主要是在对论文、期刊和著作进行影响力分析时，利用WOS自带的引文分析工具和Journal Citation Reports（期刊引用报告，以下简称"JCR"）进行对象被引数据等方面的分析，评价论文、期刊和著作的国际学术影响力。

（三）技术路线

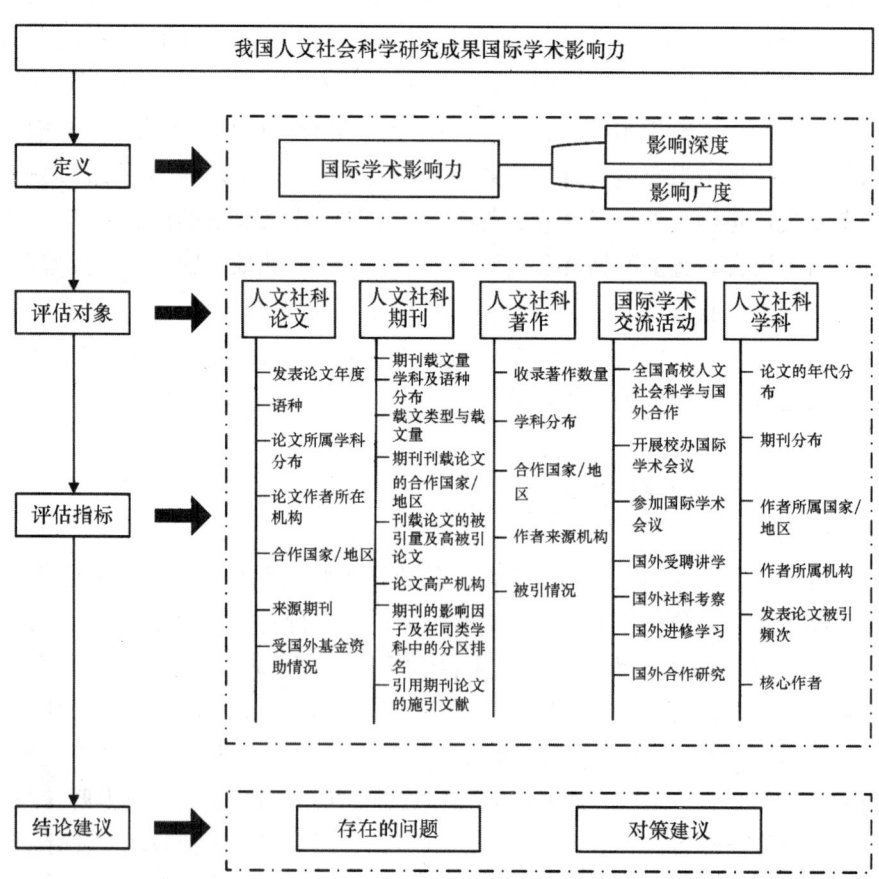

第二章　中国人文社会科学期刊论文国际学术影响力

第一节　导论

期刊论文是学术资源的重要组成部分，也是研究人员发布和传播科学研究成果的重要形式之一。根据中共中央、教育部及相关部门的文件精神，我国的人文社会科学研究不仅要扩大国际交流，大力实施人文社会科学"走出去"战略，还要有选择、有步骤、有层次地推进人文社会科学走向世界，采取各种有效措施扩大我国人文社会科学在国际上的影响，全面提升国际学术影响力，推动中华文化"走出去"，增强我国的文化"软实力"和话语权。因此，期刊论文作为彰显我国文化"软实力"的重要组成部分，其发表和引用情况不仅可以从一个侧面反映我国人文社会科学研究活动的产能状况和研究实力与水平，而且也成为测评我国国际学术影响力的重要指标。

本章中的期刊论文数据均来自于 WOS 平台的 SSCI 和 A&HCI 数据库。数据的时间范围为：2006—2010 年，数据类型为 Article，地址为中国内地（不包括香港、澳门和台湾），检索日期为 2015 年 4 月。经人工检查剔除不符合要求的记录后，最终保留的检索结果为 9198 条数据，即 2006—2010 年，SSCI 和 A&HCI 收录我国内地学者发表的人文社会科学论文共计 9198 篇。

由于 WOS 无法进行只针对第一作者的检索。因此，本章中只要是符合检索条件的中国内地学者发表的论文而不论其是否作为第一作者都视为中国内地学者发表的论文。

第二节 数据统计与分析

一 期刊论文年度分布

2006—2010 年，SSCI 和 A&HCI 收录中国内地人文社会科学论文共计 9198 篇，逐年呈稳步增长的趋势。其中 2010 年收录的论文数量最多，达到 2978 条，占总数的 32.38%；2009 年的论文数量较前一年增长了 51.9%（844 篇），相对于其他年度增长量最多、增长速度最快（见表 2—1）。

表 2—1　　2006—2010 年 SSCI、A&HCI 收录中国内地学者发表的
人文社会科学论文年度分布

出版年份	论文数量（篇）	所占比例（%）
2006	884	9.61
2007	1246	13.55
2008	1623	17.65
2009	2467	26.82
2010	2978	32.38
合计	9198	100

从图 2—1 可以看出，2006—2010 年 SSCI、A&HCI 收录我国内地学者

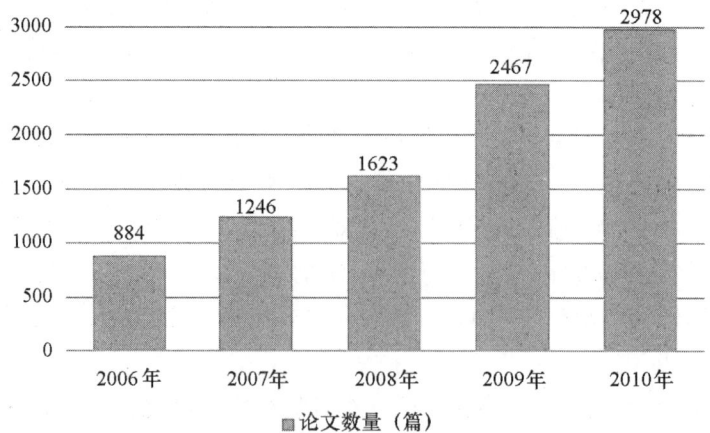

图 2—1　2006—2010 年 SSCI、A&HCI 收录中国内地学者发表的
人文社会科学论文数量

发表的人文社会科学论文产出量逐年增加，反映出我国对国际人文社会科学学术成果的贡献力稳步增长，我国人文社会科学领域在国际学术界的影响力在增强。

二 期刊论文语种分布

在符合检索条件的9198篇论文中，以英文发表的论文共计8537篇，占总量的92.81%，这说明在目前国际学术界，我国内地学者主要使用英文开展学术传播和交流。此外，中文论文共有599篇，仅占总量的6.51%，其他文字类型的论文仅占不到总量的1%（见表2—2）。

表2—2　2006—2010年SSCI、A&HCI收录中国内地学者发表的人文社会科学论文语种分布

序号	语言种类	论文数量（篇）	所占比例（%）
1	英文	8537	92.81
2	中文	599	6.51
3	德文	26	0.28
4	法文	21	0.23
5	俄文	5	0.05
6	西班牙文	4	0.04
7	韩文	3	0.03
8	日文	2	0.02
9	斯洛伐克文	1	0.01

语言文字是开展国际学术交流与合作的首要基础和必要工具，同时语言文字也可以成为制约国际学术往来的障碍。2006—2010年，中文社会科学引文索引（Chinese Social Science Citation Index，CSSCI）中收录的中国内地学者发表的人文社会科学论文的数量远远多于8537篇，因此，要提升我国人文社会科学期刊论文的国际影响力，就必须重视英文论文的撰写和传播。

三 期刊论文来源期刊分布

符合检索结果的 9198 篇论文共分布在 1626 种期刊上,平均每种期刊刊载论文 5—6 篇。本章只列出发表论文最多的前 100 种期刊,见表 2—3。

表 2—3　2006—2010 年 SSCI、A&HCI 收录中国内地学者发表的人文社会科学论文来源期刊

序号	期刊名（英文）	期刊名（中文）	论文数量（篇）	所占比例（%）
1	FOREIGN LITERATURE STUDIES	《外国文学研究》	475	5.16
2	ENERGY POLICY	《能源政策》	189	2.06
3	CHINA & WORLD ECONOMY	《中国与世界经济》	117	1.27
4	CHINESE EDUCATION AND SOCIETY	《中国教育与社会》	76	0.83
5	CHINA ECONOMIC REVIEW	《中国经济评论》	76	0.83
6	INSURANCE MATHEMATICS ECONOMICS	《保险：数学与经济学》	75	0.82
7	SCIENTOMETRICS	《科学计量学》	75	0.82
8	PHYSICA A STATISTICAL MECHANICS AND ITS APPLICATIONS	《统计力学及其应用》	70	0.76
9	EUROPEAN JOURNAL OF OPERATIONAL RESEARCH	《欧洲运筹学杂志》	63	0.69
10	CHINESE SOCIOLOGY AND ANTHROPOLOGY	《中国社会学与人类学》	63	0.69
11	CONTEMPORARY CHINESE THOUGHT	《当代中国思想》	62	0.67
12	SOCIAL BEHAVIOR AND PERSONALITY	《社会行为与人格》	62	0.67
13	EXPERT SYSTEMS WITH APPLICATIONS	《专家系统及其应用》	59	0.64
14	LOGOS PNEUMA：CHINESE JOURNAL OF THEOLOGY	《道风：基督教文化评论》	57	0.62
15	INTERNATIONAL JOURNAL OF GEOGRAPHICAL INFORMATION SCIENCE	《国际地理信息科学杂志》	47	0.51
16	SCHIZOPHRENIA RESEARCH	《精神分裂症研究》	47	0.51

续表

序号	期刊名（英文）	期刊名（中文）	论文数量（篇）	所占比例（%）
17	ECOLOGICAL ECONOMICS	《生态经济学》	46	0.50
18	SYSTEMS RESEARCH AND BEHAVIORAL SCIENCE	《系统研究与行为科学》	44	0.48
19	LANDSCAPE AND URBAN PLANNING	《园林与城市规划》	43	0.47
20	NEUROSCIENCE LETTERS	《神经科学快报》	43	0.47
21	BMC PUBLIC HEALTH	《BMC公共健康》	41	0.45
22	INTERNATIONAL JOURNAL OF SUSTAINABLE DEVELOPMENT AND WORLD ECOLOGY	《国际可持续发展与全球生态学杂志》	40	0.44
23	BRAIN RESEARCH	《脑研究》	40	0.44
24	JOURNAL OF ECONOMETRICS	《计量经济学杂志》	38	0.41
25	ECONOMICS LETTERS	《经济学快报》	38	0.41
26	CHINESE SCIENCE BULLETIN	《科学通报》	38	0.41
27	NEUROREPORT	《神经学报道》	37	0.40
28	INTERNATIONAL JOURNAL OF PRODUCTION ECONOMICS	《国际生产经济学杂志》	37	0.40
29	AIDS CARE：PSYCHOLOGICAL AND SOCIO - MEDICAL ASPECTS OF AIDS—HIV	《艾滋病护理》	33	0.36
30	PSYCHIATRY RESEARCH	《精神病学研究》	33	0.36
31	JOURNAL OF ARCHAEOLOGICAL SCIENCE	《考古学杂志》	33	0.36
32	PLOS ONE	《公共科学图书馆·综合》	32	0.35
33	UNIVERSITAS：MONTHLY REVIEW OF PHILOSOPHY AND CULTURE	《哲学与文化》	32	0.35
34	JOURNAL OF BUSINESS ETHICS	《商业伦理期刊》	32	0.35
35	JOURNAL OF THE AMERICAN SOCIETY FOR INFORMATION SCIENCE AND TECHNOLOGY	《美国信息科学与技术学会杂志》	31	0.34
36	PUBLIC HEALTH	《公共卫生》	30	0.33
37	CHINA AGRICULTURAL ECONOMIC REVIEW	《中国农业经济评论》	30	0.33

续表

序号	期刊名（英文）	期刊名（中文）	论文数量（篇）	所占比例（%）
38	JOURNAL OF CHINESE PHILOSOPHY	《中国哲学杂志》	29	0.32
39	TRANSPORTATION RESEARCH RECORD	《运输研究记录》	28	0.30
40	CHINESE JOURNAL OF INTERNATIONAL POLITICS	《国际政治学杂志》	28	0.30
41	NEUROPSYCHOLOGIA	《神经心理学》	27	0.29
42	CHINESE STUDIES IN HISTORY	《中国历史研究》	27	0.29
43	ANNALS OF ECONOMICS AND FINANCE	《经济学与金融年鉴》	26	0.28
44	ENERGY	《能源杂志》	26	0.28
45	CHINESE JOURNAL OF INTERNATIONAL LAW	《中国国际法论刊》	26	0.28
46	TOBACCO CONTROL	《烟草控制》	25	0.27
47	JOURNAL OF BANKING FINANCE	《银行与金融杂志》	25	0.27
48	APPLIED ECONOMICS LETTERS	《应用经济学通报》	25	0.27
49	APPLIED MATHEMATICS AND COMPUTATION	《应用数学与计算数学学报》	25	0.27
50	ECONOMIC MODELLING	《经济模型》	24	0.26
51	PROCEEDINGS OF THE NATIONAL ACADEMY OF SCIENCES OF THE UNITED STATES OF AMERICA	《美国国家科学院院刊》	24	0.26
52	JOURNAL OF ASIAN ARCHITECTURE AND BUILDING ENGINEERING	《亚洲建筑与建筑工程杂志》	24	0.26
53	BRITISH JOURNAL OF EDUCATIONAL TECHNOLOGY	《英国教育技术杂志》	24	0.26
54	JOURNAL OF THE OPERATIONAL RESEARCH SOCIETY	《英国运筹学会志》	24	0.26
55	JOURNAL OF CONTEMPORARY CHINA	《当代中国杂志》	23	0.25
56	COMPUTERS INDUSTRIAL ENGINEERING	《计算机与工业工程》	23	0.25

续表

序号	期刊名（英文）	期刊名（中文）	论文数量（篇）	所占比例（%）
57	JOURNAL OF AFFECTIVE DISORDERS	《情感障碍杂志》	23	0.25
58	HEALTH POLICY	《卫生政策》	23	0.25
59	ENERGY ECONOMICS	《能源经济期刊》	22	0.24
60	PHYSIOLOGY& BEHAVIOR	《生理学与行为》	22	0.24
61	INFORMATION PROCESSING MANAGEMENT	《信息处理管理》	22	0.24
62	AIDS	《艾滋病杂志》	21	0.23
63	JOURNAL OF ENVIRONMENTAL MANAGEMENT	《环境管理杂志》	21	0.23
64	OMEGA INTERNATIONAL JOURNAL OF MANAGEMENT SCIENCE	《国际管理科学杂志》	21	0.23
65	SOCIAL SCIENCE MEDICINE	《社会科学与医学》	21	0.23
66	STATISTICS PROBABILITY LETTERS	《统计概率论》	21	0.23
67	CHINESE MANAGEMENT STUDIES	《中国管理研究》	21	0.23
68	AIDS PATIENT CARE AND STDS	《艾滋病患者医疗与性传播疾病》	20	0.22
69	AIDS AND BEHAVIOR	《艾滋病与行为》	20	0.22
70	INTERNATIONAL JOURNAL OF TECHNOLOGY MANAGEMENT	《国际技术管理杂志》	20	0.22
71	ENVIRONMENTAL MANAGEMENT	《环境管理》	20	0.22
72	JOURNAL OF PSYCHIATRIC RESEARCH	《精神病学研究杂志》	20	0.22
73	INJURY PREVENTION	《伤害预防》	20	0.22
74	LAND USE POLICY	《土地利用政策》	20	0.22
75	CHINA QUARTERLY	《中国季刊》	20	0.22
76	BULLETIN OF THE INSTITUTE OF HISTORY AND PHILOLOGY ACADEMIA SINICA	《历史语言研究所集刊》	19	0.21
77	JOURNAL OF COMPUTATIONAL AND APPLIED MATHEMATICS	《计算与应用数学杂志》	19	0.21
78	JOURNAL OF CLINICAL NURSING	《临床护理杂志》	19	0.21
79	NEUROIMAGE	《神经成像》	19	0.21
80	ACCIDENT ANALYSIS AND PREVENTION	《事故分析与预防》	19	0.21

续表

序号	期刊名（英文）	期刊名（中文）	论文数量（篇）	所占比例（%）
81	PSYCHOLOGICAL REPORTS	《心理学报告》	19	0.21
82	CHINESE MEDICAL JOURNAL	《中华医学杂志》	19	0.21
83	PROGRESS IN NATURAL SCIENCE	《自然科学进展》	19	0.21
84	JOURNAL OF COMPARATIVE ECONOMICS	《比较经济学杂志》	18	0.20
85	ELECTRONIC LIBRARY	《电子图书馆期刊》	18	0.20
86	PERSONALITY AND INDIVIDUAL DIFFERENCES	《个性和个体差异》	18	0.20
87	INTERNATIONAL JOURNAL OF INNOVATIVE COMPUTING INFORMATION AND CONTROL	《国际创新计算、信息与控制杂志》	18	0.20
88	INTERNATIONAL JOURNAL OF INFORMATION TECHNOLOGY DECISION MAKING	《国际信息技术与决策杂志》	18	0.20
89	JOURNAL OF INFORMETRICS	《计量情报学杂志》	18	0.20
90	COMPUTERS IN HUMAN BEHAVIOR	《计算机与人类行为》	18	0.20
91	NEOHELICON	《世界比较文学评论》	17	0.19
92	CHAOS SOLITONS FRACTALS	《混沌、孤立子和分形》	17	0.19
93	INTERNATIONAL JOURNAL OF STD AIDS	《国际性病艾滋病杂志》	17	0.19
94	JOURNAL OF CROSS CULTURAL PSYCHOLOGY	《跨文化心理学杂志》	17	0.19
95	AMERICAN JOURNAL OF DRUG AND ALCOHOL ABUSE	《美国药物与酒精滥用杂志》	17	0.19
96	AIDS EDUCATION AND PREVENTION	《艾滋病教育与预防》	16	0.17
97	COMMUNICATIONS IN NONLINEAR SCIENCE AND NUMERICAL SIMULATION	《非线性科学与数值模拟中的通信》	16	0.17
98	JOURNAL OF ADVANCED NURSING	《高级护理杂志》	16	0.17
99	INTERNATIONAL JOURNAL OF ADVANCED MANUFACTURING TECHNOLOGY	《国际先进制造技术杂志》	16	0.17
100	JOURNAL OF CLEANER PRODUCTION	《清洁生产》	16	0.17

从上表中可以看出，*FOREIGN LITERATURE STUDIES*（《外国文学研究》）发表论文数量最多，共计475篇。该刊由教育部主管，华中师范大学主办，是中国内地第一份，也是唯一一份被A&HCI全文收录的国际权威期刊，语种为中文。刊载论文数量排名第二的是*ENERGY POLICY*（《能源政策》），该刊同时被SCI、SSCI、EI收录，主要刊载有关世界各国的能源规划、供需、开发，以及与能源相关的政治、经济、环境和社会等方面问题的论文。排名第三的*CHINA & WORLD ECONOMY*（《中国与世界经济》）是由中国社会科学院世界经济与政治研究所主办的专业性学术经济期刊。*CHINESE EDUCATION AND SOCIETY*（《中国教育与社会》）和*CHINA ECONOMIC REVIEW*（《中国经济评论》）均由美国主办，前者是目前国际领域了解中国教育研究的权威渠道之一，后者是国际研究中国经济的权威英文学术期刊。*INSURANCE MATHEMATICS ECONOMICS*（《保险：数学与经济学》）是由荷兰主办的，被誉为世界上顶尖的保险和精算学领域的学术期刊。

四 期刊论文作者所在机构情况

2006—2010年，SSCI和A&HCI收录中国内地学者发表的人文社会科学论文9198篇。表2—4列出了发表论文数量前100位的中国内地学者所在机构。需要说明的是，由于同一篇论文有多个来自不同机构的作者，该篇论文会被同时计入多个机构，表2—4中各机构论文数量之和大于9198篇。此外，本表中的数据经过了合并，例如中国疾病预防控制中心的数据包括了各省、自治区、直辖市设立的地方疾病预防控制中心的数据；中国科学院、中国社会科学院的数据分别包括了其各地的分院、附属大学和研究生院的数据；中国地质大学的数据包括了北京和武汉两个校区的数据，等等。从表中可以看出，中国科学院以1155条记录位居榜首，其次是北京大学和清华大学。由于SSCI、A&HCI中收录的论文的研究方向不仅包括了人文社会科学各学科领域，还包括了与人文社会科学有交叉的自然科学、农业科学、医药科学、工程与技术科学类的论文，因此中国科学院虽然非偏重人文社会科学研究，但因为发表的论文多为交叉学科，因此2006—2010年的记录数最多。

表 2—4　2006—2010 年 SSCI、A&HCI 收录中国内地学者发表的人文社会科学论文作者所在机构分布

序号	论文作者所在机构	论文数量（篇）	所占比例（%）	序号	论文作者所在机构	论文数量（篇）	所占比例（%）
1	中国科学院	1155	12.56	28	华中师范大学	95	1.03
2	北京大学	1021	11.10	29	中国地质大学	90	0.98
3	清华大学	547	5.95	30	大连理工大学	82	0.89
4	北京师范大学	414	4.50	31	首都医科大学	80	0.87
5	复旦大学	351	3.82	32	北京航空航天大学	79	0.86
6	浙江大学	338	3.68	33	东南大学	79	0.86
7	上海交通大学	289	3.14	34	西北大学	78	0.85
8	中国人民大学	232	2.52	35	上海财经大学	75	0.82
9	中山大学	219	2.38	36	北京协和医院	67	0.73
10	西安交通大学	198	2.15	37	哈尔滨工业大学	66	0.72
11	武汉大学	178	1.94	38	首都师范大学	63	0.69
12	南京大学	213	2.32	39	北京交通大学	60	0.65
13	中国疾病预防控制中心	200	2.17	40	对外经贸大学	56	0.61
14	中国社会科学院	180	1.96	41	东北大学	54	0.59
15	西南大学	157	1.71	42	湖南大学	54	0.59
16	华中科学技术大学	152	1.65	43	浙江师范大学	54	0.59
17	四川大学	148	1.61	44	华南理工大学	53	0.58
18	中南大学	141	1.53	45	华南师范大学	50	0.54
19	华东师范大学	133	1.45	46	华东科技大学	47	0.51
20	中国医学科学院	130	1.41	47	南京师范大学	46	0.50
21	中国科学技术大学	114	1.24	48	天津大学	45	0.49
22	南开大学	111	1.21	49	吉林大学	44	0.48
23	中央财经大学	108	1.17	50	电子科技大学（成都）	41	0.45
24	中国农业大学	107	1.16	51	第四军医大学	40	0.44
25	厦门大学	106	1.15	52	重庆大学	40	0.44
26	山东大学	105	1.14	53	上海市精神卫生中心	39	0.43
27	同济大学	96	1.04	54	上海大学	38	0.41

续表

序号	论文作者所在机构	论文数量（篇）	所占比例（%）	序号	论文作者所在机构	论文数量（篇）	所占比例（%）
55	安徽医科大学	37	0.40	78	北京外国语大学	25	0.27
56	昆明医学院	36	0.39	79	杭州师范大学	25	0.27
57	中国欧洲谢尔曼国际工商学院	36	0.39	80	江西财经大学	25	0.27
58	中国医科大学	36	0.39	81	云南大学	25	0.27
59	卫生部	35	0.38	82	汕头大学	24	0.26
60	北京回龙观医院	34	0.37	83	武汉理工大学	24	0.26
61	河南大学	34	0.37	84	郑州大学	23	0.25
62	华北电力大学	34	0.37	85	中国政法大学	23	0.25
63	暨南大学	34	0.37	86	中南财经大学	22	0.24
64	兰州大学	34	0.37	87	福建师范大学	21	0.23
65	上海外国语大学	33	0.36	88	广东外国语大学	21	0.23
66	北京理工大学	32	0.35	89	天津师范大学	21	0.23
67	南京农业大学	30	0.33	90	湖南师范大学	20	0.22
68	第二军医大学	29	0.32	91	陕西师范大学	20	0.22
69	上海师范大学	29	0.32	92	长江商学院	19	0.21
70	苏州大学	29	0.32	93	大连海事大学	19	0.21
71	北京林业大学	28	0.30	94	中国科技信息研究所	19	0.21
72	东北师范大学	28	0.30	95	北京科技大学	18	0.20
73	南京医科大学	28	0.30	96	河南师范大学	18	0.20
74	中国农业科学院	28	0.30	97	西北工业大学	18	0.20
75	沈阳航空工业学院	27	0.29	98	大连医科大学	17	0.19
76	浙江工商大学	27	0.29	99	东华大学	17	0.19
77	教育部	26	0.28	100	合肥工业大学	17	0.19

五 期刊论文的合作国家/地区情况

据统计，2006—2010年SSCI和A&HCI收录中国内地学者发表的9198篇人文社会科学论文中，我国内地学者共与来自94个国家/地区的学者有合作，说明我国人文社会科学的研究辐射范围广。其中合作最多的是美国，共合作发表论文2484篇，占总数的27.01%。其次是英国、加拿大、澳大利亚和日本。从表中可以看出，中国内地学者与前9个国家的学者合作发表的论文数超过总量的50%，说明与这些国家的学者建立了较为稳定的学术研究与合作关系（见表2—5）。

表2—5　2006—2010年SSCI、A&HCI收录中国内地学者发表的人文社会科学论文国际合作情况

序号	国家/地区	论文数量（篇）	所占比例（%）	序号	国家/地区	论文数量（篇）	所占比例（%）
1	美国	2484	27.01	25	丹麦	26	0.28
2	英国	492	5.35	26	爱尔兰	26	0.28
3	加拿大	452	4.91	27	芬兰	25	0.27
4	澳大利亚	368	4.00	28	巴西	18	0.20
5	日本	263	2.86	29	尼日利亚	17	0.19
6	德国	195	2.12	30	南非	17	0.19
7	荷兰	154	1.67	31	秘鲁	16	0.17
8	新加坡	130	1.41	32	哥伦比亚	15	0.16
9	法国	112	1.22	33	俄罗斯	15	0.16
10	韩国	87	0.95	34	土耳其	15	0.16
11	比利时	83	0.90	35	匈牙利	14	0.15
12	新西兰	76	0.83	36	越南	14	0.15
13	瑞典	70	0.76	37	菲律宾	13	0.14
14	瑞士	69	0.75	38	黎巴嫩	12	0.13
15	意大利	60	0.65	39	马来西亚	11	0.12
16	印度	55	0.60	40	印度尼西亚	10	0.11
17	西班牙	53	0.58	41	津巴布韦	10	0.11
18	苏格兰	49	0.53	42	孟加拉国	8	0.09
19	以色列	38	0.41	43	埃及	8	0.09
20	威尔士	34	0.37	44	罗马尼亚	8	0.09
21	奥地利	33	0.36	45	巴基斯坦	7	0.08
22	挪威	33	0.36	46	斯里兰卡	7	0.08
23	墨西哥	31	0.34	47	委内瑞拉	7	0.08
24	泰国	30	0.33	48	古巴	6	0.07

续表

序号	国家/地区	论文数量（篇）	所占比例（%）	序号	国家/地区	论文数量（篇）	所占比例（%）
49	多米尼加共和国	6	0.07	72	肯尼亚	2	0.02
50	希腊	6	0.07	73	科威特	2	0.02
51	冰岛	6	0.07	74	阿曼	2	0.02
52	波兰	6	0.07	75	葡萄牙	2	0.02
53	斯洛文尼亚	6	0.07	76	塞尔维亚	2	0.02
54	保加利亚	5	0.05	77	赞比亚	2	0.02
55	爱沙尼亚	5	0.05	78	巴哈马	1	0.01
56	伊朗	5	0.05	79	柬埔寨	1	0.01
57	北爱尔兰	5	0.05	80	喀麦隆	1	0.01
58	阿根廷	4	0.04	81	塞浦路斯	1	0.01
59	智利	4	0.04	82	格陵兰岛	1	0.01
60	哥斯达黎加	4	0.04	83	约旦	1	0.01
61	克罗地亚	4	0.04	84	哈萨克斯坦	1	0.01
62	捷克	4	0.04	85	吉尔吉斯斯坦	1	0.01
63	老挝	4	0.04	86	立陶宛	1	0.01
64	斯洛伐克	4	0.04	87	马里	1	0.01
65	乌克兰	4	0.04	88	毛里求斯	1	0.01
66	埃塞俄比亚	3	0.03	89	莫桑比克	1	0.01
67	卢森堡	3	0.03	90	格鲁吉亚	1	0.01
68	蒙古	3	0.03	91	沙特阿拉伯	1	0.01
69	尼泊尔	3	0.03	92	塞内加尔	1	0.01
70	卡塔尔	3	0.03	93	坦桑尼亚	1	0.01
71	乌干达	3	0.03	94	扎伊尔	1	0.01

值得注意的是，我国与一些非洲国家的学者也合作发表了论文，虽然数量少，但也反映出我国人文社会科学研究较为重视跨国合作与交流。

六　期刊论文受国外基金资助情况

符合检索条件的9198篇论文共得到了来自国内外2076个基金资助机

构的资助。为了衡量我国内地学者发表人文社会科学论文的国际影响力水平，表2—6列出了资助论文最多的前100个国外资助机构/名称，从表中可以看出，2006—2010年，SSCI和A&HCI收录我国内地人文社会科学学者发表的论文中，单以国外基金资助机构方面来说，受UNITED STATES NATIONAL INSTITUTE OF HEALTH（美国国立卫生研究院）资助的论文最多，共有183篇论文受到了该机构的基金资助。该机构是美国主要的医学与行为学研究机构，下设27个研究所及研究中心，表2—6中的被资助论文就包括了来自其下设的研究所及研究中心设立的基金。排名第二的是NATIONAL SCIENCE FOUNDATION（美国国家科学基金会），资助了57篇论文，第三位是EUROPEAN UNION（欧洲联盟），共资助了35篇论文。在这些基金资助机构中，有不少制药公司，如ELI LILLY AND COMPANY（美国礼来制药公司）和GLAXO SMITH KLINE（英国葛兰素史克公司）等，反映出国外科学研究的基金资助来源类型多样。

表2—6　2006—2010年SSCI、A&HCI收录中国内地学者发表的人文社会科学论文受国外基金资助情况

序号	基金资助机构名称	论文数量（篇）	所占比例（%）
1	UNITED STATES NATIONAL INSTITUTE OF HEALTH	183	1.99
2	NATIONAL SCIENCE FOUNDATION	57	0.62
3	EUROPEAN UNION	35	0.38
4	UNITED STATES NATIONAL INSTITUTE OF MENTAL HEALTH	28	0.30
5	WORLD HEALTH ORGANIZATION	28	0.30
6	NATURAL SCIENCES AND ENGINEERING RESEARCH COUNCIL OF CANADA NSERC	27	0.29
7	UNITED NATIONS CHILDREN S FUND	15	0.16
8	ELI LILLY AND COMPANY	15	0.16
9	GLAXO SMITH KLINE	15	0.16
10	AUSTRALIAN RESEARCH COUNCIL	15	0.16
11	PFIZER	13	0.14
12	CANADIAN INSTITUTES OF HEALTH RESEARCH	12	0.13
13	FORD FOUNDATION	11	0.12

续表

序号	基金资助机构名称	论文数量（篇）	所占比例（%）
14	SOCIAL SCIENCES AND HUMANITIES RESEARCH COUNCIL OF CANADA SSHRC	10	0.11
15	PAN AMERICAN HEALTH ORGANIZATION	10	0.11
16	WELLCOME TRUST	10	0.11
17	US PUBLIC HEALTH SERVICE	10	0.11
18	SWISS NATIONAL SCIENCE FOUNDATION	9	0.10
19	DEPARTMENT OF VETERANS AFFAIRS	8	0.09
20	INSTITUTO DE SALUD CARLOS III SPAIN	8	0.09
21	STANLEY MEDICAL RESEARCH INSTITUTE	8	0.09
22	PIEDMONT REGION ITALY	7	0.08
23	ORTHO MCNEIL PHARMACEUTICAL INC	7	0.08
24	ROSWELL PARK TRANSDISCIPLINARY TOBACCO USE RESEARCH CENTER	7	0.08
25	JOHN D AND CATHERINE T MACARTHUR FOUNDATION	7	0.08
26	BRISTOL MYERS SQUIBB	7	0.08
27	ONTARIO INSTITUTE FOR CANCER RESEARCH	7	0.08
28	CHINA MEDICAL BOARD OF NEW YORK	6	0.07
29	NATIONAL INSURANCE INSTITUTE OF ISRAEL	6	0.07
30	MINISTERIO DE CIENCIA Y TECNOLOGIA SPAIN	6	0.07
31	HEALTH RESEARCH COUNCIL	6	0.07
32	WORLD BANK	6	0.07
33	NOVARTIS	6	0.07
34	ROBERT WOOD JOHNSON FOUNDATION RWJF	6	0.07
35	DEPARTAMENT DE SALUT GENERALITAT DE CATALUNYA SPAIN	5	0.05
36	MENTAL ILLNESS RESEARCH EDUCATION AND CLINICAL CENTER MIRECC	5	0.05
37	FONDO DE INVESTIGACION SANITARIA	5	0.05
38	ROYAL SOCIETY	5	0.05
39	GERMAN RESEARCH FOUNDATION DFG	5	0.05

续表

序号	基金资助机构名称	论文数量（篇）	所占比例（%）
40	JOHN W ALDEN TRUST	5	0.05
41	FEDERAL MINISTRY OF HEALTH ABUJA NIGERIA	5	0.05
42	NARSAD	5	0.05
43	NEW ZEALAND MINISTRY OF HEALTH ALCOHOL ADVISORY COUNCIL	4	0.04
44	SUBSTANCE ABUSE AND MENTAL HEALTH SERVICES ADMINISTRATION SAMHSA	4	0.04
45	SALDARRIAGA CONCHA FOUNDATION	4	0.04
46	DEPARTMENT OF DEFENSE BREAST CANCER RESEARCH PROGRAM	4	0.04
47	GLOBAL FUND	4	0.04
48	NORWEGIAN INSTITUTE OF PUBLIC HEALTH	4	0.04
49	US ALZHEIMER S ASSOCIATION	4	0.04
50	LEBANESE MINISTRY OF PUBLIC HEALTH	4	0.04
51	WYETH NUTRITION	4	0.04
52	UNIVERSITY OF OSLO	4	0.04
53	ASTRAZENECA	4	0.04
54	LUNDBECK	4	0.04
55	JANSSEN CILAG	3	0.03
56	JOHN TEMPLETON FOUNDATION	3	0.03
57	BRITISH ACADEMY	3	0.03
58	ISRAEL NATIONAL INSTITUTE FOR HEALTH POLICY AND HEALTH SERVICES RESEARCH	3	0.03
59	RESEARCH INITIATION FUND	3	0.03
60	SOLVAY	3	0.03
61	JSPS GLOBAL COE PROGRAM	3	0.03
62	JAPAN MINISTRY OF HEALTH LABOR AND WELFARE	3	0.03
63	JAPAN SOCIETY FOR THE PROMOTION OF SCIENCE	3	0.03
64	JAPANESE MINISTRY OF EDUCATION CULTURE SPORTS SCIENCE AND TECHNOLOGY	3	0.03

续表

序号	基金资助机构名称	论文数量（篇）	所占比例（%）
65	SOUTH AFRICAN DEPARTMENT OF HEALTH	3	0.03
66	NATIONAL INSTITUTE OF PSYCHIATRY RAMON DE LA FUENTE	3	0.03
67	UNIVERSITY OF MICHIGAN	3	0.03
68	ROCHE	3	0.03
69	JAMES S BOWER FOUNDATION	3	0.03
70	CENTER FOR INJURY RESEARCH AND PREVENTION CENTERS FOR DISEASE CONTROL AND PREVENTION	3	0.03
71	HENRY LUCE FOUNDATION	3	0.03
72	NATIONAL INSTITUTE OF DEAFNESS AND OTHER COMMUNICATION DISORDERS	3	0.03
73	NATIONAL EYE INSTITUTE	3	0.03
74	FONDO NACIONAL DE CIENCIA Y TECNOLOGIA CONSEJO DE DESARROLLO CIENTIFICO Y HUMANISTICO UNIVERSIDAD CENTRAL DE VENEZUELA VENEZUELA	3	0.03
75	NATIONAL INSTITUTE ON AGING	3	0.03
76	HUMAN LIFE AGING AND DISEASE IN HIGH ALTITUDE ENVIRONMENTS	3	0.03
77	UNIVERSITY OF NORTH CAROLINA AT CHARLOTTE	3	0.03
78	WENNER GREN FOUNDATION	3	0.03
79	THE ENGINEERING AND PHYSICAL SICENCES RESEARCH COUNCIL	3	0.03
80	SUMITOMO	2	0.02
81	KEY MEDICAL RESEARCH PROJECT	2	0.02
82	SAVE THE CHILDREN FUND	2	0.02
83	THE WELLCOME TRUST UK	2	0.02
84	UK ENGINEERING AND PHYSICAL SCIENCE RESEARCH COUNCIL EPSRC	2	0.02
85	MEDICAL RESEARCH COUNCIL	2	0.02
86	NATIONAL HEALTH AND MEDICAL RESEARCH COUNCIL	2	0.02
87	NEW ZEALAND MINISTRY OF HEALTH	2	0.02

续表

序号	基金资助机构名称	论文数量（篇）	所占比例（%）
88	NATIONAL UNIVERSIT OF SINGARPORE	2	0.02
89	SHIRE PHARMACEUTICALS LIMITED	2	0.02
90	TAKEDA PHARMACEUTICAL COMPANY LIMITED	2	0.02
91	UC PACIFIC RIM RESEARCH PROGRAM	2	0.02
92	SERVIER INTERNATIONAL	2	0.02
93	SOCIAL SCIENCE AND HUMANITIES RESEARCH COUNCIL OF CANADA SSHRC	2	0.02
94	SCHOOL OF HEALTH SCIENCES JONKOPING UNIVERSITY SWEDEN	2	0.02
95	MINISTRY OF ENVIRONMENT JAPAN	2	0.02
96	RESEARCH INSTITUTE OF HUMANITY AND NATURE	2	0.02
97	THE GEORGE FOUNDATION	2	0.02
98	OXFORD MAN INSTITUTE OF QUANTITATIVE FINANCE OXFORD UNIVERSITY	2	0.02
99	UNIVERSITY OF MINNESOTA	2	0.02
100	THE NATIONAL INSTITUTE OF PSYCHIATRY RAMON DE LA FUENTE	2	0.02

七 期刊论文被引用情况

论文的总被引量是指论文自发表以来在统计年度被引用的总次数，在一定程度上体现了研究成果的学术影响力水平，可作为科研成果评价的指标，是衡量一个国家、地区或机构科研质量与影响力不可或缺的标尺之一。在此，需要先说明以下几个问题：一是本节所统计的被引频次时间范围为2006—2014年，统计单位为"次"；二是论文的被引量受发表时间长短的影响，发表时间越早，其被引用的总量也可能会越大。表2—7是2006—2010年，SSCI和A&HCI收录中国内地人文社会科学论文在2006—2014年总被引量排名前100位的论文。从该表可以看出，并非总被引量越高年均被引量就越高，而年均被引量是衡量论文学术水平和影响力的重要指标。

表2—7　2006—2010年SSCI、A&HCI收录中国内地学者发表的
高被引人文社会科学论文前100位

序号	论文名称	论文作者	来源期刊	出版年份	被引合计（次）	年均被引（次）
1	Association of FKBP5 Polymorphisms and Childhood Abuse with Risk of Posttraumatic Stress Disorder Symptoms in Adults	Binder, Elisabeth B.; Bradley, Rebekah G.; Liu, Wei; Epstein, Michael P.; Deveau, Todd C.; Mercer, Kristina B.; Tang, Yilang; Gillespie, Charles F.; Heim, Christine M.; Nemeroff, Charles B.; Schwartz, Ann C.; Cubells, Joseph F.; Ressler, Kerry J.	JAMA JOURNAL OF THE AMERICAN MEDICAL ASSOCIATION	2008	405	57.86
2	Cross-national Prevalence and Risk Factors for Suicidal Ideation, Plans and Attempts	Nock, Matthew K.; Borges, Guilherme; Bromet, Evelyn J.; Alonso, Jordi; Angermeyer, Matthias; Beautrais, Annette; Bruffaerts, Ronny; Chiu, Wai Tat; de Girolamo, Giovanni; Gluzman, Semyon; de Graaf, Ron; Gureje, Oye; Haro, Josep Maria; Huang, Yueqin; Karam, Elie; Kessler, Ronald C.; Lepine, Jean Pierre; Levinson, Daphna; Medina-Mora, Maria Elena; Ono, Yutaka; Posada-Villa, Jose; Williams, David	BRITISH JOURNAL OF PSYCHIATRY	2008	288	41.14
3	Influence of Child Abuse on Adult Depression - Moderation by the Corticotropin-releasing Hormone Receptor Gene	Bradley, Rebekah G.; Binder, Elisabeth B.; Epstein, Michael P.; Tang, Yilang; Nair, Hemu P.; Liu, Wei; Gillespie, Charles F.; Berg, Tiina; Evces, Mark; Newport, D. Jeffrey; Stowe, Zachary N.; Heim, Christine M.; Nemeroff, Charles B.; Schwartz, Ann; Cubells, Joseph F.; Ressler, Kerry J.	ARCHIVES OF GENERAL PSYCHIATRY	2008	263	37.57
4	Short-term Meditation Trainingimproves Attention and Self-regulation	Tang, Yi-Yuan; Ma, Yinghua; Wang, Junhong; Fan, Yaxin; Feng, Shigang; Lu, Qilin; Yu, Qingbao; Sui, Danni; Rothbart, Mary K.; Fan, Ming; Posner, Michael I.	PROCEEDINGS OF THE NATIONAL ACADEMY OF SCIENCES OF THE UNITED STATES OF AMERICA	2007	245	30.63

续表

序号	论文名称	论文作者	来源期刊	出版年份	被引合计（次）	年均被引（次）
5	Evolution of China's Response to HIV/AIDS	Wu, Zunyou; Sullivan, Sheena G.; Wang, Yu; Rotheram-Borus, Mary Jane; Detels, Roger	LANCET	2007	223	27.88
6	Ancient Human Genome Sequence of an Extinct Palaeo-Eskimo	Rasmussen, Morten; Li, Yingrui; Lindgreen, Stinus; Pedersen, Jakob Skou; Albrechtsen, Anders; Moltke, Ida; Metspalu, Mait; Metspalu, Ene; Kivisild, Toomas; Gupta, Ramneek; Bertalan, Marcelo; Nielsen, Kasper; Gilbert, M. Thomas P.; Wang, Yong; Raghavan, Maanasa; Campos, Paula F.; Kamp, Hanne Munkholm; Wilson, Andrew S.; Gledhill, Andrew; Tridico, Silvana; Bunce, Michael; Lorenzen, Eline D.; Binladen, Jonas; Guo, Xiaosen; Zhao, Jing; Zhang, Xiuqing; Zhang, Hao; Li, Zhuo; Chen, Minfeng; Orlando, Ludovic; Kristiansen, Karsten; Bak, Mads; Tommerup, Niels; Bendixen, Christian; Pierre, Tracey L.; Gronnow, Bjarne; Meldgaard, Morten; Andreasen, Claus; Fedorova, Sardana A.; Osipova, Ludmila P.; Higham, Thomas F. G.; Ramsey, Christopher Bronk; Hansen, Thomas V. O.; Nielsen, Finn C.; Crawford, Michael H.; Brunak, Soren; Sicheritz-Ponten, Thomas; Villems, Richard; Nielsen, Rasmus; Krogh, Anders; Wang, Jun; Willerslev, Eske	NATURE	2010	205	41.00
7	Toward a Global View of Alcohol, Tobacco, Cannabis, and Cocaine Use: Findings from the WHO World Mental Health Surveys	Degenhardt, Louisa; Chiu, Wai-Tat; Sampson, Nancy; Kessler, Ronald C.; Anthony, James C.; Angermeyer, Matthias; Bruffaerts, Ronny; de Girolamo, Giovanni; Gureje, Oye; Huang, Yueqin; Karam, Aimee; Kostyuchenko, Stanislav; Lepine, Jean Pierre; Mora, Maria Elena Medina; Neumark, Yehuda; Ormel, J. Hans; Pinto-Meza, Alejandra; Posada-Villa, Jose; Stein, Dan J.; Takeshima, Tadashi; Wells, J. Elisabeth	PLOS MEDICINE	2008	202	28.86

续表

序号	论文名称	论文作者	来源期刊	出版年份	被引合计（次）	年均被引（次）
8	Global Mental Health 6 - Scale up Services for Mental Disorders: A Call for Action	Chisholm, D.; Flisher, A. J.; Lund, C.; Patel, V.; Saxena, S.; Thornicroft, G.; Tomlinson, M.	LANCET	2007	200	25.00
9	Neural Basis of Cultural Influence on Self - representation	Zhu, Ying; Zhang, Li; Fan, Jin; Han, Shihui	NEUROIMAGE	2007	185	23.13
10	Prevalence, Treatment, and Associated Disability of Mental Disorders in Four Provinces in China during 2001 - 05: An Epidemiological Survey	Phillips, Michael R.; Zhang, Jingxuan; Shi, Qichang; Song, Zhiqiang; Ding, Zhijie; Pang, Shutao; Li, Xianyun; Zhang, Yali; Wang, Zhiqing	LANCET	2009	180	30.00
11	The Emergence of China as a Leading Nation in Science	Zhou, P; Leydesdorff, L.	RESEARCH POLICY	2006	180	20.00
12	The Other - race Effect Develops during Infancy-Evidence of Perceptual Narrowing	Kelly, David J.; Quinn, Paul C.; Slater, Alan M.; Lee, Kang; Ge, Liezhong; Pascalis, Olivier	PSYCHOLOGICAL SCIENCE	2007	178	22.25
13	The Development of Executive Functioning and Theory of Mind - A Comparison of Chinese and US Preschoolers	Sabbagh, MA; Xu, F; Carlson, SM; Moses, LJ; Lee, K	PSYCHOLOGICAL SCIENCE	2006	173	19.22
14	NOx Emission Trends for China, 1995 - 2004: The View from the Ground and the View from Space	Zhang, Qiang; Streets, David G.; He, Kebin; Wang, Yuxuan; Richter, Andreas; Burrows, John P.; Uno, Itsushi; Jang, Carey J.; Chen, Dan; Yao, Zhiliang; Lei, Yu	JOURNAL OF GEOPHYSICAL RESEARCH-ATMOSPHERES	2007	172	21.50

续表

序号	论文名称	论文作者	来源期刊	出版年份	被引合计（次）	年均被引（次）
15	Ecological and Socioeconomic Effects of China's Policies for Ecosystem Services	Liu, Jianguo; Li, Shuxin; Ouyang, Zhiyun; Tam, Christine; Chen, Xiaodong	PROCEEDINGS OF THE NATIONAL ACADEMY OF SCIENCES OF THE UNITED STATES OF AMERICA	2008	171	24.43
16	The Epidemiology of the Dementias: an Update	Qiu, Chengxuan; De Ronchi, Diana; Fratiglioni, Laura	CURRENT OPINION IN PSYCHIATRY	2007	171	21.38
17	Functional Disintegration in Paranoid Schizophrenia Using Resting-state fMRI	Zhou, Yuan; Liang, Meng; Tian, Lixia; Wang, Kun; Hao, Yihui; Liu, Haihong; Liu, Zhening; Jiang, Tianzi	SCHIZOPHRENIA RESEARCH	2007	167	20.88
18	Rapid Urbanization in China: A Real Challenge to Soil Rrotection and Food Security	Chen, Jie	CATENA	2007	154	19.25
19	Returning Forests Analyzed with the Forest Identity	Kauppi, Pekka E.; Ausubel, Jesse H.; Fang, Jingyun; Mather, Alexander S.; Sedjo, Roger A.; Waggoner, Paul E.	PROCEEDINGS OF THE NATIONAL ACADEMY OF SCIENCES OF THE UNITED STATES OF AMERICA	2006	154	17.11
20	Supplier Selection with Multiple Criteria in Volume Discount Environments	Xia, Weijun; Wu, Zhiming	OMEGA-INTERNATIONAL JOURNAL OF MANAGEMENT SCIENCE	2007	151	18.88

续表

序号	论文名称	论文作者	来源期刊	出版年份	被引合计（次）	年均被引（次）
21	Antibodies to Toxoplasma Gondii in Patients with Schizophrenia: A Meta-analysis	Torrey, E. Fuller; Bartko, John J.; Lun, Zhao-Rong; Yolken, Robert H.	SCHIZOPHRENIA BULLETIN	2007	144	18.00
22	Syphilis in China: Results of a National Surveillance Programme	Chen, Zhi-Qiang; Zhang, Guo-Cheng; Gong, Xiang-Dong; Lin, Charles; Gao, Xing; Liang, Guo-Jun; Yue, Xiao-Li; Chen, Xiang-Sheng; Cohen, Myron S.	LANCET	2007	144	18.00
23	The Domestication Process and Domestication Rate in Rice: Spikelet Bases from the Lower Yangtze	Fuller, Dorian Q.; Qin, Ling; Zheng, Yunfei; Zhao, Zhijun; Chen, Xugao; Hosoya, Leo Aoi; Sun, Guo-Ping	SCIENCE	2009	143	23.83
24	Do You Feel My Pain? Racial Group Membership Modulates Empathic Neural Responses	Xu, Xiaojing; Zuo, Xiangyu; Wang, Xiaoying; Han, Shihui	JOURNAL OF NEUROSCIENCE	2009	140	23.33
25	Visual Word Processing and Experiential Origins of Functional Selectivity in Human Extrastriate Cortex	Baker, Chris I.; Liu, Jia; Wald, Lawrence L.; Kwong, Kenneth K.; Benner, Thomas; Kanwisher, Nancy	PROCEEDINGS OF THE NATIONAL ACADEMY OF SCIENCES OF THE UNITED STATES OF AMERICA	2007	137	17.13
26	Energy Consumption, Carbon Emissions, and Economic Growth in China	Zhang, Xing-Ping; Cheng, Xiao-Mei	ECOLOGICAL ECONOMICS	2009	134	22.33

续表

序号	论文名称	论文作者	来源期刊	出版年份	被引合计（次）	年均被引（次）
27	Cross-National Analysis of the Associations among Mental Disorders and Suicidal Behavior: Findings from the WHO World Mental Health Surveys	Nock, Matthew K.; Hwang, Irving; Sampson, Nancy; Kessler, Ronald C.; Angermeyer, Matthias; Beautrais, Annette; Borges, Guilherme; Bromet, Evelyn; Bruffaerts, Ronny; de Girolamo, Giovanni; de Graaf, Ron; Florescu, Silvia; Gureje, Oye; Haro, Josep Maria; Hu, Chiyi; Huang, Yueqin; Karam, Elie G.; Kawakami, Norito; Kovess, Viviane; Levinson, Daphna; Posada-Villa, Jose; Sagar, Rajesh; Tomov, Toma; Viana, Maria Carmen; Williams, David R.	PLOSMEDICINE	2009	134	22.33
28	Trends in Prevalence of HIV, Syphilis, Hepatitis C, Hepatitis B, and Sexual Risk Behavior among Men who Have Sex with Men - Results of 3 Consecutive Respondent-driven Sampling Surveys in Beijing, 2004 through 2006	Ma, Xiaoyan; Zhang, Qiyun; He, Xiong; Sun, Weidong; Yue, Hai; Chen, Sanny; Raymond, H. Fisher; Li, Yang; Xu, Min; Du, Hui; McFarland, Willi	JAIDS-JOURNAL OF ACQUIRED IMMUNE DEFICIENCY SYNDROMES	2007	134	16.75
29	Perspectives on China's Outward Foreign Direct Investment	Morck, Randall; Yeung, Bernard; Zhao, Minyuan	JOURNAL OF INTERNATIONAL BUSINESS STUDIES	2008	131	18.71
30	Evaluating Urban Expansion and Land Use Change in Shijiazhuang, China, by Using GIS and Remote Sensing	Xiao, JY; Shen, YJ; Ge, JF; Tateishi, R; Tang, CY; Liang, YQ; Huang, ZY	LANDSCAPE AND URBAN PLANNING	2006	128	14.22
31	Cyberball: A Program for Use in Research on Interpersonal Ostracism and Acceptance	Williams, KD; Jarvis, B	BEHAVIOR RESEARCH METHODS	2006	127	14.11

序号	论文名称	论文作者	来源期刊	出版年份	被引合计（次）	年均被引（次）
32	Comparing the Input, Output, and Validation Maps for Several Models of Land Change	Pontius, Robert Gilmore, Jr.; Boersma, Wideke; Castella, Jean-Christophe; Clarke, Keith; de Nijs, Ton; Dietzel, Charles; Duan, Zengqiang; Fotsing, Eric; Goldstein, Noah; Kok, Kasper; Koomen, Eric; Lippitt, Christopher D.; McConnell, William; Sood, Alias Mohd; Pijanowski, Bryan; Pithadia, Snehal; Sweeney, Sean; Trung, Tran Ngoc; Veldkamp, A. Tom; Verburg, Peter H.	ANNALS OF REGIONAL SCIENCE	2008	127	18.14
33	Complete Transfer of Perceptual Learning across Retinal Locations Enabled by Double Training	Xiao, Lu-Qi; Zhang, Jun-Yun; Wang, Rui; Klein, Stanley A.; Levi, Dennis M.; Yu, Cong	CURRENT BIOLOGY	2008	122	17.43
34	An Inter-sectoral Comparison of Green Supply Chain Management in China: Drivers and Practices	Zhu, QH; Sarkis, J	JOURNAL OF CLEANER PRODUCTION	2006	120	13.33
35	Extending Health Insurance to the Rural Population: An Impact Evaluation of China's New Cooperative Medical Scheme	Wagstaff, Adam; Lindelow, Magnus; Gao Jun; Xu Ling; Qian Juncheng	JOURNAL OF HEALTH ECONOMICS	2009	117	19.50
36	A Gender- and Sexual Orientation-Dependent Spatial Attentional Effect of Invisible Images	Jiang, Yi; Costello, Patricia; Fang, Fang; Huang, Miner; He, Sheng	PROCEEDINGS OF THE NATIONAL ACADEMY OF SCIENCES OF THE UNITED STATES OF AMERICA	2006	117	13.00

续表

序号	论文名称	论文作者	来源期刊	出版年份	被引合计（次）	年均被引（次）
37	Energy Consumption and Economic Growth: Evidence from China at Both Aggregated and Disaggregated Levels	Yuan, Jia-Hai; Kang, Jian-Gang; Zhao, Chang-Hong; Hu, Zhao-Guang	ENERGY ECONOMICS	2008	116	16.57
38	Internet Addiction among Chinese Adolescents: Prevalence and Psychological Features	Cao, F.; Su, L.	CHILD CARE HEALTH AND DEVELOPMENT	2007	114	14.25
39	Antioxidant Enzymes and Lipid Peroxidation in Different Forms of Schizophrenia Treated with Typical and Atypical Antipsychotics	Zhang, XY; Tan, YL; Cao, LY; Wu, GY; Xu, Q; Shen, Y; Zhou, DF	SCHIZOPHRENIA RESEARCH	2006	114	12.67
40	Central and Autonomic Nervous Aystem Interaction is Altered by Short-term Meditation	Tang, Yi-Yuan; Ma, Yinghua; Fan, Yaxin; Feng, Hongbo; Wang, Junhong; Feng, Shigang; Lu, Qilin; Hu, Bing; Lin, Yao; Li, Jian; Zhang, Ye; Wang, Yan; Zhou, Li; Fan, Ming	PROCEEDINGS OF THE NATIONAL ACADEMY OF SCIENCES OF THE UNITED STATES OF AMERICA	2009	112	18.67
41	The Renaming of Mental Retardation: Understanding the Change to the Term Intellectual Disability	Schalock, Robert L.; Luckasson, Ruth A.; Shogren, Karrie A.; Borthwick-Duffy, Sharon; Bradley, Val; Buntinx, Wil H. E.; Coulter, David L.; Craig, Ellis (Pat) M.; Gomez, Sharon C.; Lachapelle, Yves; Reeve, Alya; Snell, Martha E.; Spreat, Scott; Tasse, Marc J.; Thompson, James R.; Verdugo, Miguel A.; Wehmeyer, Michael L.; Yeager, Mark H.	INTELLECTUAL AND DEVELOPMENTAL DISABILITIES	2007	112	14.00

续表

序号	论文名称	论文作者	来源期刊	出版年份	被引合计（次）	年均被引（次）
42	Disability and Treatment of Specific Mental and Physical Disorders Across the Vorld	Ormel, Johan; Petukhova, Maria; Chatterji, Somnath; Aguilar – Gaxiola, Sergio; Alonso, Jordi; Angermeyer, Matthias C.; Bromet, Evelyn J.; Burger, Huibert; Demyttenaere, Koen; de Girolamo, Giovanni; Maria Haro, Josep; Hwang, Irving; Karam, Elie; Kawakami, Norito; Lepine, Jean Pierre; Elena Medina – Mora, Maria; Posada – Villa, Jose; Sampson, Nancy; Scott, Kate; Uestuen, T. Bedirhan; Von Korff, Michael; Williams, David R.; Zhang, Mingyuan; Kessler, Ronald C.	BRITISH JOURNAL OF PSYCHIATRY	2008	111	15.86
43	Stocks as Lotteries: The Implications of Probability Weighting for Security Prices	Barberis, Nicholas; Huang, Ming	AMERICAN ECONOMIC REVIEW	2008	111	15.86
44	Health System Reform in China 6 Reform of How Health Care is Paid for in China: Challenges and Opportunities	Hu, Shanlian; Tang, Shenglan; Liu, Yuanli; Zhao, Yuxin; Escobar, Maria – Luisa; de Ferranti, David	LANCET	2008	109	15.57
45	Altered Resting – state Functional Connectivity and Anatomical Connectivity of Hippocampus in Schizophrenia	Zhou, Yuan; Shu, Ni; Liu, Yong; Song, Ming; Hao, Yihui; Liu, Haihong; Yu, Chunshui; Liu, Zhening; Jiang, Tianzi	SCHIZOPHRENIA RESEARCH	2008	107	15.29
46	Abnormal Sex Ratios in Human Populations: Causes and Consequences	Hesketh, Therese; Xing, Zhu Wei	PROCEEDINGS OF THE NATIONAL ACADEMY OF SCIENCES OF THE UNITED STATES OF AMERICA	2006	107	11.89

续表

序号	论文名称	论文作者	来源期刊	出版年分	被引合计（次）	年均被引（次）
47	Health System Reform in China 1 Tackling the Challenges to Health Equity in China	Tang, Shenglon; Meng, Qingyue; Chen, Lincoln; Bekedam, Henk; Evans, Tim; Whitehead, Margaret	LANCET	2008	105	15.00
48	Unpacking Organizational Ambidexterity: Dimensions, Contingencies, and Synergistic Effects	Cao, Qing; Gedajlovic, Eric; Zhang, Hongping	ORGANIZATION SCIENCE	2009	103	17.17
49	Earliest Domestication of Common Millet (Panicum miliaceum) in East Asia extended to 10,000 years ago	Lu, Houyuan; Zhang, Jianping; Liu, Kam-Biu; Wu, Naiqin; Li, Yumei; Zhou, Kunshu; Ye, Maolin; Zhang, Tianyu; Zhang, Haijiang; Yang, Xiaoyan; Shen, Licheng; Xu, Deke; Li, Quan	PROCEEDINGS OF THE NATIONAL ACADEMY OF SCIENCES OF THE UNITED STATES OF AMERICA	2009	103	17.17
50	Association of Cerebral Deficits With Clinical Symptoms in Antipsychotic-Naive First-Episode Schizophrenia: An Optimized Voxel-Based Morphometry and Resting State Functional Connectivity Study	Lui, Su; Deng, Wei; Huang, Xiaoqi; Jiang, Lijun; Ma, Xiaohong; Chen, Huafu; Zhang, Tijiang; Li, Xiuli; Li, Dongming; Zou, Ling; Tang, Hehan; Zhou, Xiaohong Joe; Mechelli, Andrea; Collier, David A.; Sweeney, John A.; Li, Tao; Gong, Qiyong	AMERICAN JOURNAL OF PSYCHIATRY	2009	102	17.00
51	Uncertain Linguistic Hybrid Geometric Mean Operator and Its Application to Group Decision Making Under Uncertain Linguistic Environment	Wei, Gui-Wu	INTERNATIONAL JOURNAL OF UNCERTAINTY FUZZINESS AND KNOWLEDGE-BASED SYSTEMS	2009	101	16.83

续表

序号	论文名称	论文作者	来源期刊	出版年份	被引合计（次）	年均被引（次）
52	Distinctive Paleo-Indian Migration Routes from Beringia Marked by Two Rare mtDNA Haplogroups	Perego, Ugo A.; Achilli, Alessandro; Angerhofer, Norman; Accetturo, Matteo; Pala, Maria; Olivieri, Anna; Kashani, Baharak Hooshiar; Ritchie, Kathleen H.; Scozzari, Rosaria; Kong, Qing-Peng; Myres, Natalie M.; Salas, Antonio; Semino, Ornella; Bandelt, Hans-Juergen; Woodward, Scott R.; Torroni, Antonio	CURRENT BIOLOGY	2009	100	16.67
53	Single-machine Scheduling Problems with the Effects of Learning and Deterioration	Wang, Ji-Bo	OMEGA-INTERNATIONAL JOURNAL OF MANAGEMENT-SCIENCE	2007	100	12.50
54	The P300 and Reward Valence, Magnitude, and Expectancy in Outcome Evaluation	Wu, Yan; Zhou, Xiaolin	BRAIN RESEARCH	2009	97	16.17
55	Prevalence of dementia in Latin America, India, and China: A Population—Based Cross-sectional Survey	Rodriguez, Juan J. Llibre; Ferri, Cleusa P.; Acosta, Daisy; Guerra, Mariella; Huang, Yueqin; Jacob, K. S.; Krishnamoorthy, E. S.; Salas, Aquiles; Sosa, Ana Luisa; Acosta, Isaac; Dewey, Michael E.; Gaona, Ciro; Jotheeswaran, A. T.; Li, Shuran; Rodriguez, Diana; Rodriguez, Guillermina; Kumar, P. Senthil; Valhuerdi, Adolfo; Prince, Martin	LANCET	2008	97	13.86
56	Short-term Effects of Antipsychotic Treatment on Cerebral Function in Drug-Naive First-Episode Schizophrenia Revealed by Resting State Functional Magnetic Resonance Imaging	Lui, Su; Li, Tao; Deng, Wei; Jiang, Lijun; Wu, Qizhu; Tang, Hehan; Yue, Qiang; Huang, Xiaoqi; Chan, Raymond C.; Collier, David A.; Meda, Shashwath A.; Pearlson, Godfrey; Mechelli, Andrea; Sweeney, John A.; Gong, Qiyong	ARCHIVES OF GENERAL PSYCHIATRY	2010	96	19.20

续表

序号	论文名称	论文作者	来源期刊	出版年份	被引合计（次）	年均被引（次）
57	Socio-economic Driving Forces of Land-use Change in Kunshan, the Yangtze River Delta Economic Area of China	Long, Hualou; Tang, Guoping; Li, Xiubin; Heilig, Gerhard K.	JOURNAL OF ENVIRONMENTAL MANAGEMENT	2007	96	12.00
58	From Homogenization to Pluralism: International Management Research in the Academy and Beyond	Tsui, Anne S.	ACADEMY OF MANAGEMENT JOURNAL	2007	95	11.88
59	Temporal Course of Emotional Negativity Bias: An ERP Study	Huang, YX; Luo, YJ	NEUROSCIENCE LETTERS	2006	95	10.56
60	Genetic Association of FOXO1A and FOXO3A with Longevity Trait in Han Chinese Populations	Li, Yang; Wang, Wen-Jing; Cao, Huiqing; Lu, Jiehua; Wu, Chong; Hu, Fang-Yuan; Guo, Jian; Zhao, Ling; Yang, Fan; Zhang, Yi-Xin; Li, Wei; Zheng, Gu-Yan; Cui, Hanbin; Chen, Xiaomin; Zhu, Zhiming; He, Hongbo; Dong, Birong; Mo, Xianming; Zeng, Yi; Tian, Xiao-Li	HUMAN MOLECULAR GENETICS	2009	95	15.83
61	The Moderating Effects of Institutional Pressures on Emergent Green Supply Chain Practices and Performance	Zhu, Qinghua; Sarkis, Joseph	INTERNATIONAL JOURNAL OF PRODUCTION RESEARCH	2007	94	11.75
62	Spontaneous Brain Activity in the Default Mode Network Is Sensitive to Different Resting-State Conditions with Limited Cognitive Load	Yan, Chaogan; Liu, Dongqiang; He, Yong; Zou, Qihong; Zhu, Chaozhe; Zuo, Xinian; Long, Xiangyu; Zang, Yufeng	PLOS ONE	2009	94	15.67
63	A Cross-national Study of Subjective Sexual Well-being among Older Women and Men: Findings from the Global Study of Sexual Attitudes and Behaviors	Laumann, EO; Paik, A; Glasser, DB; Kang, JH; Wang, TF; Levinson, B; Moreira, ED; Nicolosi, A; Gingell, C	ARCHIVES OF SEXUAL BEHAVIOR	2006	94	10.44

续表

序号	论文名称	论文作者	来源期刊	出版年份	被引合计（次）	年均被引（次）
64	An Empirical Analysis of Search Engine Advertising: Sponsored Search in Electronic Markets	Ghose, Anindya; Yang, Sha	MANAGEMENT SCIENCE	2009	94	15.67
65	Language Selection in Bilingual Speech: Evidence for Inhibitory Processes	Kroll, Judith F.; Bobb, Susan C.; Misra, Maya; Guo, Taomei	ACTA PSYCHOLOGICA	2008	92	13.14
66	China's Ecological Rehabilitation: Unprecedented Efforts, Dramatic Impacts, and Requisite Policies	Xu, JT; Yin, RS; Li, Z; Liu, C	ECOLOGICAL ECONOMICS	2006	92	10.22
67	Mental Disorders among Adults with Asthma: Results from the World Mental Health Survey	Scott, Kate M.; Von Korff, Michael; Ormel, Johan; Zhang, Ming-yuan; Bruffaerts, Ronny; Alonso, Jordi; Kessler, Ronald C.; Tachimori, Hisateru; Karam, Elie; Levinson, Daphna; Bromet, Evelyn J.; Posada-Villa, Jose; Gasquet, Isabelle; Angermeyer, Matthias C.; Borges, Guilherme; de Girolamo, Giovanni; Herman, Allen; Haro, Josep Maria	GENERAL HOSPITAL PSYCHIATRY	2007	91	11.38
68	The Cultural Shaping of Depression: Somatic Symptoms in China, Psychological Symptoms in North America?	Ryder, Andrew G.; Yang, Jian; Zhu, Xiongzhao; Yao, Shuqiao; Yi, Jinyao; Heine, Steven J.; Bagby, R. Michael	JOURNAL OF ABNORMAL PSYCHOLOGY	2008	90	12.86
69	Productivity Spillovers from R&D, Exports and FDI in China's Manufacturing Sector	Wei, Y; Liu, X	JOURNAL OF INTERNATIONAL BUSINESS STUDIES	2006	90	10.00
70	Growth, Population and Industrialization, and Urban Land Expansion of China	Deng, Xiangzheng; Huang, Jikun; Rozelle, Scott; Uchida, Emi	JOURNAL OF URBAN ECONOMICS	2008	89	12.71

续表

序号	论文名称	论文作者	来源期刊	出版年份	被引合计（次）	年均被引（次）
71	The Relation between Multiple Pains and Mental Disorders: Results from the World Mental Health Surveys	Gureje, Oye; Von Korff, Michael; Kola, Lola; Demyttenaere, Koen; He, Yanling; Posada-Villa, Jose; Lepine, Jean Pierre; Angermeyer, Matthias C.; Levinson, Daphna; de Girolamo, Giovanni; Iwata, Noboru; Karam, Aimee; Guimaraes Borges, Guilherme Luiz; de Graaf, Ron; Browne, Mark Oakley; Stein, Dan J.; Maria Haro, Josep; Bromet, Evelyn J.; Kessler, Ron C.; Alonso, Jordi	PAIN	2008	88	12.57
72	The Relationship between Impulsivity and Internet Addiction in a Sample of Chinese Adolescents	Cao, Fenglin; Su, Linyan; Liu, Tie Qiao; Gao, Xueping	EUROPEAN PSYCHIATRY	2007	87	10.88
73	Cultivated Land Conversion and Potential Agricultural Productivity in China	Deng, Xiangzheng; Huang, Jikun; Rozelle, Scott; Uchida, Emi	LAND USE POLICY	2006	87	9.67
74	China's Sloping land Conversion Program: Institutional Innovation or Business as Usual?	Bennett, Michael T.	ECOLOGICAL ECONOMICS	2008	87	12.43
75	The Influence of Social and Sexual Networks in the Spread of HIV and Syphilis among Men Who Have Sex with Men in Shanghai, China	Choi, Kyung-Hee; Ning, Zhen; Gregorich, Steven E.; Pan, Qi-chao	JAIDS-JOURNAL OF ACQUIRED IMMUNE DEFICIENCY SYNDROMES	2007	87	10.88
76	Some Scheduling Problems with General Position-dependent and time-dependent Learning Effects	Yin, Yunqiang; Xu, Dehua; Sun, Kaibiao; Li, Hongxing	INFORMATION SCIENCES	2009	86	14.33
77	Identification of Optimal Strategies for Energy Management Systems Planning Under Multiple Uncertainties	Cai, Y. P.; Huang, G. H.; Yang, Z. F.; Tan, Q.	APPLIED ENERGY	2009	86	14.33

续表

序号	论文名称	论文作者	来源期刊	出版年份	被引合计（次）	年均被引（次）
78	Antidepressant Like Effects of Piperine in Chronic Mild Stress Treated Mice and Its Possible Mechanisms	Li, Song; Wang, Che; Wang, Minwei; Li, Wei; Matsumoto, Kinzo; Tang, Yiyuan	LIFE SCIENCES	2007	86	10.75
79	Environment Kuznets Curve for CO_2 Emissions: A Cointegration Analysis for China	Jalil, Abdul; Mahmud, Syed F.	ENERGY POLICY	2009	84	14.00
80	Health System Reform in China 4 Injury-related Fatalities in China: an Under-recognised Public-health Problem	Wang, S. Y.; Li, Y. H.; Chi, G. B.; Xiao, S. Y.; Ozanne-Smith, J.; Stevenson, M.; Phillips, M. R.	LANCET	2008	83	11.86
81	Determining the Number of Primitive Shocks in Factor Models	Bai, Jushan; Ng, Serena	JOURNAL OF BUSINESS & ECONOMIC STATISTICS	2007	82	10.25
82	Presumed Domestication? Evidence for Wild Rice Cultivation and Domestication in the Fifth Millennium BC of the Lower Yangtze Region	Fuller, Dorian Q.; Harvey, Emma; Qin, Ling	ANTIQUITY	2007	82	10.25
83	Multivariate Voxel-based Morphometry Successfully Differentiates Schizophrenia Patients from Healthy Controls	Kawasaki, Yasuhiro; Suzuki, Michio; Kherif, Ferath; Takahashi, Tsutomu; Zhou, Shi-Yu; Nakamura, Kazue; Matsui, Mie; Sumiyoshi, Tomiki; Seto, Hikaru; Kurachi, Masayoshi	NEUROIMAGE	2007	82	10.25
84	Spatio-temporal Dynamic Patterns of Farmland and Rural Settlements in Su-Xi-Chang region: Implications for Building a New Countryside in Coastal China	Long, Hualou; Liu, Yansui; Wu, Xiuqin; Dong, Guihua	LAND USE POLICY	2009	81	13.50

续表

序号	论文名称	论文作者	来源期刊	出版年份	被引合计（次）	年均被引（次）
85	How Emerging Market Governments Promote Outward FDI: Experience from China	Luo, Yadong; Xue, Qiuzhi; Han, Binjie	JOURNAL OF WORLD BUSINESS	2010	81	16.20
86	Agricultural Origins and the Isotopic Identity of Domestication in Northern China	Barton, Loukas; Newsome, Seth D.; Chen, Fa-Hu; Wang, Hui; Guilderson, Thomas P.; Bettinger, Robert L.	PROCEEDINGS OF THE NATIONAL ACADEMY OF SCIENCES OF THE UNITED STATES OF AMERICA	2009	81	13.50
87	Integrated Product Policy and Environmental Product Innovations: An Empirical Analysis	Rehfeld, Katharina-Maria; Rennings, Klaus; Ziegler, Andreas	ECOLOGICAL ECONOMICS	2007	80	10.00
88	Contribution of Chronic Diseases to Disability in Elderly People in Countries with Low and Middle Incomes: a 10/66 Dementia Research Group Population-Based Survey	Sousa, Renata M.; Ferri, Cleusa P.; Acosta, Daisy; Albanese, Emiliano; Guerra, Marietta; Huang, Yueqin; Jacob, K. S.; Jotheeswaran, A. T.; Llibre Rodriguez, Juan J.; Rodriguez Pichardo, Guillermina; Calvo Rodriguez, Marina; Salas, Aquiles; Luisa Sosa, Ana; Williams, Joseph; Zuniga, Tirso; Prince, Martin	LANCET	2009	79	13.17
89	Governing Buyer-supplier Relationships through Transactional and Relational Mechanisms: Evidence from China	Liu, Yi; Luo, Yadong; Liu, Ting	JOURNAL OF OPERATIONS MANAGEMENT	2009	79	13.17
90	A Survey of Scheduling with Deterministic Machine Availability Constraints	Ma, Ying; Chu, Chengbin; Zuo, Chunrong	COMPUTERS & INDUSTRIAL ENGINEERING	2010	77	15.40
91	Proposed Diagnostic Criteria for Internet Addiction	Tao, Ran; Huang, Xiuqin; Wang, Jinan; Zhang, Huimin; Zhang, Ying; Li, Mengchen	ADDICTION	2010	76	15.20

续表

序号	论文名称	论文作者	来源期刊	出版年份	被引合计（次）	年均被引（次）
92	Using LMDI Method to Analyzed the Change of China's Industrial CO_2 Emissions from Final Fuel Use: An Empirical Analysis	Liu, Lan-Cui; Fan, Ying; Wu, Gang; Wei, Yi-Ming	ENERGY POLICY	2007	75	9.38
93	Effectiveness of Brief Intervention and Contact for Auicide Attempters: A Randomixed Controlled Trial in Five Countries	Fleischmann, Alexandra; Bertolote, Jose M.; Wasserman, Danuta; De Leo, Diego; Bolhari, Jafar; Botega, Neury J.; De Silva, Damani; Phillips, Michael; Vijayakumar, Lakshmi; Vaernik, Airi; Schlebusch, Lourens; Thanh, Huong Tran Thi	BULLETIN OF THE WORLD HEALTH ORGANIZATION	2008	72	10.29
94	Decomposition of Energy-related CO (2) Emission over 1991 – 2006 in China	Zhang, Ming; Mu, Hailin; Ning, Yadong; Song, Yongchen	ECOLOGICAL ECONOMICS	2009	71	11.83
95	Review and Challenges of Policies of Environmental Protection and Sustainable Development in China	Zhang, Kun-min; Wen, Zong-guo	JOURNAL OF ENVIRONMENTAL MANAGEMENT	2008	71	10.14
96	NDVI-based Increase in Growth of Temperate Grasslands and Its Responses to Climate Changes in China	Piao, Shilong; Mohammat, Anwar; Fang, Jingyun; Cai, Qiang; Feng, Jianmeng	GLOBAL ENVIRONMENTAL CHANGE – HUMAN ANDPOLICY DIMENSIONS	2006	71	7.89
97	Regional Homogeneity in Depression and Its Relationship with Separate Depressive Symptom Clusters: A Resting-state fMRI Study	Yao, Zhijian; Wang, Li; Lu, Qing; Liu, Haiyan; Teng, Gaojun	JOURNAL OF AFFECTIVE DISORDERS	2009	71	11.83
98	Total Factor Carbon Emission Performance: A Malmquist Index Analysis	Zhou, P.; Ang, B. W.; Han, J. Y.	ENERGY ECONOMICS	2010	66	13.20

续表

序号	论文名称	论文作者	来源期刊	出版年份	被引合计（次）	年均被引（次）
99	Cohort Profile: The China Health and Nutrition Survey – monitoring and Understanding Socio - economic and Health Change in China, 1989 – 2011	Popkin, Barry M.; Du, Shufa; Zhai, Fengying; Zhang, Bing	INTERNATIONAL JOURNAL OF EPIDEMIOLOGY	2010	63	12.60
100	Tunneling through Intercorporate Loans: The China Experience	Jiang, Guohua; Lee, Charles M. C.; Yue, Heng	JOURNAL OF FINANCIAL ECONOMICS	2010	63	12.60

从表2—7的论文总被引量前100位中可以看出，其中约59%的论文第一作者为中国内地学者，其余为外国学者，这说明2006—2010年SSCI和A&HCI收录中国内地学者发表的高水平人文社会科学论文中，中国内地学者的科研贡献力量占主导地位，同时也说明国外学者的参与和支持是不可或缺的力量。

第三节 结论

以上是从发表论文年度、语种、论文所属学科分布、论文作者所在机构、来源期刊、合作作者所在国家/地区、受国外基金资助情况以及被引情况八个方面对2006—2010年SSCI和A&HCI收录的中国内地学者发表的人文社会科学论文进行统计分析和综合考察，可以做出以下结论。

2006—2010年这5年间，SSCI和A&HCI收录我国内地学者发表的人文社会科学论文共计9198篇，虽然整体上呈稳步增长的趋势，反映出这一阶段我国内地人文社会科学研究成果的国际学术影响力逐年提升，但从总数上来说相对美国（304264篇）、英国（78942篇）等国家数量较少。另外，从统计结果可知，2006—2010年，SSCI和A&HCI收录的我国内地学者发表的人文社会科学学术论文共涉及了9种语言文字，主要以英文和中文为主，占总量的99%以上，另有26篇期刊论文是德文，21篇是法文，其他类型语言文字的论文数量极少，说明我国内地学者在与非英语国家学者之间的交流与合作有待加强。从发表论文的所属学科领域来看，呈现出明显的不均衡性，经济学、心理学和管理学的研究实力和影响力水平明显高于其他人文社会科学学科，其他学科相比较为薄弱。从论文的来源期刊来看，由中国内地及港澳台地区主办的期刊，以及由外国主办但专载有关中国经济、社会等各方面问题的期刊是主要的论文来源期刊。从发表论文的作者所在机构分布可以看出，虽然中国科学院的发表论文数量位居第一，但从整体上看，我国内地高校是这一时期论文的主要贡献力量。从合作发表论文的作者所在国家/地区的统计结果看，我国与美国学者合作发表的论文数量最多，形成了较为稳定和密切的学术交流与合作关系，而与非洲等一些国家/地区的交流与合作还亟待加强。从论文受国外基金资助情况来看，我国内地学者发表的论文受美国相关机构的基金资助最多，这也与我国内地学者与美国学者合作发文数量最多密切相关。从高被引论文的情况来看，虽然我国内地学者以第一作者发表的论文在前100位高被引论文中占据了主导地位，但国外学者的学术贡献与参与也同样不可缺少。综上可以看出，2006—2010年，SSCI和A&HCI收录我国内地学者发表的期刊论文的国际影响力逐年稳步提升，但整体影响力水平仍有待进一步加强。

第三章 中国人文社会科学学术著作国际学术影响力

第一节 导论

  学术著作与期刊论文、会议文献共同构成了学术资源的主要部分，它以完整的背景信息、研究的来龙去脉、对相关问题的深入探讨等特点有效地弥补了期刊论文、会议文献作为研究资料的不足之处，为研究人员提供了更为宽广、深入、围绕主题更为全面的信息。与此同时，学术著作是人文社会科学研究成果的重要呈现形式之一，研究中国人文社会科学国际学术影响力，学术著作的国际学术影响力是一个不可或缺的参考指标。对中国人文社会科学学术著作国际学术影响力的研究是定量分析方法在科研活动中的应用，是从产出的角度了解我国人文社会科学研究发展状况的重要途径之一，有利于为管理部门及科研人员提供决策依据与研究素材。

一 研究目的和研究内容

  本《报告》利用文献计量方法，对 BKCI-SSH 在 2006—2010 年收录我国内地的学术著作进行统计分析，从学术著作的视角探析我国人文社会科学的发展状况，审视我国人文社会科学在国际上的地位与影响力，为我国学术界和相关管理部门提供研究资料与决策依据。

  本章由导论、统计分析、结论三个部分组成。其中，导论部分是对研究目的、数据检索等的说明。统计分析的部分是报告的主体部分，从收录数量、学科分布、合作国家、来源机构、被引情况等方面对 BKCI-SSH 收录我国内地 2006—2010 年的人文社会科学学术著作进行统计分析。结论部分主要是根据统计分析部分的数据总结得出相关结论。

二 需要说明的问题

(一) 数据的检索

本《报告》统计分析的数据来自 BKCI – SSH 网络版数据库。对于科研而言,图书引文索引是期刊论文、会议文献的有力补充,完善了知识拼图。本《报告》研究的是我国人文社会科学学术著作的国际影响力,将 BKCI – SSH 作为统计分析的数据源,主要是因为 BKCI 收录的文献类型以图书和图书章节为主,是目前学术界公认的权威人文社会科学文献检索工具之一。

本《报告》的数据检索选择地址作为检索字段,限定时间为 2006—2010 年,数据库更新日期为 2014 年 10 月 1 日,检索日期为 2014 年 10 月 2 日,初步检索结果为 1459 条记录,经过人工检查,剔除不符合要求的记录后,最终保留的检索结果为 1274 条记录。[①]

(二) 著作的学科划分

在本《报告》的统计分析中,对于学术著作所属学科的划分是一个难题。这主要是因为研究对象具有复杂性与多元性,存在很多跨学科领域的研究,导致出现一条检索记录可能归属多个学科的现象。另外,BKCI – SSH 收录著作的学科领域划分与我国内地人文社会科学学科划分存在差异。为了遵循 BKCI – SSH 数据库对学科的原始分类,同时便于数据的统计分析,本《报告》对学科领域统计分析的部分根据《我国学科门类、一级学科与 WOS 学科类别对应表》(见附录 6),将 BKCI – SSH 子库中 WOS 类别的划分与我国一级、二级学科进行一对一的对照,划分检索记录的学科归属。对于跨学科的著作,将同时计入所属的多个学科,所以存在一定的重复记录。

(三) 第一作者著作的归属

在 BKCI – SSH 中,收录的我国内地学术著作主要有我国内地学者

---

① 由于 BKCI – SSH 收录的文献类型以书、书章节为主,检索结果中的记录主要是书章节,一条记录就是一个书章节,所以存在多条记录来自于同一本书的现象,为避免人为划分书与书章节出现的误差,本《报告》以书章节作为数据统计分析的单位。

作为第一作者的著作以及我国内地学者作为参与者的著作两类。为便于统计分析，本《报告》以第一作者在著作发表时所在国家（地区）和机构为准，即如果该著作是由外国研究人员在中国或以中国机构名义发表的著作，则视为该著作归属中国，纳入统计范畴。对于第一作者给出两个以上地址的著作，只要第一作者其中一个地址为中国内地，则计入第一作者的范畴。

（四）统计的误差

在本《报告》的统计分析中，由于 WOS 自身的问题，个别记录存在重复计数的现象。另外，由于机构名称（如高等院校名称）存在变更的问题，在机构统计分析的部分中，著作归属以其在数据库中所显示的机构名称为准，除了对使用简称与全称的情况进行合并外，不再进行人工合并。在数据的计算部分，非整数部分保留到小数点后两位数，四舍五入可能会导致细小的误差。

第二节 2006—2010 年 BKCI – SSH 收录中国内地著作的情况

BKCI – SSH 收录中国内地著作的情况主要以 2006—2010 年为时间限制，对这些著作的数量、学科领域、合作国家分布、机构、被引用情况等方面进行统计分析。

一 BKCI – SSH 收录中国内地著作的年代分布

根据检索结果，BKCI – SSH 在 2006—2010 年收录中国内地著作共计 1274 条记录，以下从著作数量年代分布情况、中国内地作者为第一作者和参与者的著作数量分布情况两方面进行统计分析。

2006—2010 年，BKCI – SSH 收录中国内地著作记录 1274 条。其中，2010 年收录的中国内地著作的记录数最多，共计 381 条，占了 29.91%；在 2006—2010 年，收录我国内地著作的数量呈现出稳步增长的趋势，从 2009 年到 2010 年增长了 38 条记录，相对于其他年度增长量较少、增长速度较缓慢（见表 3—1、图 3—1）。

表3—1　2006—2010年BKCI‐SSH收录中国内地著作的年代分布

年度	记录（条）	比例（%）
2006	93	7.30
2007	181	14.21
2008	276	21.66
2009	343	26.92
2010	381	29.91
合计	1274	100

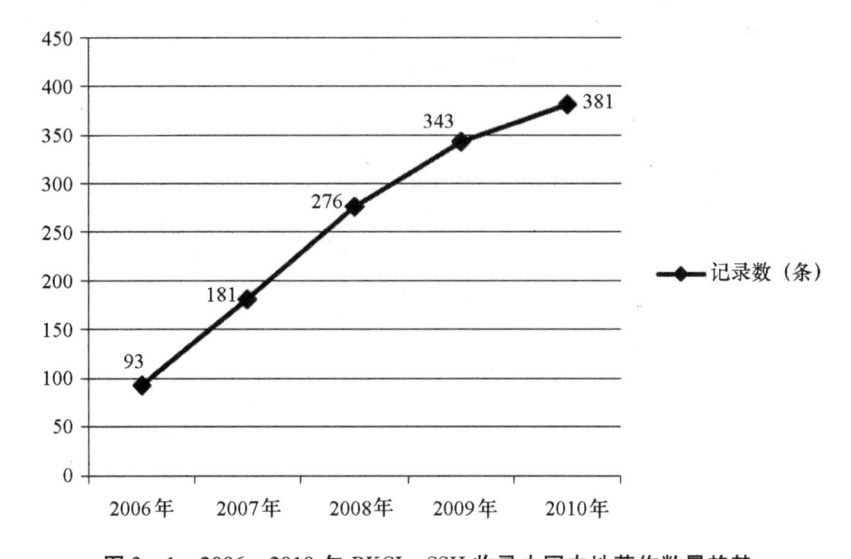

图3—1　2006—2010年BKCI‐SSH收录中国内地著作数量趋势

本《报告》以第一作者在著作发表时所在国家/地区和机构为原则，对所收录著作（1274条）以第一作者和参与者进行了统计分析。结果显示，在1274条记录中，我国内地学者作为第一作者的记录数为1101条，占了86.42%的比例；我国内地学者作为参与者的记录数为184条，占了14.44%的比例。由此可见，我国内地学者以第一作者出版的著作占了大多数（见表3—2）。对于由多位作者合作完成的著作，个别记录同时满足第一作者和参与者都为中国内地学者的情况，因此在统计时同时归入这两类，导致第一作者记录与参与者记录之和大于记录数。

表 3—2　2006—2010 年 BKCI-SSH 收录中国内地第一作者和参与者著作数量

年度	记录（条）	第一作者记录		参与者记录	
		记录（条）	占比（%）	记录（条）	占比（%）
2006	93	74	79.57	19	20.43
2007	181	153	84.53	28	15.47
2008	276	225	81.52	55	19.93
2009	343	314	91.55	33	9.62
2010	381	335	87.93	49	12.86
合计	1274	1101	86.42	184	14.44

二　BKCI-SSH 收录中国内地著作的学科领域分布

统计分析 BKCI-SSH 收录我国内地著作的学科领域分布情况，对于研究我国内地各学科领域的研究实力和国际影响力具有重要的参考价值。

WOS 将学科类别分为生命科学与生物医学、自然科学、应用科学、艺术人文和社会科学 5 大类，并在此基础上扩展为 151 个小类。考虑到我国内地的学科分类与 WOS 学科分类的区别，为了避免人为划分类别归属中主观因素带来的误差，本《报告》对学科的统计数据采用 WOS 中的 WOS 类别作为学科统计的数据源，根据《我国学科门类、一级学科与 WOS 学科类别对应表》，将 BKCI-SSH 子库中 WOS 类别的划分与我国一级、二级学科进行一对一的对照，划分检索记录的学科归属。另外，由于存在跨学科的研究，在统计中，对跨学科的研究将分别归入所跨学科，不作为重复剔除。

结果显示，1274 条记录所对应的人文社会科学学科主要有经济学、法学、社会学、管理学、政治学、教育学、语言学、民族学、宗教学、文学、历史学、图书情报与档案管理、哲学、考古学、心理学、艺术学以及统计学（见表 3—3）。

表 3—3　2006—2010 年 BKCI-SSH 收录中国内地著作所属学科分布

序号	学科	记录（条）	占总记录的比例（%）
1	经济学	537	42.15
2	法学	227	17.82
3	社会学	212	16.64

续表

序号	学科	记录（条）	占总记录的比例（%）
4	管理学	194	15.23
5	政治学	177	13.89
6	教育学	133	10.44
7	语言学	67	5.26
8	民族学	52	4.08
9	宗教学	40	3.14
10	文学	33	2.59
11	历史学	31	2.43
12	图书情报与档案管理	24	1.88
13	哲学	24	1.88
14	考古学	14	1.10
15	心理学	9	0.71
16	艺术学	4	0.31
17	统计学	1	0.08

根据表3—3中的数据，从学科分布方面可以得出以下结论。

第一，我国内地人文社会科学学科中经济学的国际学术影响力相对较大。2006—2010年BKCI-SSH收录我国内地著作所属学科中，经济学以537条总记录远超位于第二位的法学，占据了42.15%的比例，其他学科与经济学之间差距较大。

第二，除了经济学外，我国内地人文社会科学学科相对较有国际学术影响力的学科还有法学、社会学、管理学、政治学以及教育学。2006—2010年BKCI-SSH收录我国内地著作所属学科从第二位至第六位分别是法学（227条）、社会学（212条）、管理学（194条）、政治学（177条）和教育学（133条）。从第六位教育学之后的学科记录数均未上百条，所占比例较低。

第三，我国内地国际学术影响力较低的人文社会科学学科有统计学、艺术学、心理学、考古学、哲学、图书情报与档案管理、历史学、文学、宗教学、民族学、语言学。这些学科记录数相对较少，所占比例相对较低，在今后的发展中应加大这些学科的国际学术论文发文量，提升其国际学术影响力。

三 BKCI–SSH 收录中国内地著作合作国家/地区分布

本《报告》此处的地区指著作的作者所在的国家或地区，对2006—2010年BKCI–SSH收录中国内地著作的地区分布进行统计在一定程度上可以说明该著作的国际影响力。经过统计，1274条总记录共涉及了44个国家，可以看出，我国内地的国际学术交流与科研合作取得了一定成效，合作范围广泛。其次，美国以287条记录数位居第一，英国以163条记录排在第二位，说明我国内地与美国、英国在科研合作方面相对较多。最后，记录数排在前10位的国家均为发达国家（如美国、英国、德国等），发展中国家的记录数相对较少（如巴西、厄瓜多尔等），这说明我国内地与发达国家的学术交流和科研合作较多，与发展中国家的学术交流和科研合作较少（见表3—4）。

表3—4　2006—2010年BKCI–SSH收录中国内地著作合作国家/地区分布

序号	合作国家/地区	记录数（条）	所占比例（%）
1	美国（USA）	287	22.53
2	英国（ENGLAND）	163	12.79
3	德国（GERMANY）	75	5.89
4	澳大利亚（AUSTRALIA）	47	3.69
5	日本（JAPAN）	42	3.30
6	加拿大（CANADA）	33	2.59
7	荷兰（NETHERLANDS）	31	2.43
8	瑞典（SWEDEN）	26	2.04
9	新西兰（NEW ZEALAND）	24	1.88
10	威尔士（WALES）	23	1.81
11	瑞士（SWITZERLAND）	23	1.81
12	西班牙（SPAIN）	19	1.49
13	法国（FRANCE）	15	1.18
14	新加坡（SINGAPORE）	13	1.02
15	丹麦（DENMARK）	12	0.94
16	意大利（ITALY）	10	0.79

续表

序号	合作国家/地区	记录数（条）	所占比例（%）
17	比利时（BELGIUM）	10	0.79
18	拉脱维亚（LATVIA）	9	0.71
19	韩国（KOREA）	8	0.63
20	波兰（POLAND）	7	0.55
21	印度（INDIA）	7	0.55
22	苏格兰（SCOTLAND）	6	0.47
23	以色列（ISRAEL）	5	0.39
24	爱尔兰（IRELAND）	5	0.39
25	芬兰（FINLAND）	5	0.39
26	奥地利（AUSTRIA）	5	0.39
27	阿拉伯联合酋长国（U ARAB EMIRATES）	3	0.24
28	挪威（NORWAY）	3	0.24
29	匈牙利（HUNGARY）	3	0.24
30	哥伦比亚（COLOMBIA）	3	0.24
31	阿根廷（ARGENTINA）	3	0.24
32	越南（VIETNAM）	2	0.16
33	南非（SOUTH AFRICA）	2	0.16
34	菲律宾（PHILIPPINES）	2	0.16
35	墨西哥（MEXICO）	2	0.16
36	乌克兰（UKRAINE）	1	0.08
37	泰国（THAILAND）	1	0.08
38	尼日利亚（NIGERIA）	1	0.08
39	摩洛哥（MOROCCO）	1	0.08
40	印度尼西亚（INDONESIA）	1	0.08
41	希腊（GREECE）	1	0.08
42	斐济（FIJI）	1	0.08
43	厄瓜多尔（ECUADOR）	1	0.08
44	巴西（BRAZIL）	1	0.08

四 BKCI-SSH 收录中国内地著作的作者所在机构分布

在本《报告》中,机构指科研成果产出的单位,对机构的统计分析,可以了解到机构的科研情况及其国际影响力。

将检索结果按照记录数量降序排列,选取记录数排在前100位的机构作为数据统计分析的样本,人工将同一机构使用全称与简称的记录合并,同时剔除国外机构,对前100位中的中国内地机构进行统计分析(见表3—5)。结果显示:

第一,作者所在前100个机构里,中国内地机构有41个。前10位分别为北京大学、中国社会科学院、清华大学、复旦大学、北京师范大学、中山大学、中国科学院、山东大学、华东师范大学、浙江大学。其中,北京大学以173条的总记录数排在第一位,中国社会科学院以115条记录排在第二位。

第二,来自高等院校的著作占了绝大部分,是科研成果产出的主力军且注重其科研成果国际学术影响力的提升,研究机构紧接其后。在本《报告》的统计范围内,41个中国内地机构主要涉及高等院校、研究机构、政府机构、企业四类。经过统计,在41个中国内地机构中,我国内地高等院校共计36所,36所高等院校的记录总数为878条,占总记录数1274条的比例为68.92%;我国内地研究机构的数量为3个,著作的记录数量共计177条,占总数的13.89%;我国内地政府部门数量为1个,著作的记录数量为8条,占总数的0.63%;我国内地企业的数量为1个,著作的记录数量共计10条,占总数的0.79%。

第三,公司/企业、政府部门等类型的机构著作记录数很少,科研成果产出低。

表3—5 2006—2010 年 BKCI-SSH 收录中国内地著作作者所在机构分布表

序号	著作作者所在机构	记录(条)	比例(%)
1	北京大学	173	13.58
2	中国社会科学院	115	9.03
3	清华大学	66	5.18
4	复旦大学	53	4.16
5	北京师范大学	50	3.93

续表

序号	著作作者所在机构	记录（条）	比例（%）
6	中山大学	44	3.45
7	中国科学院	52	4.08
8	山东大学	37	2.90
9	华东师范大学	33	2.59
10	浙江大学	32	2.51
11	中国人民大学	31	2.43
12	同济大学	27	2.12
13	上海交通大学	26	2.04
14	上海中欧管理学院	20	1.57
15	厦门大学	19	1.49
16	吉林大学	19	1.49
17	云南大学	17	1.33
18	南开大学	17	1.33
19	西安交通大学	15	1.18
20	武汉大学	15	1.18
21	北京大学	15	1.18
22	北京外国语大学	15	1.18
23	中央财经大学	13	1.02
24	北京国际研究学院	12	0.94
25	西南政法大学	11	0.86
26	上海财经大学	10	0.79
27	上海证券交易所	10	0.79
28	西北大学	10	0.79
29	广东外语外贸大学	10	0.79
30	中国地质大学	10	0.79
31	中国国家国际研究协会	10	0.79
32	四川大学	9	0.71
33	南京大学	9	0.71
34	中国政法大学	9	0.71
35	对外经济贸易大学	8	0.63
36	华南理工大学	8	0.63
37	河南省政府	8	0.63
38	中国农业大学	7	0.55
39	天津师范大学	6	0.47
40	西南大学	6	0.47
41	上海立信会计学院	6	0.47

在本《报告》的统计范围内，若不对国外机构进行剔除处理，经过统计，在前100个机构中，主要涉及高等院校、研究机构、政府机构、企业四类，高等院校共计89所，89所高等院校的记录总数为1449条，占总记录数1700条[①]的比例为85.24%；研究机构的数量为8个，著作的记录数量共计221条，占总数的13.00%；企业的数量为2个，著作的记录数量共计22条，占总数的1.29%；政府部门数量为1个，著作的记录数量为8条，占总数的0.47%。由此可见，无论国内还是国外，来自高等院校的著作占了绝大部分，是科研成果产出的主力军，其次是研究机构，这两类机构的数量共计97个，记录总数为1670条，所占比例为98.24%（见表3—6）。

表3—6　2006—2010年BKCI收录中国内地著作作者所在机构的类型分布

机构	机构数量（个）	国内/国外机构（个）	书章节（条）	国内/国外书章节（条）	比例（%）
高等院校	89	国内：36	1449	国内：494	85.24
		国外：53		国外：955	
研究机构	8	国内：3	221	国内：177	13.00
		国外：5		国外：44	
公司/企业	2	国内：1	22	国内：10	1.29
		国外：1		国外：12	
政府	1	国内：1	8	国内：8	0.47
		国外：0		国外：0	
合计	100		1700	1700	

五　BKCI-SSH收录中国内地著作的被引用情况

著作的被引频次是指著作自发表以来在统计年度被引用的总次数，可作为科研成果评价的指标，是衡量一个国家、地区或机构科研质量与影响力不可或缺的指标之一。在此，需要先说明以下几个问题：一是本《报告》所统计的被引频次时间范围为2006—2010年，统计单位为"次"；二是被引用频次是一个随时间变动的变量，著作发表的时间越早，其被引

[①] 由于存在一条记录同时归属于多个机构的现象，总记录数并非前文所提到的总记录数。

用的概率也较大，同一个时间段内不同年度的著作发表后的时间长度不相同，不宜在同一个时间段内对不同年度著作的被引用情况进行比较。

经过统计，2006—2010 年 BKCI – SSH 收录我国内地著作记录数量为 1274 条。其中，在 2006—2010 年间，被引用的著作记录数共计 172 条，占总记录数的 13.5%；被引用的 172 条记录（书或书章节）的被引用总次数为 250 次；被引用的 172 条记录的平均被引用次数则为 1.45 次（见表3—7）。

从 2006 至 2010 年，被引著作记录分别为 4、12、30、51、75 条，著作的总被引次数分别为 5、11、43、78、113 次，由此可以看出，我国内地著作的被引用著作数量较少，被引用次数也较少（见表3—7）。

表3—7　　2006—2010 年 BKCI – SSH 收录中国内地著作被引情况表

年度	记录（条）	被引著作记录（条）	被引著作记录（%）	著作总被引次数（次）	被引著作记录占总记录的比例
2006	93	4	4.30	5	1.25
2007	181	12	6.63	11	0.92
2008	276	30	10.87	43	1.43
2009	343	51	14.87	78	1.53
2010	381	75	19.69	113	1.51
合计	1274	172	13.50	250	1.45

通常情况下，高被引著作代表该著作的科研质量与影响力较高。为了解 2006—2010 年 BKCI – SSH 收录中国内地著作的高被引著作，本《报告》对被引次数排在前 10 位的著作进行了统计分析，对前 10 位中存在并列的情况不做合并处理。结果显示，排名前 10 位的著作被引次数范围在 12—27 次。从著作的所属年度来看，2 条记录来自 2006 年，3 条记录来自 2007 年，3 条记录来自 2008 年，2009 年没有记录，2010 年有 2 条记录；从著作的作者人数来看，前 10 位中只有 3 条记录是独著的著作，7 条记录为合著的著作；从学科领域来看，排名前 10 位的记录所涉及的学科领域丰富，具有跨学科研究的特点，被引次数最高的著作属于环境学与环境研究领域，此外，经济学、国际关系领域的著作相对较多（见表3—8）。

表3—8   2006—2010年BKCI-SSH收录中国内地著作被引频次前10位

序号	著作标题	年度	来源出版物	作者（人）	被引（次）	所属WOS类型
1	Renewable Energy Futures: Targets, Scenarios, and Pathways	2007	Annual Review of Environment and Resources	4	27	环境学；环境研究
2	The 1995 and 2002 Household Surveys: Sampling Methods and Data Description	2008	Inequality and Public Policy in China	4	19	经济学
3	Transformations in the Primary Life Cycle: the Origins and Nature of China's Sexual Revolution	2006	Routledge Studies on China in Transition	1	19	社会学
4	Risk and Exposure to Extreme Heat in Microclimates of Phoenix, AZ	2010	Geotechnologies and the Environment	4	18	环境学；地理；跨学科地理研究；城市研究
5	How Much Have the Wages of Unskilled Workers in China Increased? Data from Seven Factories in Guangdong	2007	China - Linking Markets for Growth	2	18	商业；经济；国际关系
6	Temperament, Socioemotional Functioning, and Peer Relationships in Chinese and North American Children	2006	Cambridge Studies in Social and Emotional Development	3	16	发展心理学
7	Business Interest Groups in Chinese Politics: The Case of the Oil Companies	2008	China's Changing Political Landscape: Prospects for Democracy	1	14	政治学
8	Reflections on Dialogues between Practitioners and Theorists of Human Rights Introduction	2007	Ethics in Action: The Ethical Challenges of International Human Rights Nongovernmental Organizations	1	14	伦理学；国际关系
9	What Can Emerging Markets Learn from the Outward Direct Investment Policies of Advanced Countries?	2010	Foreign Direct Investments from Emerging Markets: The Challenges Ahead	4	12	计划与发展
10	Inequality and Public Policy in China Issues and Trends	2008	Inequality and Public Policy in China	3	12	经济学

注：检索日期为2014年10月2日。

施引文献,也称来源文献,是指引用当前文献的后续文献,也即新出版的引用当前文献的文献。为进一步了解 2006—2010 年 BKCI-SSH 收录中国内地著作的后续被引情况,本《报告》对被引次数前 10 位的著作的施引文献进行了统计分析。结果显示,前 10 位著作总被引次数为 169 次,施引文献以期刊论文为主,共计 117 篇;其次是书,共计 42 本;最后是会议文献,共计 10 篇,由此可知,期刊论文是施引文献的主要构成部分,占绝对优势。从施引文献的语种来看,排名前 10 位的著作的施引文献语种均为英语(见表 3—9)。

表 3—9　2006—2010 年 BKCI-SSH 收录中国内地著作前 10 位施引文献情况

序号	著作标题	被引(次)	期刊论文(篇)	会议文献(篇)	书(本)	施引文献语种
1	Renewable Energy Futures: Targets, Scenarios, and Pathways	27	22	3	2	英语
2	The 1995 and 2002 Household Surveys: Sampling Methods and Data Description	19	18	0	1	英语
3	Transformations in the Primary Life Cycle: the Origins and Nature of China's Sexual Revolution	19	15	0	4	英语
4	Risk and Exposure to Extreme Heat in Microclimates of Phoenix, AZ	18	15	0	3	英语
5	How Much Have the Wages of Unskilled Workers in China Increased? Data from Seven Factories in Guangdong	18	10	3	5	英语
6	Temperament, Socioemotional Functioning, and Peer Relationships in Chinese and North American Children	16	12	2	2	英语
7	Business Interest Groups in Chinese Politics: The Case of the Oil Companies	14	9	0	5	英语
8	Reflections on Dialogues between Practitioners and Theorists of Human Rights Introduction	14	5	1	8	英语
9	What Can Emerging Markets Learn from the Outward Direct Investment Policies of Advanced Countries?	12	3	1	8	英语
10	Inequality and Public Policy in China Issues and Trends	12	8	0	4	英语
合计		169	117	10	42	

注:检索日期为 2014 年 10 月 2 日。

第三节 统计结果及分析

根据以上内容从收录数量和语种分布、学科分布、合作国家、发表机构、被引情况等方面对2006—2010年BKCI–SSH收录我国内地的人文社会科学学术著作国际学术影响力进行的统计分析,可以做出以下分析。

一 学术著作数量呈稳定增长的趋势

从上文的统计结果来看,5年间,BKCI–SSH收录我国内地学术著作的数量总体上呈稳定增长的趋势,从2009年到2010年增长了38条记录,相对于其他几个年度而言,增长量较少、增长速度有所减慢。因此,从学术著作数量增长趋势来看,2006—2010年我国内地人文社会科学研究成果的国际学术影响力逐年扩大、国际地位逐年提升。

二 学术著作涉及语种较为单一

从统计结果可知,2006—2010年,被BKCI–SSH收录的我国内地人文社会科学学术著作共涉及了英语和德语两种语种,究其原因可能与BKCI–SSH对收录语种的限制有关,但从扩大我国内地人文社会科学国际学术影响力的角度而言,除了继续保持以英文作为研究成果的主要呈现形式外,还应鼓励以多语种呈现研究成果,扩大我国内地人文社会科学研究成果在非英语国家的传播与扩散,提高国际学术影响力。

三 学术著作集中于部分学科领域

从对学科分布的统计来看,我国内地人文社会科学学术著作所涉及的学科领域总体而言丰富多样,但是,明显相对集中于部分学科,如数量排名前5位的学科依次为经济学、法学、社会学、管理学、政治学。因此,要提高我国内地人文社会科学研究的国际学术影响力,除了保持研究成果数量的增长外,还应关注各个学科领域研究实力的均衡发展,加大对研究实力相对较弱的学科领域的投入和扶持,如统计学、艺术学、心理学、考古学、哲学、图书情报与档案管理、历史学等学科。

四 学术交流与科研合作有待于进一步扩大

从合作国家/地区分布统计结果看，记录数排在前10位的国家均为发达国家，发展中国家的记录数相对较少。由此可见，我国内地人文社会科学研究有一定程度的国际合作交流意识，在国际学术交流与合作方面取得了一定成效，但其合作国家以发达国家为主，与发展中国家的合作相对较少，在未来的发展中，在保持与发达国家合作与交流、学习借鉴发达国家先进技术与思想的同时，应进一步加强与发展中国家的合作与交流。

五 高等院校是学术著作的主要产出机构

从产出机构统计结果来看，在前100个发表机构中，中国内地机构有41个，主要涉及高等院校、研究机构、政府机构、企业四类。无论是单独分析前100个发表机构中中国内地机构的情况，还是总体分析前100个机构的情况，现有数据均充分说明高等院校是我国内地人文社会科学学术著作的主要产出机构。但与此同时，由于各大高等院校科研水平参差不齐，学术著作数量也呈现出分布不均、多数著作相对集中于少部分高等院校、少数著作分散于个别高等院校的现象。因此，今后在保持高等院校高产出的同时，应鼓励研究机构、公司/企业、政府机构关注科研成果的创造，并扶持科研实力相对薄弱的高等院校。

六 学术著作的被引用频次较低

学术著作的被引用频次是著作质量评价的重要指标之一，被引用频次的多少一定程度上代表着学术著作被国际学术界的认可度。从被引用结果来看，2006—2010年，被引用的著作记录数共计172条，占总记录数的13.5%；被引用的172条记录的被引用总次数为113次，我国内地著作的被引用著作数量少，被引用次数也少，我国内地缺少有国际学术影响力的人文社会科学学术著作。因此，在未来的发展中，随着我国内地人文社会科学学术著作数量的增长，学术著作的质量也应该有所提高，才能进一步提升我国内地人文社会科学的国际学术影响力与国际地位。

第四节 结论

综上所述，本《报告》以人文社会科学学术著作为视角，利用人文社会科学图书引文索引检索工具 BKCI – SSH 对我国内地在 2006—2010 年期间被收录的著作数量和语种分布、学科分布、合作国家、著作作者所在机构分布、被引情况以及被引次数前 10 位著作的施引文献情况等方面进行了文献计量统计分析。统计结果显示，2006—2010 年我国内地人文社会科学学术著作数量呈稳定增长的趋势，但存在着语种较为单一、集中于少部分学科领域、学术交流与科研合作领域窄、产出机构分布明显不均、被引用频次较低等问题。针对这些问题，本《报告》提出在保证著作数量增长的同时，应鼓励以多语种呈现研究成果，加大对研究实力相对较弱的学科领域的投入和扶持，进一步加强与发展中国家的合作与交流，鼓励研究机构、公司/企业、政府机构关注科研成果的创造，扶持科研实力相对薄弱的高等院校，提高著作质量等相关建议，以进一步提高我国内地人文社会科学学术著作的国际学术影响力。

第四章 中国人文社会科学期刊国际学术影响力

第一节 导论

期刊是科学研究和学术交流中的一种重要资源和媒介，以出版连续、内容新颖、反映学术前沿和研究热点为特征，反映和影响科学研究的发展及其方向，在学术体系中发挥着极其重要的作用。一个国家或地区的期刊在国际上的学术影响力是该国家或地区学术实力和科研能力的一种体现。

本章以 WOS 中的 SSCI、A&HCI 以及 JCR 为数据源，对 2006—2010 年期间收录的中国内地期刊（不包括香港、澳门和台湾地区）进行综合评价与分析，以科学的数据和方法对我国人文社会科学期刊的国际学术影响力进行客观的定位与认识，以期更好地促进我国人文社会科学期刊质量与国际影响力的提高。

SSCI 和 A&HCI 是由美国 ISI 创建的收录国际重要社会科学、艺术与人文类学术期刊的论文的大型综合性文献数据库。SSCI 和 A&HCI 的选刊原则和标准极其严格，尤金·加菲尔德曾说过："一个有效的索引必须严格限制它的收录范围，基本上应只收集对研究者有用的信息。"[1] 一个国家或地区的人文社会科学期刊被 SSCI 或 A&HCI 收录，在一定程度上能反映其人文社会科学的国际学术影响力和国际地位。我国学术界对于学术期刊国际影响力的评价，也多以是否被 SSCI 和 A&HCI 等国际检索工具收录作为重要的衡量标准。但值得注意的是，SSCI 和 A&HCI 作为一种国际检索工具，在选刊原则和标准上主要倾向于符合一定标准的英文期刊，这在

---

[1] Eugene Garfield, "Journal Selection for Current Contents", *Essays of an Information Scientist*, 1986（8）: 96.

一定程度上限制了非英语国家人文社会科学期刊的入选；其次，在选刊的地域、意识形态等方面存在偏见，也在一定程度上制约了我国人文社会科学期刊被国际检索工具收录的数量。因此，在期刊国际影响力的评价中并不能简单地把是否被 SSCI 和 A&HCI 收录作为唯一的衡量标准。

以下，将就本研究中的一些相关问题做简要说明和界定。

一 中国内地人文社会科学期刊的界定

人文社会科学期刊是指具有固定刊名，以期、卷号或年月为序编号，印刷成册，以报道人文社会科学为主要内容的连续出版物。在本文中所指的期刊主要具有两个要素：一是在中国内地（不包括香港、澳门和台湾地区）出版的期刊；二是在国外出版，但主办单位或编辑部归属中国内地（不包括香港、澳门和台湾地区）的期刊。在 SSCI 和 A&HCI 中还收录一些以译载等形式介绍我国人文社会科学研究成果的期刊，如 *CHINESE EDUCATION AND SOCIETY*（《中国教育与社会》）、*CHINA QUARTERLY*（《中国季刊》）等，但是由于这些期刊是由外国机构或学者主办，并在国外出版，因此在本《报告》中未把此类期刊作为统计分析的对象。但是值得注意的是，这些期刊对于国际学术界了解我国人文社会科学的研究成果提供了一种途径，它们的存在也从另一个方面反映了我国内地太缺少有国际影响力的人文社会科学期刊。[①]

二 期刊国际学术影响力评价指标

目前，国内通过引文索引或类似工具对期刊进行分析的有中国科学技术信息所、中国科学院文献情报中心、中国社会科学院文献信息中心、《中国学术期刊（光盘版）》电子杂志社、南京大学中国社会科学研究评价中心等。这些机构主要是对我国的期刊在国内的影响力进行评价分析，且有不同的期刊评价指标。本章对中国人文社会科学期刊的评价主要定位于其在国际上的学术影响力，因此，本章在对期刊进行评价时主要从以下几个方面分析：

1. 从期刊简介、载文量、学科及语种等方面分析期刊的基本概况；

---

① 郑海燕：《中国人文社会科学国际论文统计分析：基于 SSCI 和 A&HCI 数据（2005—2009）》，中国社会科学出版社 2012 年版，第 49 页。

2. 从期刊刊载论文的来源机构、论文合作国家/地区分析期刊的论文概况；

3. 分析期刊刊载论文的被引量及高被引论文；

4. 分析期刊的影响因子及在同类学科中的分布排名情况；

5. 从引用期刊论文的施引文献分析期刊的被引广度。

以上统计分析的内容将从不同方面反映出我国人文社会科学期刊在国际上的学术影响力与地位。

第二节 统计分析

一 SSCI 和 A&HCI 收录中国内地人文社会科学期刊概况

（一）期刊数量

2006—2010 年 SSCI 和 A&HCI 共收录中国内地期刊 5 种（见表 4—1），其中 SSCI 收录 4 种，A&HCI 收录 1 种。与同期 SSCI 收录社会科学领域 3000 多种学术期刊以及 A&HCI 收录人文艺术领域 1700 多种学术期刊相比，我国人文社会科学期刊数量太少。这 5 种中国人文社会科学期刊自 2005 年起才开始陆续被 SSCI 和 A&HCI 收录。而在此之前，我国仅有《中国文学》（*CHINESE LITERATURE*）一种期刊被 A&HCI 收录，但是也在 2001 年起被停止收录。尽管当前我国人文社会科学期刊被两大国际检索工具收录的数量较少，但是与此之前相比，已实现了重大的突破和飞跃，这也反映了我国人文社会科学期刊正在国际人文社会科学研究领域不断"走出去"。

表 4—1　2006—2010 年 SSCI、A&HCI 收录的中国内地人文社会科学期刊

序号	期刊名称（英文）	期刊名称（中文）	ISSN	出版地	主办单位	收录数据库	收录时间
1	CHINA & WORLD ECONOMY	《中国与世界经济》	1671—2234	美国	中国社会科学院世界经济与政治研究所；中国世界经济学会	SSCI	2006
2	ANNALS OF ECONOMICS AND FINANCE	《经济学与金融学年刊》	1529—7373	中国	北京大学；武汉大学高级研究中心；中央财经大学中国经济与管理研究院	SSCI	2007

续表

序号	期刊名称（英文）	期刊名称（中文）	ISSN	出版地	主办单位	收录数据库	收录时间
3	CHINESE JOURNAL OF INTERNATIONAL LAW	《中国国际法论刊》	1540—1650	英国	中国国际法学会；武汉大学国际法研究所	SSCI	2008
4	CHINA AGRICULTURAL ECONOMIC REVIEW	《中国农业经济评论》	1756—137X	英国	中国农业大学经济管理学院；中国农业经济学会	SSCI	2009
5	FOREIGN LITERATURE STUDIES	《外国文学研究》	1003—7519	中国	华中师范大学	A&HCI	2005

（二）期刊简介

以下是这5种中国人文社会科学期刊的基本概况。

1. 《中国与世界经济》

《中国与世界经济》（CHINA & WORLD ECONOMY）是由中国社会科学院世界经济与政治研究所和中国世界经济学会联合主办，并于2006年起开始与国际著名学术出版集团Blackwell合作，由Blackwell负责海外和网络发行的中国内地首份入选SSCI的经济学刊物。

2. 《经济学与金融学年刊》

《经济学与金融学年刊》（ANNALS OF ECONOMICS AND FINANCE）是由北京大学、武汉大学高级研究中心和中央财经大学中国经济与管理研究院联合主办的现代中国第一份英文经济学和金融学英文学术期刊，中国经济与管理研究院学术委员会联合主任、北京大学一级教授、武汉大学高级研究中心主任邹恒甫教授任主编，由北京大学出版社出版，并被SSCI收录了自2007年以来所刊载的研究成果。

3. 《中国国际法论刊》

《中国国际法论刊》（CHINESE JOURNAL OF INTERNATIONAL LAW）是由2008年调入武汉大学法学院工作的易显河主编，中国国际法学会和武汉大学国际法研究所联合主办，在英国牛津大学出版社出版的英文刊物。该刊物于2008年被SSCI列入来源期刊，是由中国学者任主编的唯一进入SSCI的法学期刊，也是世界上列入SSCI刊源的10种国际法专业期刊之一。该刊主要发表中外学者关于国际公法、国际私法、国际经济法领域中的重大理论与实践问题的新解释、新见解和新理论。

4.《中国农业经济评论》

《中国农业经济评论》(*CHINA AGRICULTURAL ECONOMIC REVIEW*)是由中国农业大学经济管理学院、中国农村政策研究中心以及国际著名出版集团 Emerald 于 2008 年共同创办的被 SSCI 和 SCIE 同时收录的全英文经济学期刊。该期刊由中国农业大学经济管理学院辛贤教授任主编,美国加州大学戴维斯分校农业和资源经济系的 Dan Sumner 教授、中国农业大学经济管理学院的田维明教授担任联合主编。

5.《外国文学研究》

《外国文学研究》(*FOREIGN LITERATURE STUDIES*)于 1978 年 9 月创刊,1979 年正式公开出版发行,是由中华人民共和国教育部主管、华中师范大学主办的权威学术期刊。该刊物是改革开放以来我国外国文学界最早创办的学术性期刊,在国内外有着广泛的影响,现任主编是剑桥大学访问学者、英国学术院人文奖学金获得者聂珍钊先生。《外国文学研究》的宗旨是反映外国文学理论、思潮和创作的新动向,刊载我国外国文学和比较文学研究的新成果,开拓外国文学和比较文学研究的新领域、新课题,扩展我国文艺界的视野并提供借鉴。该刊物是中国内地第一份也是目前唯一一份被 A&HCI 全文收录的人文社会科学国际性期刊。

(三)期刊学科及语种

这 5 种期刊分布在 4 个学科领域,其中,《中国国际法论刊》在 WOS 学科类别中被同时归入法学和国际关系两个领域。与其他相对"本土化"的人文社会科学相比,经济学更具"国际化",且在人文社会科学期刊中,经济学期刊是重要的组成部分,因此,在被 SSCI 和 A&HCI 收录的 5 种中国内地期刊中,经济学领域的期刊就占了 60%。

英语作为国际交流的主要语言,在国际学术期刊中发表的论文也以英语为主。其中,《外国文学研究》作为被 A&HCI 收录期刊中唯一一份中文期刊,虽以中文论文为主,但是也会刊登一些来自国外的英文论文。2006—2010 年,《外国文学研究》共刊登中文论文 533 篇(占 87.09%),英文论文 79 篇(占 12.91%),共计 612 篇。这反映了我国期刊在国际化背景下为"走出去"正在努力与国际接轨。而其他四种期刊刊载的论文皆为英语论文,未刊登其他语种的论文(见表 4—2)。

表 4—2　2006—2010 年 SSCI、A&HCI 收录中国内地人文社会科学期刊学科及语种类别

序号	期刊名称（英文）	学科类别	主要语种
1	CHINA & WORLD ECONOMY	经济学	英文
2	ANNALS OF ECONOMICS AND FINANCE	经济学	英文
3	CHINESE JOURNAL OF INTERNATIONAL LAW	法学 国际关系	英文
4	CHINA AGRICULTURAL ECONOMIC REVIEW	经济学	英文
5	FOREIGN LITERATURE STUDIES	文学	中文

（四）期刊文献类型及载文量

文献类型是指根据文献内容和形式的异同，按照一定的体系有系统地组织和区分文献。SSCI 和 A&HCI 收录被选中期刊中的每一项有意义的文献类型，即收录期刊的每一期每一篇文献（Cover‐to‐Cover），包括研究论文、综述、书评、社论材料、书目、传记、书信、会议摘要、更正等。但由于 ISI 的《期刊引用报告》（JCR）计算影响因子时只将研究论文和评论作为数据源，为了使统计数据统一、客观，本《报告》在 SSCI 和 A&HCI 中检索数据时也只选研究论文（Article）和综述（Review）两种类型的论文作为有效文献进行统计分析。这 5 种期刊刊载的文献类型见表 4—3。

表 4—3　2006—2010 年 SSCI 和 A&HCI 收录中国内地人文社会科学期刊的文献类型

序号	期刊名称（英文）	研究论文（篇）	综述（篇）	社论材料（篇）	书评（篇）	会议论文（篇）	再版（篇）	更正（篇）	书目（篇）	年表（篇）	传记（篇）	信件（篇）	有效文献总计（篇）
1	CHINA & WORLD ECONOMY	221	0	1	0	0	0	0	0	0	0	0	221
2	ANNALS OF ECONOMICS AND FINANCE	70	1	0	0	0	0	0	0	0	0	0	71
3	CHINESE JOURNAL OF INTERNATIONAL LAW	86	2	11	7	1	2	1	4	4	2	1	88

续表

序号	期刊名称（英文）	文献类型											有效文献总计（篇）
		研究论文（篇）	综述（篇）	社论材料（篇）	书评（篇）	会议论文（篇）	再版（篇）	更正（篇）	书目（篇）	年表（篇）	传记（篇）	信件（篇）	
4	CHINA AGRICULTURAL ECONOMIC REVIEW	59	1	2	1	0	0	1	0	0	0	0	60
5	FOREIGN LITERATURE STUDIES	553	59	35	30	1	0	0	0	0	3	0	612

说明：《中国国际法论刊》和《外国文学研究》中各有一篇文献的文献类型既属于研究论文，也属于会议论文。

5 种期刊的出版周期与论文年度分布（见表4—4）。2006—2010 年 SSCI 和 A&HCI 收录的中国人文社会科学期刊的出版周期都相对较长，最短的是两个月，在3 个月以上的期刊占了60%。这5 种期刊在5 年内共刊载论文1052 篇，但由于出版周期不一，各个期刊的载文量也有所差别，作为双月刊的《中国与世界经济》和《外国文学研究》载文量明显多于其他三种出版周期较长的期刊。从各期刊每期刊载论文数量看，都较为均衡，篇数起伏不大。

表4—4　2006—2010 年 SSCI、A&HCI 收录中国内地人文社会科学期刊的出版周期与论文年度分布

序号	期刊名称（英文）	出版周期	论文数量（篇）				
			2006	2007	2008	2009	2010	总计
1	CHINA & WORLD ECONOMY	双月刊	48	46	46	41	40	221
2	ANNALS OF ECONOMICS AND FINANCE	半年刊		19	18	18	16	71
3	CHINESE JOURNAL OF INTERNATIONAL LAW	每年3—4 期			34	29	25	88
4	CHINA AGRICULTURAL ECONOMIC REVIEW	季刊				30	30	60
5	FOREIGN LITERATURE STUDIES	双月刊	120	111	126	123	132	612

二 SSCI 和 A&HCI 收录中国内地人文社会科学期刊的论文概况

（一）期刊刊载论文的作者所属国家/地区分布

对论文作者国家/地区分布的统计分析，虽不能直接反映期刊与论文的质量，但可以通过作者国家/地区分布的广泛程度，反映期刊的覆盖面以及受各个国家/地区学者的关注程度。需要注意的是：WOS 是对每一个作者的所在国家/地区都进行了统计，因此各个国家/地区发文篇数总和大于期刊刊载论文的总篇数。

2006—2010 年《中国与世界经济》所刊载的论文主要来自 21 个国家和地区（见表 4—5），发文最多的是中国和美国，分别是 130 篇和 38 篇，其中中美合作发文 16 篇，即仅中美两国就累计发文 152 篇，占论文总数的 68.78%，其他国家和地区的发文量都较少。

表 4—5   2006—2010 年《中国与世界经济》刊载论文的作者所在国家/地区

序号	发文国家/地区（英文）	发文国家/地区（中文）	发表论文数量（篇）	所占比例（%）
1	CHINA	中国	130	58.82
2	USA	美国	38	17.20
3	AUSTRALIA	澳大利亚	13	5.89
4	TAIWAN	台湾	8	3.62
5	ENGLAND	英国	8	3.62
6	SINGAPORE	新加坡	7	3.17
7	JAPAN	日本	7	3.17
8	KOREA	韩国	5	2.26
9	NETHERLANDS	荷兰	4	1.81
10	ITALY	意大利	4	1.81
11	FRANCE	法国	4	1.81
12	SWEDEN	瑞典	2	0.91
13	SPAIN	西班牙	2	0.91
14	PHILIPPINES	菲律宾	2	0.91
15	CANADA	加拿大	2	0.91
16	U ARAB EMIRATES	阿拉伯联合酋长国	1	0.45

续表

序号	发文国家/地区（英文）	发文国家/地区（中文）	发表论文数量（篇）	所占比例（%）
17	SWITZERLAND	瑞士	1	0.45
18	PAKISTAN	巴基斯坦	1	0.45
19	IRELAND	爱尔兰	1	0.45
20	INDONESIA	印度尼西亚	1	0.45
21	GERMANY	德国	1	0.45

2006—2010年《经济学与金融学年刊》所刊载的论文主要来自18个国家和地区（见表4—6），发文最多的是中国和美国，分别是28篇和26篇，其中10篇为两国合作发文，即仅中美两国就累计发文44篇，占论文总数的61.71%，其他国家和地区的发文量都较少。

表4—6　2006—2010年《经济学与金融学年刊》刊载论文的作者所在国家/地区

序号	发文国家/地区（英文）	发文国家/地区（中文）	发表论文数量（篇）	所占比例（%）
1	CHINA	中国	28	39.44
2	USA	美国	26	36.62
3	TAIWAN	台湾	4	5.63
4	AUSTRALIA	澳大利亚	4	5.63
5	SOUTH KOREA	韩国	3	4.23
6	SINGAPORE	新加坡	3	4.23
7	JAPAN	日本	3	4.23
8	GERMANY	德国	3	4.23
9	FRANCE	法国	3	4.23
10	ENGLAND	英国	3	4.23
11	SPAIN	西班牙	2	2.82
12	SWITZERLAND	瑞士	1	1.41
13	SOUTH AFRICA	南非	1	1.41
14	PORTUGAL	葡萄牙	1	1.41
15	ITALY	意大利	1	1.41
16	IRELAND	爱尔兰	1	1.41
17	EGYPT	埃及	1	1.41
18	CANADA	加拿大	1	1.41

2006—2010 年《中国国际法论刊》所刊载的论文作者主要来自 21 个国家和地区（见表 4—7），发文最多的是中国、英国和美国，其中中国内地学者独立发表论文 29 篇，英国学者独立发表论文 10 篇，美国 8 篇，三国以独著或合著的形式共计发文 47 篇，占论文总数的 53.39%。

表 4—7　2006—2010 年《中国国际法论刊》刊载论文的作者所在国家/地区

序号	发文国家/地区（英文）	发文国家/地区（中文）	发表论文数量（篇）	所占比例（%）
1	CHINA	中国	29	32.94
2	ENGLAND	英国	10	11.36
3	USA	美国	8	9.09
4	SINGAPORE	新加坡	3	3.41
5	CANADA	加拿大	3	3.41
6	BELGIUM	比利时	3	3.41
7	TAIWAN	台湾	2	2.27
8	SOUTH KOREA	韩国	2	2.27
9	ITALY	意大利	2	2.27
10	FRANCE	法国	2	2.27
11	AUSTRIA	奥地利	2	2.27
12	AUSTRALIA	澳大利亚	2	2.27
13	SWITZERLAND	瑞士	1	1.14
14	RUSSIA	俄罗斯	1	1.14
15	NETHERLANDS	荷兰	1	1.14
16	JAPAN	日本	1	1.14
17	ISRAEL	以色列	1	1.14
18	IRELAND	爱尔兰	1	1.14
19	GERMANY	德国	1	1.14
20	ESTONIA	爱沙尼亚	1	1.14
21	CROATIA	克罗地亚	1	1.14

2009—2010 年《中国农业经济评论》所刊载的论文作者主要来自 18

个国家和地区（见表4—8），发文最多的是中国和美国，两国以独著或合著的形式共计发文38篇，占论文总数的63.33%，其中仅中国内地学者独立发表的论文有18篇，美国学者独立发表的有6篇。

表4—8 2006—2010年《中国农业经济评论》刊载论文的作者所在国家/地区

序号	发文国家/地区（英文）	发文国家/地区（中文）	发表论文数量（篇）	所占比例（%）
1	CHINA	中国	31	51.67
2	USA	美国	16	26.67
3	AUSTRALIA	澳大利亚	4	6.67
4	TAIWAN	台湾	3	5.00
5	BRAZIL	巴西	3	5.00
6	PAKISTAN	巴基斯坦	2	3.33
7	NIGERIA	尼日利亚	2	3.33
8	NETHERLANDS	荷兰	2	3.33
9	JAPAN	日本	2	3.33
10	GERMANY	德国	2	3.33
11	U ARAB EMIRATES	阿拉伯联合酋长国	1	1.67
12	TUNISIA	突尼斯	1	1.67
13	SWEDEN	瑞典	1	1.67
14	SINGAPORE	新加坡	1	1.67
15	NEW ZEALAND	新西兰	1	1.67
16	IRAN	伊朗	1	1.67
17	ENGLAND	英国	1	1.67
18	CANADA	加拿大	1	1.67

2006—2010年《外国文学研究》所刊载的论文主要来自19个国家和地区（见表4—9），发文最多的是中国和美国，其中中国内地学者独立发表的论文516篇，占论文总数的84.31%。美国学者独立发表的论文31篇，两国以独著和合著的形式共计发文565篇，占论文总数的92.32%。

表4—9　2006—2010年《外国文学研究》刊载论文的作者所在国家/地区

序号	发文国家/地区（英文）	发文国家/地区（中文）	发表论文数量（篇）	所占比例（%）
1	CHINA	中国	533	87.09
2	USA	美国	39	6.37
3	SOUTH KOREA	韩国	5	0.82
4	MALAYSIA	马来西亚	5	0.82
5	NORWAY	挪威	4	0.65
6	ENGLAND	英国	4	0.65
7	TURKEY	土耳其	2	0.33
8	TAIWAN	中国台湾	2	0.33
9	JAPAN	日本	2	0.33
10	ISRAEL	以色列	2	0.33
11	FRANCE	法国	2	0.33
12	CANADA	加拿大	2	0.33
13	SWEDEN	瑞典	1	0.16
14	SINGAPORE	新加坡	1	0.16
15	SCOTLAND	苏格兰	1	0.16
16	FINLAND	芬兰	1	0.16
17	EGYPT	埃及	1	0.16
18	DENMARK	丹麦	1	0.16
19	AUSTRALIA	澳大利亚	1	0.16

从以上的数据统计和分析可总结出：

1. 这5种期刊刊载论文的作者所属国家/地区分布存在着不均衡的现象。被SSCI或A&HCI收录的中国内地人文社会科学期刊刊载的论文由我国内地学者发表的占了绝大多数，而国外学者发表的论文较少。虽然期刊在选稿过程中不一定考虑到国家和地区问题，但是这正从客观上反映出期刊在国际上的影响力以及受国外学者的关注度不足。

2. 除中国内地学者外，来自其他国家/地区的作者呈现出地域高度集中的特点。5种期刊刊载论文的作者所属国家和地区数量为18—21个不等，除中国内地外，主要集中在美国以及英国、法国、德国等欧洲国家和日本、韩国、新加坡等亚洲国家，而这些都是在 SSCI 和 A&HCI 期刊上发文相对较多较活跃的国家。

（二）期刊刊载论文高产机构分析

由于不同期刊载文量不同，对高产机构的发文数量的界定也有所不同，但其共同特点都是在期刊中发文较多、贡献力较大。这些机构常常只是期刊论文来源机构中的少数，其发表的论文数量却在期刊载文量中占了重要比例。这 5 种期刊的高产发文机构见表 4—10。

表 4—10　　2006—2010 年 SSCI、A&HCI 收录中国内地人文社会科学期刊的论文高产机构

序号	期刊名称（英文）	机构名称	中国社会科学院	中国人民大学	复旦大学	北京大学	清华大学	中国科学院	浙江大学	对外经济贸易大学
1	CHINA &WORLD ECONOMY	篇数（篇）	29	11	9	8	7	7	6	5
		所占比例（%）	13.12	4.98	4.07	3.62	3.17	3.17	2.71	2.26
2	ANNALS OF ECONOMICS AND FINANCE	机构名称	北京大学	武汉大学	中央财经大学	加利福尼亚大学	孟斐斯大学	中国人民大学	莫纳什大学	
		篇数（篇）	10	9	9	5	3	3	3	
		所占比例（%）	14.08	12.68	12.68	7.04	4.23	4.23	4.23	
3	CHINESE JOURNAL OF INTERNATIONAL LAW	机构名称	武汉大学	中国政法大学	伦敦大学	香港大学	北京大学	鲁汶大学		
		篇数（篇）	8	5	3	3	3	3		
		所占比例（%）	11.76	7.35	4.41	4.41	4.41	4.41		

续表

序号	期刊名称（英文）	机构名称	中国社会科学院	中国人民大学	复旦大学	北京大学	清华大学	中国科学院	浙江大学	对外经济贸易大学
4	CHINA AGRICULTURAL ECONOMIC REVIEW	篇数（篇）	10	5	4	3	3	3		
		所占比例(%)	16.67	8.33	6.67	5.00	5.00	5.00		
5	FOREIGN LITERATURE STUDIES	机构名称	华中师范大学	浙江大学	南京师范大学	南京大学	四川大学	清华大学	中国人民大学	上海外国语大学
		篇数（篇）	75	31	23	20	17	13	13	12
		所占比例(%)	12.25	5.07	3.76	3.27	2.78	2.12	2.12	1.96

2006—2010 年，共有来自 177 家机构的学者在《中国与世界经济》上独著或合著发表论文。(1) 参与发文量最多的 8 家机构（占机构总数的 4.52%）共发文 78 篇，占期刊总载文量的 35.14% 之多，可见这 8 家机构在该刊的发文数量上占有绝对的主导地位；(2) 表中列出了这 8 家高产发文机构，全是来自国内高校，其中发文量最多的是该刊的主办单位中国社会科学院；(3) 该刊的高产发文机构主要来自国内高校，这正与该刊论文作者主要来自中国内地相对应，这从一方面说明了该刊在国内学术研究中受到的关注程度远远高于来自国外的关注度。

2007—2010 年，共有 85 家机构在《经济学与金融学年刊》上独著或合著发表论文。从表中可以看出：(1) 发文量最多的 7 家机构占机构总数的 8.24%，却共发文 27 篇，占期刊总载文量的 38.03%，由此可见这 7 家机构对该期刊的学术贡献力较大；(2) 这 7 家论文高产机构中发文量最多的是北京大学、武汉大学和中央财经大学，而这三所高校正是该期刊的主办单位；(3) 在这 7 家高产机构中，由中国内地高校参与发表的论文共 21 篇，国外参与发表的论文 11 篇，其中 5 篇论文是中外高校合著完成。可见在该期刊上刊登论文相对最多的机构还是中国内地的高校。

2008—2010 年《中国国际法论刊》上发表论文的机构共 66 家，其中有 20 篇文献（22.73%）未标注作者机构[1]，发文量最多的 6 家机构共发文 25 篇，占标注作者机构的论文的 36.76%。在这 6 家高产机构中，发文量最多的是该期刊的主办单位武汉大学以及以法学为特色和优势的中国政法大学，共发文 13 篇。

2009—2010 年，在《中国农业经济评论》上发表论文的机构共 73 家，其中发文量最多的 6 家科研机构共发文 24 篇，占期刊总载文量的 40%。在这 6 家高产机构中，美国康纳尔大学和圣保罗大学共发文 8 篇，发文量最多的机构是该期刊的主办单位中国农业大学。

2006—2010 年《外国文学研究》上发表论文的机构共 238 家，发文量最多的 8 家机构共发文 202 篇，占总期刊载文量的 33.01%。其中以该刊的主办单位华中师范大学发文量居首，占期刊论文总数的 12.25%。

受期刊载文量不同的影响，论文作者所属机构数量不一，但是通过对各个期刊的论文高产机构进行分析可发现其共性：（1）论文作者所属机构绝大多数来自我国内地高校，而这与论文主要由内地作者发表的现象吻合；（2）来自期刊主办单位的学者往往都是该刊发文的主要力量。

三 SSCI 和 A&HCI 收录中国内地人文社会科学期刊的论文被引分析

（一）期刊总被引次数

期刊总被引次数是指期刊所刊载的论文在一定时间段内被统计源中来源期刊论文引用的总次数，它反映了该期刊在学术交流中受重视和关注的程度，也是衡量期刊质量和学术影响力的一个重要指标。需要说明的是，期刊所刊载的论文被引量是一个变量，受多种因素的影响，论文发表后的时间长度是其中一个影响因素。在一定时间段内，论文发表越早，被引率相对就越高。[2] 因此，该指标不适用于对不同年度发表的论文进行被引次数的比较。而在对不同期刊同一年度的论文被引用情况进行比较时，由于

---

[1] 其他 4 种期刊也有少量论文未标注出作者机构，但是所占比例较少，故忽略未计。
[2] 郑海燕：《中国人文社会科学国际论文统计分析——基于 SSCI 和 A&HCI 数据（2005—2009）》，中国社会科学出版社 2012 年版，第 66 页。

期刊载文量有差别,因此,需要对论文篇均被引量进行统计和对比。论文篇均被引量是指期刊刊载的论文在一定时间段内的总被引次数与载文量之比,它通过期刊论文被引用的平均水平以反映期刊刊载论文的平均质量,是评价期刊影响力的一个相对指标。表4—11是对这5种期刊刊载的论文在2006—2010年的总被引次数以及篇均被引次数的统计。从表中的数据统计可知:

(1)根据论文篇均被引次数排序,*CHINA & WORLD ECONOMY* 最高,其他四种期刊被引用率都较低。这在一定程度上是因为各个期刊被收录时间不一,论文被引用情况还需经过一定时间才能凸显出来。

(2)*FOREIGN LITERATURE STUDIES* 的载文量虽然多,但是由于该刊以中文论文为主,大大降低了其在以英语为主的国际检索工具中的被引次数,其被引用的论文篇数所占比例远远低于其他期刊,继而也严重拉低了该期刊的论文篇均被引次数。这在一方面说明了,要想提高期刊在国际上的被引次数,英文期刊占有举足轻重的作用。

表4—11　2006—2010年SSCI、A&HCI收录的中国内地人文社会科学期刊的被引情况

序号	期刊名称	论文数量（篇）	2006	2007	2008	2009	2010	总计	论文篇均被引（次）
1	CHINA & WORLD ECONOMY	221	4	14	63	106	118	305	1.38
2	ANNALS OF ECONOMICS AND FINANCE	71		0	1	6	10	17	0.24
3	CHINESE JOURNAL OF INTERNATIONAL LAW	88			0	13	19	32	0.36
4	CHINA AGRICULTURAL ECONOMIC REVIEW	60				3	12	15	0.25
5	FOREIGN LITERATURE STUDIES	612	0	1	13	19	15	48	0.08

(二)期刊被引论文分析

一般来说,论文被引用的次数越多,论文所体现出的学术价值越大,质量和影响力也就越高。因为论文被引次数为1次或2次时,可能具有一定的偶然性,但是当论文被引次数越多时,则可以反映出这篇论文的价值

和影响广度。表4—12 是对 2006—2010 年这 5 种期刊刊载论文在不同被引次数区间的篇数统计，表4—13 至表4—17 是对 5 种期刊 2006—2010 年刊载的被引论文的统计，因每种期刊刊载论文的被引情况不同，如《中国与世界经济》和《外国文学研究》被引论文较多但大多数被引论文被引次数较低，故对这两种期刊根据各自被引情况只列出部分被引论文。

表4—12　2006—2010 年期刊刊载论文在不同被引次数区间的论文数

序号	期刊名称	被引论文篇数（篇）	占论文总数比例（%）	被引次数≥10次 篇数（篇）	占比（%）	被引次数≥5次 篇数（篇）	占比（%）	被引次数≥3次 篇数（篇）	占比（%）	被引次数<3次 篇数（篇）	占比（%）
1	CHINA & WORLD ECONOMY	125	56.56	4	3.20	13	10.40	37	29.60	88	70.40
2	ANNALS OF ECONOMICS AND FINANCE	13	18.31	0	0.00	0	0.00	1	7.69	12	92.31
3	CHINESE JOURNAL OF INTERNATIONAL LAW	17	19.32	0	0.00	1	5.88	4	23.53	13	76.47
4	CHINA AGRICULTURAL ECONOMIC REVIEW	10	16.67	0	0.00	1	10.00	1	10.00	9	90.00
5	FOREIGN LITERATURE STUDIES	30	4.90	0	0.00	1	3.33	4	13.33	26	86.67
	合计	195	18.54	4	2.05	16	8.21	47	24.10	148	75.90

表4—13　2006—2010 年《中国与世界经济》中被引次数≥5 的论文

序号	论文标题	作者	发表年份	各年度被引频次（次）					
				2006	2007	2008	2009	2010	合计
1	What's so Special about China's Exports?	Rodrik Dani	2006	1	3	6	6	21	37
2	Rebalancing Growth in China: A Three-handed Approach	Blanchard Olivier; Giavazzi Francesco	2006	1	2	1	5	2	11

续表

序号	论文标题	作者	发表年份	各年度被引频次（次）					
				2006	2007	2008	2009	2010	合计
3	China's Pattern of Growth: Moving to Sustainability and Reducing Inequality	Kuijs L; Wang T	2006	0	0	3	5	3	11
4	China's Urban and Rural Old Age Security System: Challenges and Options	Wang DW	2006	0	0	3	4	3	10
5	Sharing China's Bank Restructuring Bill	Ma GN	2006	0	1	1	4	3	9
6	Can Renminbi Appreciation Reduce the US Trade Deficit?	Zhang J; Fung HG; Kummer D	2006	0	1	4	2	0	7
7	China's Economy in 2005: At a New Turning Point and Need to Fix its Development Problems	Wong John	2006	0	1	2	1	3	7
8	China's Rapid Accumulation of Foreign Exchange Reserves and Its Policy Implications	Zheng Yongnian; Yi Jingtao	2007	0	1	2	2	2	7
9	Chinese Yuan after Chinese Exchange Rate System Reform	Ogawa Eiji; Sakane Michiru	2006	0	1	1	2	2	6
10	China, Asia, and the World Economy: The Implications of an Emerging Asian Core and Periphery	Eichengreen B	2006	1	0	3	0	2	6
11	Evolutionary Characteristics of China's Intermediate Manufactures	Kang Minsung; Lee Jeong–Dong	2007	0	0	0	4	2	6
12	China, Asia, and the World Economy: The Implications of an Emerging Asian Core and Periphery	Eichengreen B	2006	1	0	3	0	1	5
13	The Case for Stabilizing China's Exchange Rate: Setting the Stage for Fiscal Expansion	McKinnon Ronald; Schnabl Gunther	2009	0	0	0	1	4	5

表4—14 2006—2010年《经济学与金融学年刊》中的被引论文

序号	论文标题	作者	发表年份	2007	2008	2009	2010	合计
1	Transport Infrastructure, Growth, and Poverty Alleviation: Empirical Analysis of China	Zou Wei; Zhang Fen; Zhuang Ziyin	2008	0	0	2	1	3
2	Realized Daily Variance of S&P500cash Index: A Revaluation of Stylized Facts	Huang Shirley J.; Liu Qianqiu; Yu Jun	2007	0	1	1	0	2
3	Extremum Estimation when the Predictors are Estimated from Large Panels	Bai Jushan; Ng Serena	2008	0	0	2	0	
4	Uniform Working Hours and Structural Unemployment	Liu Haoming; Wen Yi; Zhu Lijing	2007	0	0	0	1	1
5	Retailers' Incentive to Sell through a New Selling Channel and Pricing Behavior in a Multi-channel Environment	Lu Yuanzhu; Xing Xiaolin; Tang Fang-Fang	2008	0	0	0	1	1
6	Is Volatility Priced?	Lin Yueh-Neng; Hung Ken	2008	0	0	0	1	1
7	Fiscal Disparities and the Equalization Effects of Fiscal Transfers at the Countylevel in China	Heng Yin	2008	0	0	0	1	1
8	Aggregate Consumption-wealth Ratio and the Cross-section of Stock Returns: Some International Evidence	Gao Paul P. J.; Huang Kevin X. D.	2008	0	0	1	0	1
9	A Conjecture of Chinese Monetary Policy Rule: Evidence from Survey Data, Markov Regime Switching, and Drifting Coefficients	Chen Yanbin; Huo Zhen	2009	0	0	0	1	1
10	Ambiguity, Risk, and Portfolio Choice under Incomplete Information	Miao Jianjun	2009	0	0	0	1	1
11	The Effect of Anti-Smoking Media Campaign on Smoking Behavior: The California Experience	Liu Hong; Tan Wei	2009	0	0	0	1	1
12	The Paradox of Educational Fairness in China	Peng Wanhua; Peng Xiaobin; Peng Kaiping	2009	0	0	0	1	1
13	A More Efficient Best Spatial Three-stage Least Squares Estimator for Spatial Autoregressive Models	Zhang Zhengyu; Zhu Pingfang	2010	0	0	0	1	1

表4—15　　2006—2010年《中国国际法论刊》中的被引论文

序号	论文标题	作者	发表年份	2008	2009	2010	合计
1	The Kosovo Case and International Law: Looking for Applicable Theories	Hilpold Peter	2009	0	4	1	5
2	Promoting Democracy without Starting a New Cold War?	Mullerson Rein	2008	0	0	4	4
3	Towards a Harmonious World: The roles of the International Law of Co-progressiveness and Leader States	Yee Sienho	2008	0	1	2	3
4	Precedents in the Mountains: On the Parallels and Uniqueness of the Cases of Kosovo, South Ossetia and Abkhazia	Muellerson Rein	2009	0	1	2	3
5	Extraterritorial Export Controls (Secondary Boycotts)	Ryngaert Cedric	2008	0	2	0	2
6	The Independence of Kosovo: A Unique Case of Secession?	Jia Bing Bing	2009	0	2	0	2
7	Global Justice and the (Ir) Relevance of Indeterminacy	French Duncan	2009	0	0	2	2
8	Preserving Navigational Rights and Freedoms: The Right to Conduct Military Activities in China's Exclusive Economic Zone	Pedrozo Raul (Pete)	2010	0	0	2	2
9	Asian Traditions and Contemporary Internationallaw on the Management of Natural Resources	Benvenisti Eyal	2008	0	1	0	1
10	Something Old, Something New: The 2006 Semipalatinsk Treaty on a Nuclear Weapon-Free Zone in Central Asia	Roscini Marco	2008	0	0	1	1
11	State Immunity, China and its Shifting Position	Qi Dahai	2008	0	0	1	1
12	The Peaceful Settlement of International Disputes	Brownlie Ian	2009	0	1	0	1
13	The Legal Status of Taiwan and the Legality of the Use of Force in a Cross-Taiwan Strait Conflict	Chan Phil C. W.	2009	0	0	1	1

续表

序号	论文标题	作者	发表年份	2008	2009	2010	合计
14	New Developments in the International Law of Piracy	Zou Keyuan	2009	0	0	1	1
15	Aerial Belligerency within a Humanitarian Rhetoric: Exploring the Theorizing of the Law of War/Terrorizing of Civilians' Rights Nexus	St.-Fleur Yvenson	2009	0	0	1	1
16	Notes on the International Court of Justice (Part 2): Reform Proposals Regarding the International Court of Justice A Preliminary Report for the International Law Association Study Group on United Nations Reform	Yee Sienho	2009	0	1	0	1
17	The Relations between Treaties and Custom	Jia Bingbing	2010	0	0	1	1

表4—16　2006—2010年《中国农业经济评论》中的被引论文

序号	论文标题	作者	发表年份	2009	2010	合计
1	Review of China's Agricultural and Rural Development: Policy Changes and Current Issues	Chen Xiwen	2009	1	4	5
2	Impact of Credit Disbursed by Commercial Banks on the Productivity of Wheat in Faisalabad District	Bashir Muhammad Khalid; Gill Zulfiqar Ahmad; Hassan Sarfraz	2009	0	2	2
3	The Rural Cooperative Medical System in China Background, Development, Achievement and Problems	Jiang Zhongyi; He Xiurong	2009	0	1	1
4	Financial Repression in China's Agricultural Economy	He Lin; Turvey Calum	2009	0	1	1
5	Promotion of Dairy Farming and Poverty Reduction in Inner Mongolia, China	Dagula; Kiminami Lily	2009	1	0	1
6	Meat Demand in China	Ortega David L.; Wang H. Holly; Eales James S.	2009	0	1	1
7	Food Demand in China: Income, Quality, and Nutrient Effects	Huang Kuo S.; Gale Fred	2009	0	1	1

续表

序号	论文标题	作者	发表年份	各年度被引频次(次) 2009	2010	合计
8	The Structure and Reform of Rural Finance in China	Guo Pei; Jia Xiangping	2009	0	1	1
9	Business and Financial Risks of Small Farm Households in China	Turvey Calum G.; Kong Rong	2009	1	0	1
10	Borrowing Amongst Friends: the Economics of Informal Credit in Rural China	Turvey Calum G.; Kong Rong; Huo Xuexi	2010	0	1	1

表4—17　2006—2010年《外国文学研究》中被引次数≥2的论文

序号	论文标题	作者	发表年份	2006	2007	2008	2009	2010	合计
1	Eschatology and the Cosmological Time in Spenser's Poetry	Liu Lihui	2007	0	0	0	3	2	5
2	George Moore in Modern Perspective: Reading Esther Waters	Zhang Jieming	2007	0	0	2	1	1	4
3	Chinese American Literature from the Perspective of Orientalism	Chen Aimin	2006	0	0	1	1	1	3
4	The Old Man of the Wilderness and the Father Quest in American Literature	Liu Guozhi; Wang Na	2007	0	0	1	2	0	3
5	Faith and Terror – On John Updike's Latest Novel Terrorist	Zhu Xuefeng	2006	0	0	0	1	1	2
6	On the History of Russian–Soviet Literature Studies in China	Chen Jianhua	2006	0	0	0	1	1	2
7	Beauty and Harmony in His "Quartet": Lu Yuan and Euro–American Literature	Wang Zhongxiang	2006	0	1	1	0	0	2
8	Biographical Ethics and its Modern Turn	Zhao SK	2006	0	0	0	2	0	2
9	Musicalization of Conrad's Fiction	Jiang Lifu; Shi Yunlong	2007	0	0	1	1	0	2

从以上表格可发现：其一，这5种期刊中被引用的论文普遍较少，且被引论文的引用次数普遍较低，主要集中在1次或2次，对其他学者的影响力度小；其二，各期刊刊载的高被引论文大多数都有国外学者参与，这在一定限度上说明了要想提高论文的质量，扩大期刊的国际影响力，可以多吸收国外学者的优秀论文。

四 SSCI 和 A&HCI 收录中国内地人文社会科学期刊影响因子分析

期刊影响因子是期刊在统计年的前两年发表的论文在当前年的平均被引次数，影响因子越高，其刊载的文献被引用率越高，说明这些文献内容的研究成果影响力大，该刊物的学术水平高。由于不同期刊载文量的不同，因此期刊所刊载文献的被引量仅仅只是期刊影响力在一定限度上的反映，所以对期刊影响因子的分析是衡量期刊影响力的重要方面。期刊影响因子计算公式如下：

$$影响因子 = \frac{该刊前两年发表论文在统计年被引用的总次数}{该刊在统计年的前两年发表的论文总数}$$

ISI每年出版的JCR是一种期刊评价工具，共包括两个版本：科学版（JCR-SE——JCR-Science Edition）和社会科学版（JCR-SSE——JCR-Social Science Edition）。本文中的期刊影响因子数据主要来源于JCR-Social Science Edition。因《外国文学研究》是被A&HCI收录的，JCR没有该期刊的有关数据，故此处对该期刊的影响因子等指数采用人工计算得出。

由于5种期刊被SSCI和A&HCI收录的时间不一，而新收录的期刊一般要3—4年才有影响因子，为方便统计与对比，也为体现出2006—2010年期刊发文的质量与期刊影响力发展趋势，表4—18列举出期刊2007到2010年各个年度的影响因子。

从表4—18中的数据可以看出：（1）这5种期刊的影响因子都普遍偏低。影响因子最高的《中国与世界经济》也未能超过1，而影响因子最低的《外国文学研究》在四年里的平均值仅为0.037。这反映了我国期刊的国际影响力与国际一流期刊相比，还有较大差距。（2）这5种期刊被SSCI和A&HCI收录后的首次影响因子都低于往后几年的数值，且多数期刊的影响因子整体上都呈现出逐年提高的趋势。这在一定程度上说明了，这5种期刊的影响力和受关注程度正在不断提高，还有提升的空间与潜力。

表4—18　2006—2010年SSCI、A&HCI收录的中国人文社会科学期刊影响因子

序号	期刊名称（英文）	各年度影响因子			
		2007	2008	2009	2010
1	CHINA & WORLD ECONOMY		0.415	0.424	0.575
2	ANNALS OF ECONOMICS AND FINANCE			0.243	0.278
3	CHINESE JOURNAL OF INTERNATIONAL LAW				0.206
4	CHINA AGRICULTURAL ECONOMIC REVIEW				
5	FOREIGN LITERATURESTUDIES	0.004	0.056	0.051	0.036

WOS按照期刊的影响因子和长期的影响力高低，把每个学科类别的期刊平均分为4个区：各学科分类中影响因子位于学科总刊数的前25%（含25%）的期刊划分为1区（称为Q1），前25%—50%（含50%）为2区（称为Q2），前50%—75%（含75%）为3区（称为Q3），后75%为4区（称为Q4）。本《报告》中5种期刊的分区及同类学科排名情况如表4—19所示，此处数据来源于2010年版JCR-SSE。从表中数据可以看出，被SSCI收录的这4种中国人文社会科学期刊，在同类学科期刊中排名均在50%以后，且较为靠后，多为Q4分区，期刊整体质量还有待提高。

表4—19　5种期刊在同类学科期刊中的排名及分区情况

序号	期刊名称（英文）	学科类别	同类期刊总数（种）	同类期刊中排名（位）	在同类期刊中所处位置（%）	学科分区
1	CHINA & WORLD ECONOMY	经济学	305	190	62.30	Q3
2	ANNALS OF ECONOMICS AND FINANCE	经济学	305	250	81.97	Q4
3	CHINESE JOURNAL OF INTERNATIONAL LAW	法学	133	119	89.47	Q4
		国际关系	78	71	91.03	Q4
4	CHINA AGRICULTURAL ECONOMIC REVIEW	经济学	305	279	91.48	Q4
5	FOREIGN LITERATURE STUDIES	文学				

说明：《外国文学研究》是被A&HCI收录的期刊，因此在JCR中没有相关数据。

五 SSCI 和 A&HCI 收录中国内地人文社会科学期刊施引文献分析

通常，期刊影响因子越大，说明该期刊的学术影响越大。但是对于本《报告》所研究的这 5 种载文量普遍不多、被数据库收录时间不长的期刊来说，期刊影响因子并不能客观全面地反映期刊在 2006—2010 年的影响力。一般来说，一种期刊刊载的论文被不同国家的学者和被不同的期刊引用次数越多，其在国际学术上的影响度和扩散程度就越广。因此，以下将通过对期刊施引文献的来源国家数量及期刊数量的分析客观评价各期刊的被引广度。与期刊影响因子相比，对施引文献的分析不仅在一定程度上能反映期刊刊载文献的质量与水平，还能反映期刊所影响的范围。

（一）期刊施引文献篇数

施引文献是指引用引文的文献，具体来说是指引用当前文献的后续文献，即新出版的引用当前文献的文章。表 4—20 是对这 5 种期刊 2006—2010 年总被引次数及施引文献篇数的统计。

表 4—20　　2006—2010 年 5 种期刊总被引次数及施引文献篇数

序号	期刊名称（英文）	被引用状况	2006 年	2007 年	2008 年	2009 年	2010 年
1	CHINA & WORLD ECONOMY	期刊总被引次数（次）	4	14	63	106	118
		施引文献（篇）	3	13	44	91	103
2	ANNALS OF ECONOMICS AND FINANCE	期刊总被引次数（次）			0	1	6	10
		施引文献（篇）			0	1	6	10
3	CHINESE JOURNAL OF INTERNATIONAL LAW	期刊总被引次数（次）			0	13	19
		施引文献（篇）			0	9	15
4	CHINA AGRICULTURAL ECONOMIC REVIEW	期刊总被引次数（次）					3	12
		施引文献（篇）					3	10
5	FOREIGN LITERATURE STUDIES	期刊总被引次数（次）	0	1	13	19	15
		施引文献（篇）	0	1	13	19	13

(二) 施引文献来源国家/地区分析

引用各期刊论文的施引文献的作者所属国家/地区如表4—21和图4—1所示。从图表可知：2006—2010年引用这5种期刊的国家数量不多，但整体呈增加趋势，这反映了这5种期刊在国际上的受关注程度在不断提高，正在得到更多国家学者的认可和支持。其中，《中国与世界经济》的增长幅度最大，且被引用的国家/地区也最多，而引用其他四种期刊的国家/地区的数量增长相对较为平缓，且数量较少。

从引用期刊的国家/地区上看，引用次数和文献篇数最多的国家是中国。由中国内地学者以独著和合著的形式发表的论文在施引文献总数中占有一定比重，这从一方面说明了中国对这5种期刊的被引广度贡献力大于世界其他国家。其次，引用次数和文献篇数相对较多的是美国（见图4—2和图4—3）。

表4—21　　2006—2010年5种期刊施引文献来源国家/地区数量　　（单位：个）

序号	期刊名称（英文）	2006年	2007年	2008年	2009年	2010年
1	CHINA & WORLD ECONOMY	4	14	17	25	28
2	ANNALS OF ECONOMICS AND FINANCE		0	1	5	5
3	CHINESE JOURNAL OF INTERNATIONAL LAW			0	6	7
4	CHINA AGRICULTURAL ECONOMIC REVIEW				4	5
5	FOREIGN LITERATURE STUDIES	0	1	4	7	8

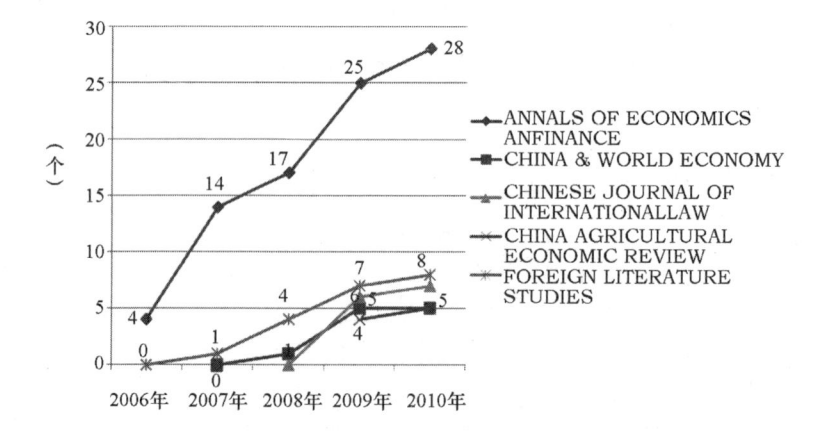

图4—1　2006—2010年5种期刊施引文献来源国家和地区数量增长趋势

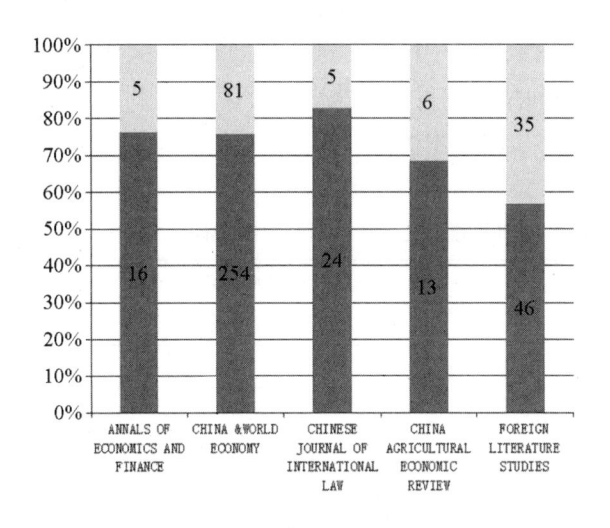

第四章 中国人文社会科学期刊国际学术影响力 93

图4—2 5种期刊施引文献中中国内地学者发表的论文篇数及所占比重

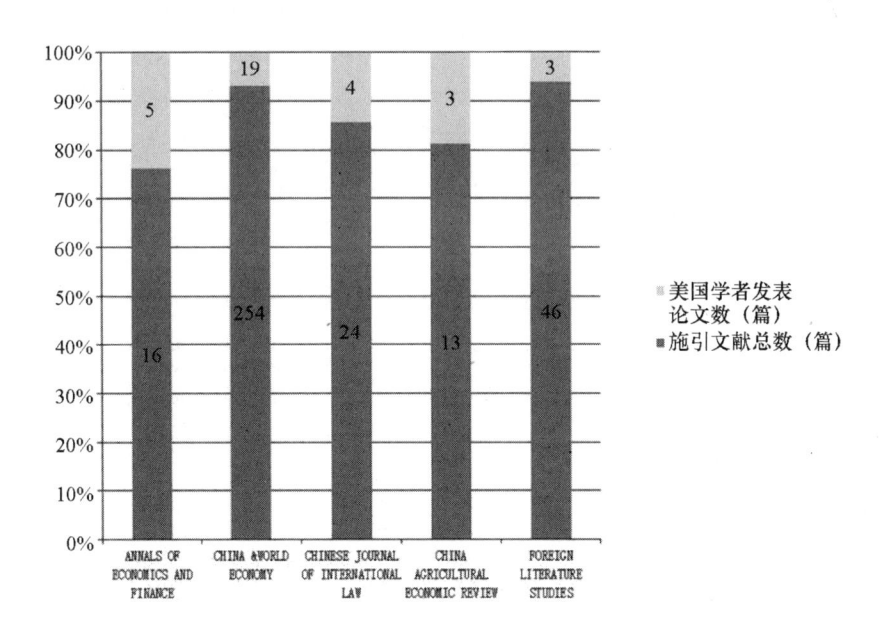

图4—3 5种期刊施引文献中美国学者发表的论文篇数及所占比重

(三) 施引文献来源期刊数量统计

施引文献来源期刊数量及增长趋势如表4—22和图4—4所示。从图表分析可知：2006—2010 年引用这 5 种期刊的期刊数量不多，但整体上呈增长趋势。同引用期刊的国家数量一样，在这 5 种期刊中，《中国与世界经济》被引用的期刊数量和增长幅度都大大领先于其他期刊，这也从一方面再次说明了该刊在国际上的学术影响力在不断提高。

表 4—22　　2006—2010 年 5 种期刊施引文献来源期刊数量统计　　（单位：种）

序号	期刊名称（英文）	2006 年	2007 年	2008 年	2009 年	2010 年
1	CHINA & WORLD ECONOMY	2	10	36	63	68
2	ANNALS OF ECONOMICS AND FINANCE		0	1	5	10
3	CHINESE JOURNAL OF INTERNATIONAL LAW			0	5	6
4	CHINA AGRICULTURAL ECONOMIC REVIEW				2	6
5	FOREIGN LITERATURE STUDIES	0	1	13	17	13

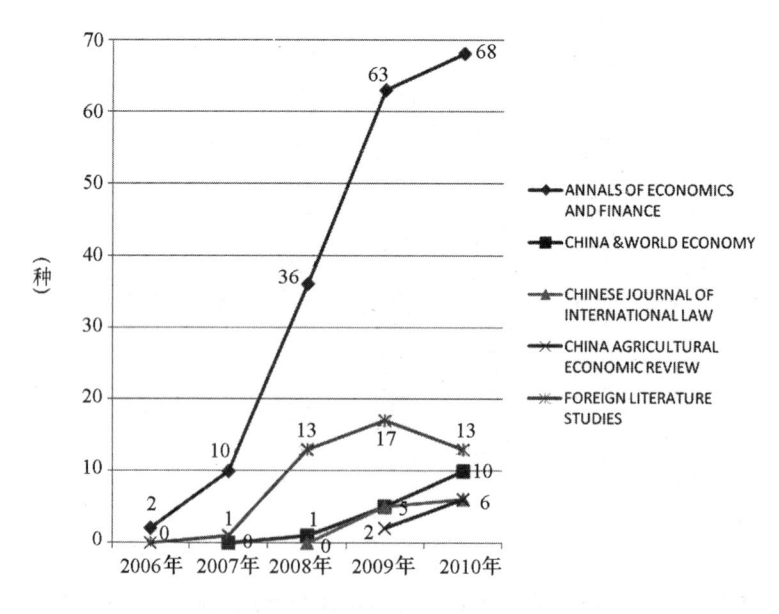

图 4—4　2006—2010 年 5 种期刊施引文献的来源期刊数量增长趋势

第三节 结论

一 中国内地人文社会科学国际性期刊数量少、学科领域集中

一个国家/地区人文社会科学期刊被国际性检索工具收录的数量及其所属学科领域的多少，在一定程度上能反映该国家/地区人文社会科学的发展现状。2010年，SSCI已收录具有高影响力的国际性社会科学期刊3000多种，A&HCI收录人文艺术领域学术期刊1700多种，而我国内地被SSCI和A&HCI收录的人文社会科学期刊仅仅只有5种，且这5种期刊集中于少数学科领域，其中有3种期刊都属于经济学领域，一种属于文学领域，《中国国际法论刊》被同时划归法学和国际关系领域。学术期刊作为科学研究与交流的平台，是国际相关学科领域认识中国人文社会科学的窗口，较少的期刊数量，以及较为局限的学科领域，将不利于中国人文社会科学在国际学术界的发展与学术影响力的提高。

二 中国内地人文社会科学期刊国际影响力偏低

第一，这5种期刊刊载的论文作者主要来自中国、英美等西方国家和日韩新加坡等亚洲国家，涉及的国家/地区数量较少，其中又以中国内地学者以独著或合著的形式发表的论文较多。从发文机构上看，作为期刊主办单位的中国高校发表的论文所占比例较大。期刊刊载的论文作者来源国家和机构分布的不均衡现象，在一定程度上说明了内地学者对这些期刊的关注度远高于国际学者对其的关注度，也反映出中国内地人文社会科学期刊影响力较局限于本国。

第二，中国人文社会科学期刊被引指标偏低。这5种期刊除《中国与世界经济》的论文篇均被引次数相对较高外，其余4种期刊的相应指标都不容乐观，特别是《外国文学研究》，由于语种的限制，其在国际上被同行阅读和引用率极低。被引指标的情况在一定程度上说明了我国人文社会科学期刊在国际上的学术影响力和受关注度不够，对高质量的优秀论文吸引力不足。

第三，这5种期刊的影响因子普遍偏低，数值均未超过1，且根据JCR以期刊影响因子的高低对同类学科期刊的排名分区情况来看，也反映出我国期刊的国际影响力与国际一流期刊相比，还有较大差距。

第四，从期刊施引文献的来源国家及期刊看，引用期刊刊载论文的外国学者较少，且主要被中国学者引用，而引用期刊论文的期刊大多数都只是对期刊刊载的 1 篇或 2 篇论文进行引用，这相比施引文献较多的期刊来说是具有一定偶然性的。这些都再次反映了我国人文社会科学期刊在国际范围内的影响度比较有限。

总之，我国被 SSCI 和 A&HCI 收录的人文社会科学期刊国际影响力整体偏低。但是，如果只对这 5 种期刊进行相互比较，可以发现：《中国与世界经济》无论是在被引指标、期刊影响因子还是在被引广度上都领先于其他期刊。这说明了在 5 种期刊里，该刊的国际学术影响力相对较高。

三　中国内地人文社会科学期刊发展呈良好态势

从发展趋势上看，我国人文社会科学期刊呈良好的发展态势。

第一，从数量上看，中国内地人文社会科学期刊是自 2005 年起才陆续被 SSCI 和 A&HCI 收录，到 2010 年年已被收录 5 种，虽然数量较少，但是从发展趋势上看，期刊数量从 2005 年起实现零突破并呈增长态势。这在一定程度得力于我国对人文社会科学"走出去"的重视与支持，而这些都将为我国人文社会科学走向世界、跻身国际一流期刊提供良好的环境与物质基础。

第二，从期刊影响因子看，这 5 种期刊被 SSCI 和 A&HCI 收录后首次统计的影响因子都较低，但是随着时间发展，大多数期刊的影响因子整体上都呈现出逐年提高的趋势。这在一定程度上说明了，这 5 种期刊的影响力和受关注程度正在不断提高，并还有提升的空间与潜力。

第三，从期刊刊载论文的被引次数和被引广度年度发展趋势看，这 5 种期刊自被两大数据库收录起，每年的期刊被引次数和广度都有不同程度的增加，国际学术界及学者对我国人文社会科学期刊质量与学术地位的认可与肯定也不断增强。

总的来说，2006—2010 年，被 SSCI 和 A&HCI 收录的这 5 种中国人文社会科学期刊虽然部分指标偏低，其国际学术影响力与地位还有待提高，但是对收录期较短的期刊而言，努力抓住向国际性期刊转型的机遇，一定能提高其在国际上的学术影响力和渗透力。

第五章 中国人文社会科学国际学术交流活动情况

第一节 2006—2010年全国高校人文社会科学国际学术活动情况分析

改革开放以来，中外学术交流日益增加，特别是进入21世纪后，这种交流更加频繁。本章选取了2006—2010年的《全国高校社科统计资料汇编》为数据源，对"十一五"期间（2006—2010年）全国高校人文社会科学与国外合作、开展校办国际学术会议、参加国际学术会议、受聘讲学、社科考察、进修学习、合作研究等指标进行比较和分析，以期能较为全面地掌握中国人文社会科学学者参与国际学术交流活动的情况。

一 全国高校人文社会科学国际学术会议情况分析

国际学术会议是一项十分重要的学术交流活动，本《报告》选取参加国际学术会议人次、提交论文篇数、我国高等院校独办国际学术会议和与外单位合办国际学术会议这四个指标来对"十一五"期间全国高校人文社会科学学者参与国际学术会议情况进行分析（见表5—1、图5—1、图5—2）。

表5—1　2006—2010年全国高校人文社会科学学者参与国际学术会议情况

年份	国际学术会议 参加人次（人）	提交论文（篇）	校办国际学术会议 本校独办数（篇）	与外单位合办数（篇）
2006	30513	14885	779	613
2007	28792	15964	847	1010

续表

年份	国际学术会议		校办国际学术会议	
	参加人次（人）	提交论文（篇）	本校独办数（篇）	与外单位合办数（篇）
2008	34622	18393	849	639
2009	33770	20250	874	660
2010	36289	20320	980	793

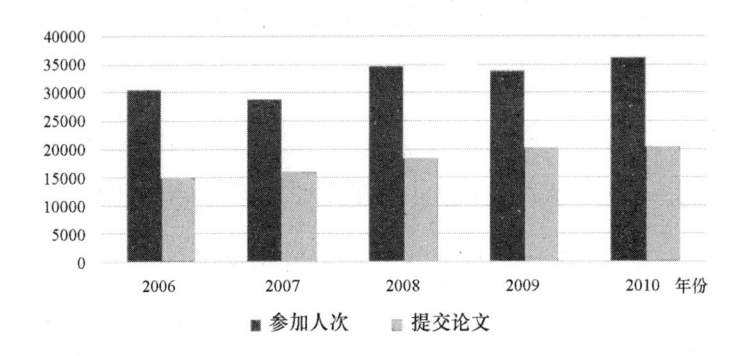

图 5—1　2006—2010 年全国高校人文社会科学学者参与国际学术会议情况

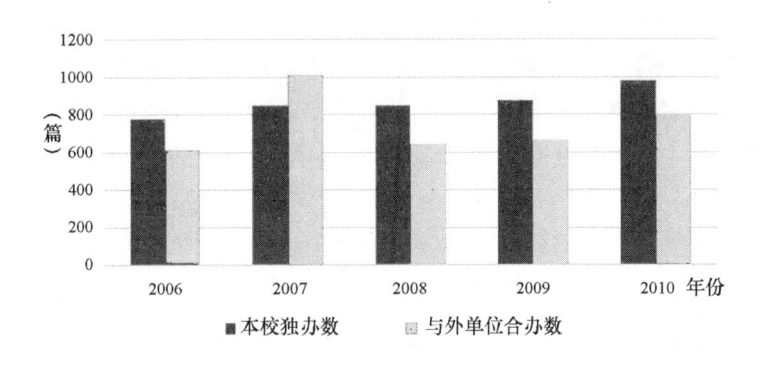

图 5—2　2006—2010 年全国高校人文社会科学校办国际学术会议情况

通过以上数据可以看出，2006—2010 年全国高校人文社会科学学者参与国际学术会议的各项指标基本处于逐年递增的趋势，但增速并不十分明显；2006—2010 年校办国际学术会议和与外单位合办国际学术会议的数量处于缓慢增长的状态，并且校办国际学术会议的数量大多大于与外单位合办国际学术会议的数量。我国需要进一步提升举办和参与国际学术会议的质量和数量，从而不断提升我国高校人文社会科学的国际影响力。

二 全国高校人文社会科学学者国外受聘讲学情况分析

受聘讲学是中外学者相互交流的主要模式之一，不管是派出人员去国外院校受聘讲学还是聘请国外学者来我国讲学，都是一种增进相互了解、加强互动交流的良好模式。本《报告》选取了派出人次和来校人次这两组数据分析"十一五"期间全国高校人文社会科学学者国外受聘讲学情况。

根据表5—2和图5—3可以得出，虽然全国高校人文社会科学学者国外受聘讲学中派出人次和来校人次都呈增加趋势，但是来校人次均远远超过派出人次，这其中有政策、文化、体制、语言差异等因素，也说明部分高校存在重邀请轻派出的理念倾向，我国高校人文社会科学学者还需进一步加大"走出去"的步伐。

表5—2　　2006—2010年全国高校人文社会科学国际学术交流受聘讲学情况

年份	受聘讲学	
	派出人次	来校人次
2006	2865	6774
2007	2877	7378
2008	3206	7608
2009	3513	7766
2010	3459	8556

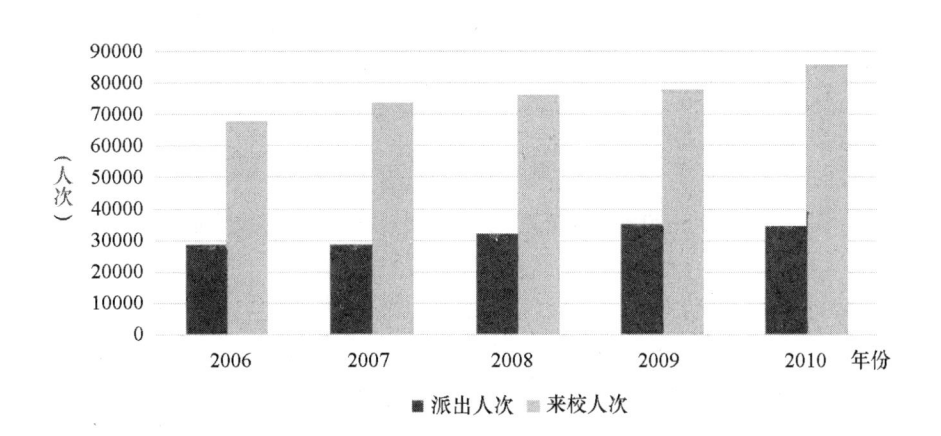

图5—3　2006—2010年全国高校人文社会科学学者受聘讲学情况

三 全国高校人文社会科学学者国外社科考察情况分析

社科考察也是一种学者进行学术交流的模式,相对于受聘讲学来说,社科考察交流时间相对较短,对研究的问题可能存在不够深入的现象,但作为一种短期的学术交流形式,也能从一定程度上反映出一个国家相关学科的影响力情况。本《报告》选取了派出人次和来校人次这两组数据分析"十一五"期间全国高校人文社会科学学者到国外进行社科考察情况。

表 5—3　2006—2010 年全国高校人文社会科学学者国外社科考察情况

年份	社科考察	
	派出人次	来校人次
2006	6251	8644
2007	6981	9327
2008	6583	9755
2009	6673	8229
2010	7685	9710

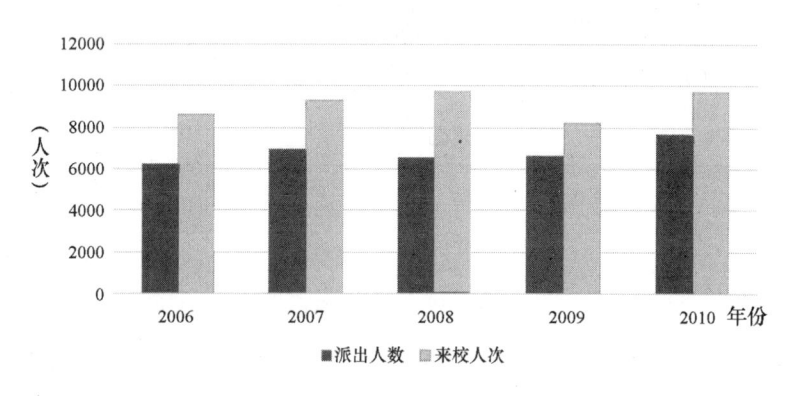

图 5—4　2006—2010 年全国高校人文社会科学学者国外社科考察情况

根据表 5—3 和图 5—4 可以得出,全国高校人文社会科学学者国外社科考察派出人次和来校人次基本呈逐年增加态势,增长幅度缓慢,偶尔略有起伏;国外社科考察的来校人次均略高于派出人次。

四 全国高校人文社会科学学者国外进修学习情况分析

进修学习能够清楚地反映学者去国外学校进行学习及访问的情况，一般来说，学术影响力较强的学校能够吸引更多其他地方的学者前来进修学习。本《报告》选取了派出人次和来校人次这两组数据分析"十一五"期间全国高校人文社会科学学者国外进修学习的情况。

表5—4　2006—2010年全国高校人文社会科学学者国外进修学习情况

年份	进修学习	
	派出人次	来校人次
2006	5300	5235
2007	5441	5254
2008	5298	5461
2009	5310	4788
2010	5515	5382

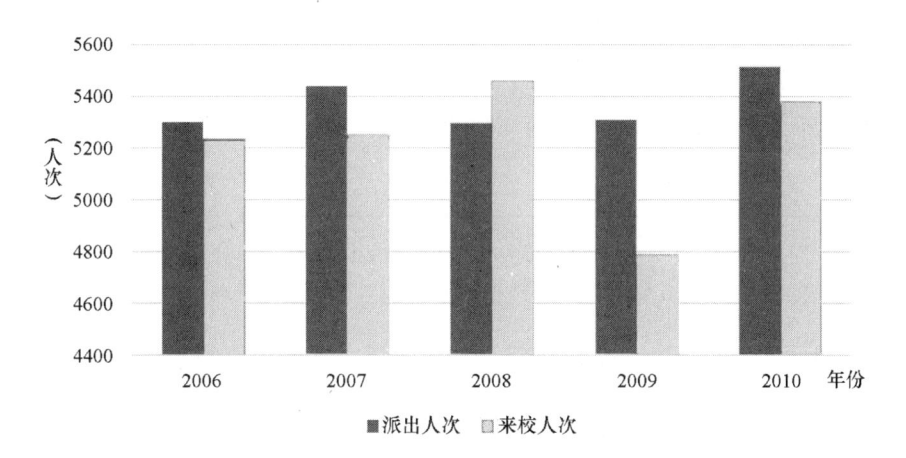

图5—5　2006—2010年全国高校人文社会科学学者国外进修学习情况

根据表5—4和图5—5可以得出，全国高校人文社会科学学者国外进修学习派出人次和来校人次基本呈逐年增加态势，增长幅度缓慢，偶尔略有起伏；对比派出人次与来校人次，仅有2008年来校进修人次略高于派出人次，其余年份派出人次都高于来校人次，这也说明我国高校人文社会科学对国外影响力低于国外高校人文社会科学对国内学者的影响力。

五 全国高校人文社会科学学者国外合作研究情况分析

与国外学者进行合作研究不仅是一种较为深入的学术交流行为,还会形成研究成果,只有学术影响力不断增强,国外学者才愿意和我国学者开展相关合作并取得成果,本《报告》选取了派出人次和来校人次这两组数据分析"十一五"期间全国高校人文社会科学学者国外合作研究情况,从而更为清晰地探寻"十一五"期间我国人文社会科学国际学术影响力情况。

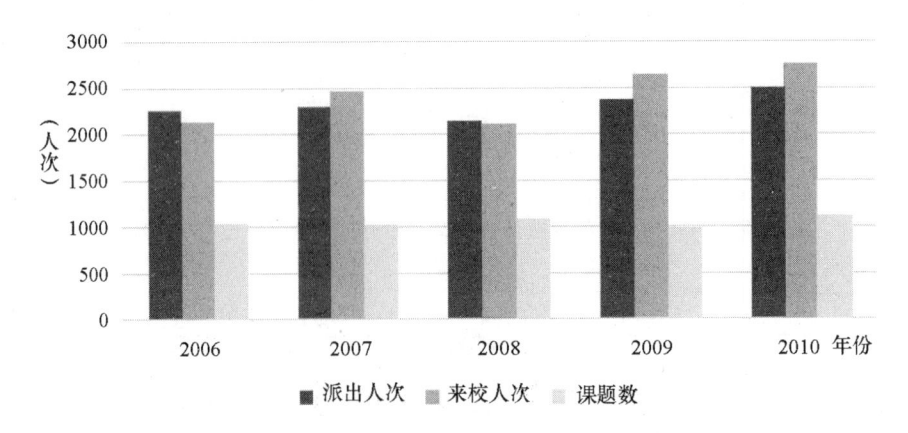

根据表5—5和图5—6可以得出,2006—2010年全国高校人文社会科学学者国外合作研究情况不管是人次还是课题数都基本无太大变化,这一指标增速明显低于其他中国人文社会科学学者参与国际学术交流活动的情况。

表5—5 2006—2010年全国高校人文社会科学学者国外合作研究情况

年份	合作研究		
	派出人次(人次)	来校人次(人次)	课题数(项)
2006	2264	2136	1039
2007	2296	2464	1020
2008	2152	2112	1081
2009	2372	2637	981
2010	2495	2749	1107

图5—6 2006—2010年全国高校人文社会科学学者国外合作研究情况

第二节 2006—2010年不同层次高校的人文社会科学学者参与国际学术活动情况分析

由于我国高等院校的办学规模、隶属关系、学科属性的不同，各学校在资金支持、发展水平、学术成果上也存在着巨大的差距。本《报告》将第一节的数据更加细分，通过比较不同层次高等院校人文社会科学学者参与国际学术活动的情况，来分析不同层次高等院校的国际学术影响力的强弱，以期为相关行政管理部门调整和制定相关的发展方针、政策提供参考和借鉴，为今后我国人文社会科学的学术发展能够继续发挥长处、弥补短板，最终达到科学、均衡发展，提高我国人文社会科学的国际学术影响力。

一 本科院校人文社会科学学者参与国际学术活动情况分析

本科教育是高等教育的基本组成部分，根据表5—6，在全国本科院校人文社会科学国际学术交流中，社科考察的来校/派出人次和受聘讲学

表5—6 2006—2010年本科院校人文社会科学学者参与国际学术活动情况

年份	校办国际学术会议 本校独办数（次）	校办国际学术会议 与外单位合办数（次）	国际学术会议 参加人次	国际学术会议 提交论文（篇）	受聘讲学 派出人次	受聘讲学 来校人次	社科考察 派出人次	社科考察 来校人次	进修学习 派出人次	进修学习 来校人次	合作研究 派出人次	合作研究 来校人次	合作研究 课题数（项）
2006	770	609	30228	14775	2857	6724	6156	8350	5254	5149	2261	2119	1033
2007	839	1008	28702	15892	2869	7340	6860	9137	5364	5225	2296	2461	1019
2008	838	633	34502	18360	3164	7517	6483	9337	5217	5399	2148	2095	1077
2009	864	652	33508	20193	3477	7714	6673	8229	5310	4788	2372	2637	981
2010	964	785	36000	20236	3452	8529	7685	9710	5515	5382	2495	2749	1107

的来校人次远远高于其他项目的人次,特别是合作研究不管是来校人次还是派出人次都是所有项目中最少的。这无疑表明我国现阶段提升人文社会科学国际学术影响力主要依靠短期的社科考察或者聘请外国学者来校讲学,而对于长期的合作研究还需要进一步从政策、机制角度加以倾斜,不断增加进修学习和派出受聘讲学人次,以期均衡提升我国人文社会科学的国际学术影响力。

二 专科院校人文社会科学学者参与国际学术活动情况分析

根据《中华人民共和国高等教育法》规定,专科教育也是我国高等教育的基本制度之一,根据表5—7,2006—2010年专科院校人文社会科学学者参与国际学术活动情况上升趋势不甚明显,部分指标甚至还出现波动和下滑的趋势,其各项指标数值也远低于本科院校,这说明专科院校是我国高校提升人文社会科学国际学术影响力的薄弱环节,亟须提高参与国际学术活动的数量和质量。

表5—7　2006—2010年专科院校人文社会科学学者参与国际学术活动情况

年份	校办学术会议 本校独办数(次)	校办学术会议 与外单位合办数(次)	学术会议 参加人次	学术会议 提交论文(篇)	受聘讲学 派出人次	受聘讲学 来校人次	社科考察 派出人次	社科考察 来校人次	进修学习 派出人次	进修学习 来校人次	合作研究 派出人次	合作研究 来校人次	合作研究 课题数(项)
2006	9	4	285	110	8	50	95	294	46	86	3	17	6
2007	8	2	90	72	8	38	121	190	77	29	0	3	1
2008	11	6	120	33	42	91	100	418	81	62	4	17	4
2009	10	8	262	57	36	52	217	216	297	88	31	13	11
2010	16	8	289	84	7	27	157	156	341	46	15	8	4

第三节 2006—2010年不同隶属关系学校的人文社会科学学者参与国际学术活动情况分析

一 教育部直属院校人文社会科学学者参与国际学术活动情况分析

根据表5—8和图5—7可以得出，教育部直属院校人文社会科学学者

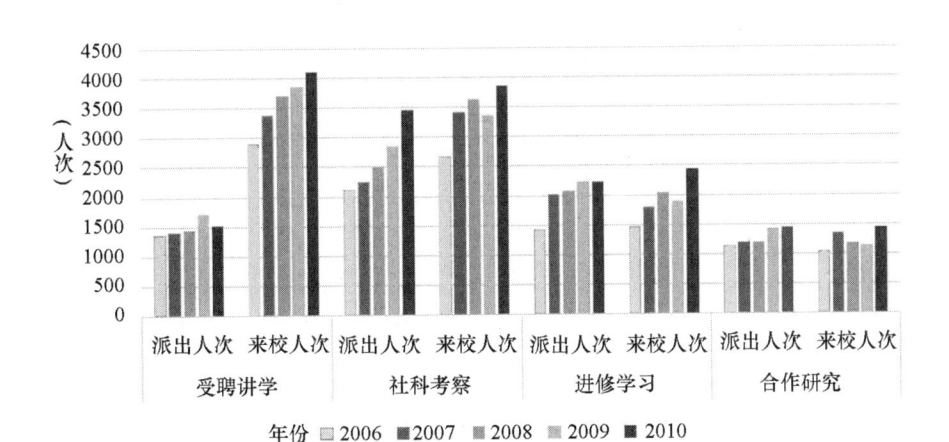

表5—8　　2006—2010年教育部直属院校人文社会科学学者参与国际学术活动情况

年份	校办学术会议 本校独办数（次）	校办学术会议 与外单位合办数（次）	学术会议 参加人次	学术会议 提交论文（篇）	受聘讲学 派出人次	受聘讲学 来校人次	社科考察 派出人次	社科考察 来校人次	进修学习 派出人次	进修学习 来校人次	合作研究 派出人次	合作研究 来校人次	合作研究 课题数（项）
2006	329	297	13989	7629	1372	2895	2112	2674	1431	1465	1140	1036	561
2007	443	435	17051	9254	1406	3388	2257	3422	2014	1787	1195	1353	569
2008	401	342	17025	9575	1445	3708	2508	3628	2079	2041	1200	1174	728
2009	402	373	17718	10884	1720	3855	2848	3363	2240	1889	1428	1136	582
2010	450	439	19019	9953	1520	4111	3466	3859	2234	2444	1446	1448	622

图5—7　2006—2010年教育部直属院校人文社会科学学者参与国际学术活动情况

参与国际学术活动情况与全国高等院校人文社会科学学者参与国际学术活动情况基本趋同。这从侧面说明，由于教育部直属院校直接接受教育部的领导，其在国际学术影响力的提升上，从政策、资源、信息等方面有其他院校无可比拟的先天优势。

二 其他部委院校人文社会科学学者参与国际学术活动情况分析

由于其他部委院校数量远远低于教育部直属院校和地方院校，所以其人文社会科学学者参与国际学术活动情况的相关指标数量也远远低于其他教育部直属的高校。根据表5—9和图5—8可以得出，其他部委院校人文社会科学学者参与国际学术活动情况的相关指标超过半数呈现下滑的趋势，其发展趋势也逆向于全国高校人文社会科学学者参与国际学术活动情况，这反映了其他部委院校的人文社会科学国际学术影响力正在呈下滑趋势。

表5—9 2006—2010年其他部委院校人文社会科学学者参与国际学术活动情况

年份	校办学术会议 本校独办数（次）	校办学术会议 与外单位合办数（次）	学术会议 参加人次	学术会议 提交论文（篇）	受聘讲学 派出人次	受聘讲学 来校人次	社科考察 派出人次	社科考察 来校人次	进修学习 派出人次	进修学习 来校人次	合作研究 派出人次	合作研究 来校人次	合作研究 课题数（项）
2006	44	29	5425	1103	70	562	419	480	677	631	65	105	19
2007	53	36	1353	802	143	542	440	755	208	546	92	156	23
2008	38	32	1668	887	114	311	268	575	188	475	51	74	14
2009	20	10	1534	1118	99	299	246	293	304	193	87	384	32
2010	29	14	1622	1003	135	387	307	457	158	190	118	384	67

第五章 中国人文社会科学国际学术交流活动情况 107

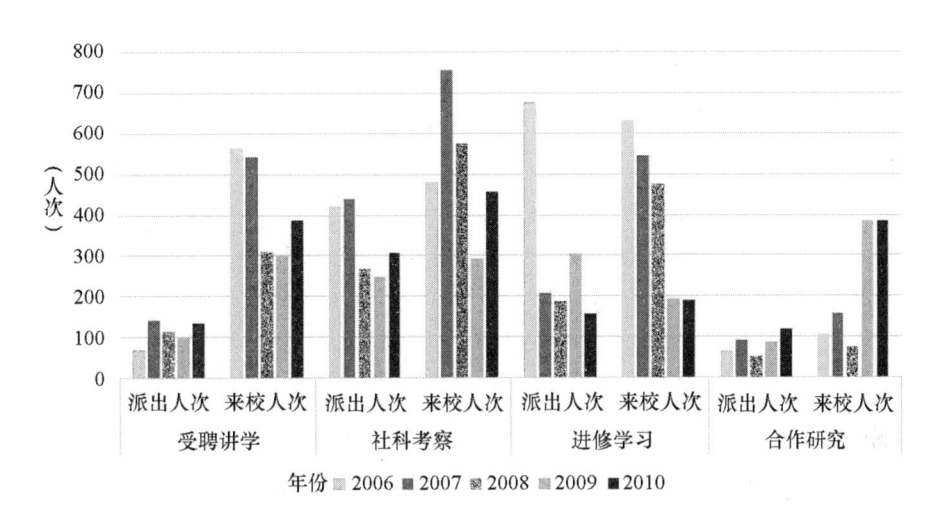

图 5—8 2006—2010 年其他部委院校人文社会科学学者参与国际学术活动情况

三 地方院校人文社会科学学者参与国际学术活动情况分析

根据表5—10和图5—9可以得出，地方院校人文社会科学学者参与国际学术活动情况的发展趋势与全国高等院校的发展趋势基本趋同，受聘讲学的派出人次和来校人次基本呈逐年增加趋势，社科考察、进修学习、合作研究等指标数值呈平稳或下降趋势，特别是合作研究等重要指标的数值低于教育部直属高校。

表 5—10 2006—2010 年地方院校人文社会科学学者参与国际学术活动情况

年份	校办学术会议 本校独办数	校办学术会议 与外单位合办数	学术会议 参加人次	学术会议 提交论文（篇）	受聘讲学 派出人次	受聘讲学 来校人次	社科考察 派出人次	社科考察 来校人次	进修学习 派出人次	进修学习 来校人次	合作研究 派出人次	合作研究 来校人次	课题数（项）
2006	406	287	11099	6153	1423	3317	3720	5490	3192	3139	1059	995	459
2007	351	539	10388	5908	1328	3448	4284	5150	3219	2921	1009	955	428
2008	410	265	15929	7931	1647	3517	3807	5552	3031	2945	901	864	339
2009	452	277	14518	8248	1694	3612	3796	4789	3063	2794	888	1130	378
2010	501	340	15648	9364	1804	4058	4069	5550	3464	2794	946	925	422

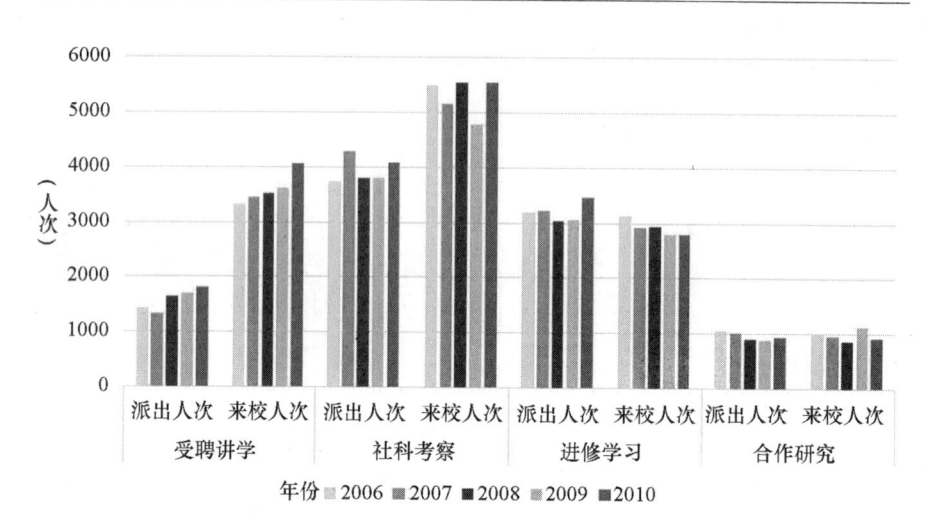

图 5—9　2006—2010 年地方院校人文社会科学学者参与国际学术活动情况

第四节　2006—2010 年不同学科属性学校的人文社会科学学者参与国际学术活动情况分析

一　综合大学人文社会科学学者参与国际学术活动情况分析

根据表 5—11 和图 5—10 可以得出，综合大学人文社会科学学者参与国际学术活动情况的发展趋势与全国高校人文社会科学参与国际学术活动

表 5—11　2006—2010 年综合大学人文社会科学学者参与国际学术活动情况

年份	校办学术会议 本校独办数	校办学术会议 与外单位合办数	学术会议 参加人次	学术会议 提交论文（篇）	受聘讲学 派出人次	受聘讲学 来校人次	社科考察 派出人次	社科考察 来校人次	进修学习 派出人次	进修学习 来校人次	合作研究 派出人次	合作研究 来校人次	合作研究 课题数（项）
2006	390	309	13575	7484	1604	2783	2620	3336	2128	2874	1226	1010	698
2007	411	364	14496	7898	1357	2812	2683	3408	2359	2526	1221	994	603
2008	372	278	15029	8538	1499	3221	2686	3629	1976	2522	1043	916	487
2009	386	283	15065	9237	1693	3254	2578	3345	2134	1865	1108	1092	525
2010	400	362	16055	8649	1414	3290	3016	3354	1929	2005	1109	966	575

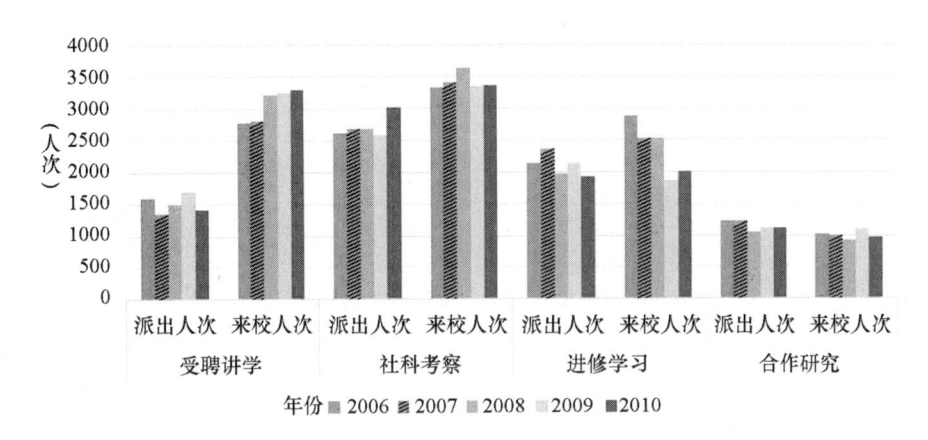

图 5—10 2006—2010 年综合大学人文社会科学学者参与国际学术活动情况

情况的发展趋势较为一致，其中，受聘讲学的来校人次、社科考察的派出人次总体呈上升趋势，其他指标基本呈现下滑趋势。

二 理工农医院校人文社会科学学者参与国际学术活动情况分析

根据表 5—12 和图 5—11 可以得出，理工农医院校人文社会科学学者参与国际学术活动的增长趋势与全国高校人文社会科学学者参与国际学术活动情况的发展趋势相似，除进修学习的来校人次外，其他各项指标都呈上升趋势，各项指标数量仅次于综合类大学。这表明近年来，传统意义上非人文社科类的理工农医院校也十分重视其人文社会科学学科的建设。

表 5—12 2006—2010 年理工农医院校人文社会科学学者参与国际学术活动情况

年份	校办学术会议 本校独办数	校办学术会议 与外单位合办数	学术会议 参加人次	学术会议 提交论文（篇）	受聘讲学 派出人次	受聘讲学 来校人次	社科考察 派出人次	社科考察 来校人次	进修学习 派出人次	进修学习 来校人次	合作研究 派出人次	合作研究 课题数（项）
2006	96	98	9264	3217	299	1348	941	1161	924	433	437	133
2007	116	113	5647	3450	468	1573	1319	1510	1241	718	444	149
2008	142	116	8149	4031	511	1498	1396	1912	1265	593	501	346
2009	154	123	6457	4553	605	1655	1580	1595	1429	672	642	216
2010	202	143	7427	4966	670	1948	1565	1873	1410	573	693	220

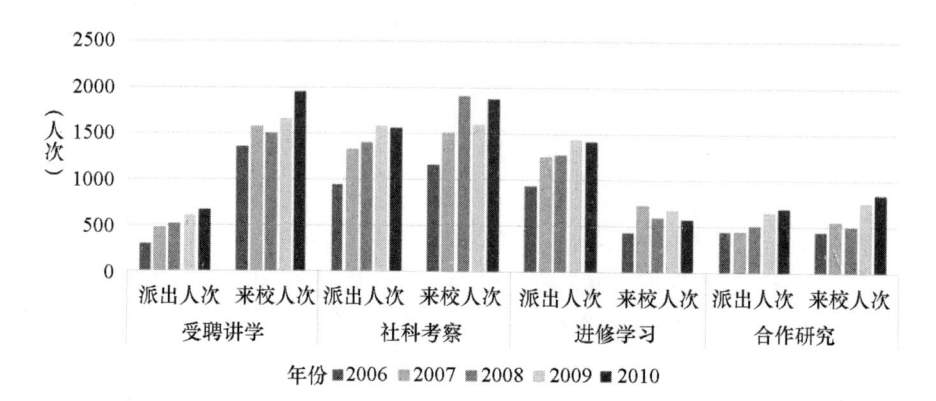

图 5—11　2006—2010 年理工农医院校人文社会科学学者
参与国际学术活动情况

三　高等师范院校人文社会科学学者参与国际学术活动情况分析

根据表 5—13 和图 5—12 可以得出，高等师范院校人文社会科学学者参与国际学术活动情况的各项指标主要呈上升趋势，其中受聘讲学、进修学习、合作研究的派出人次呈逐年递增的情况，社科考察、合作研究的来校人次虽然偶尔波动，但总体亦呈上升趋势。这与全国高校的发展趋势较为一致。

表 5—13　　2006—2010 年高等师范院校人文社会科学学者
参与国际学术活动情况

年份	校办学术会议 本校独办数	校办学术会议 与外单位合办数	学术会议 参加人次	学术会议 提交论文（篇）	受聘讲学 派出人次	受聘讲学 来校人次	社科考察 派出人次	社科考察 来校人次	进修学习 派出人次	进修学习 来校人次	合作研究 派出人次	合作研究 来校人次	合作研究 课题数（项）
2006	129	80	2927	1886	356	877	728	1208	624	850	276	305	118
2007	146	242	3157	1989	367	1052	1042	1281	795	974	302	508	134
2008	142	101	3857	2241	446	1055	820	1192	928	1113	322	480	112
2009	148	107	4108	2849	493	1099	849	1316	1007	1156	330	502	128
2010	174	108	4588	2445	577	1145	1145	1729	1317	1168	358	563	146

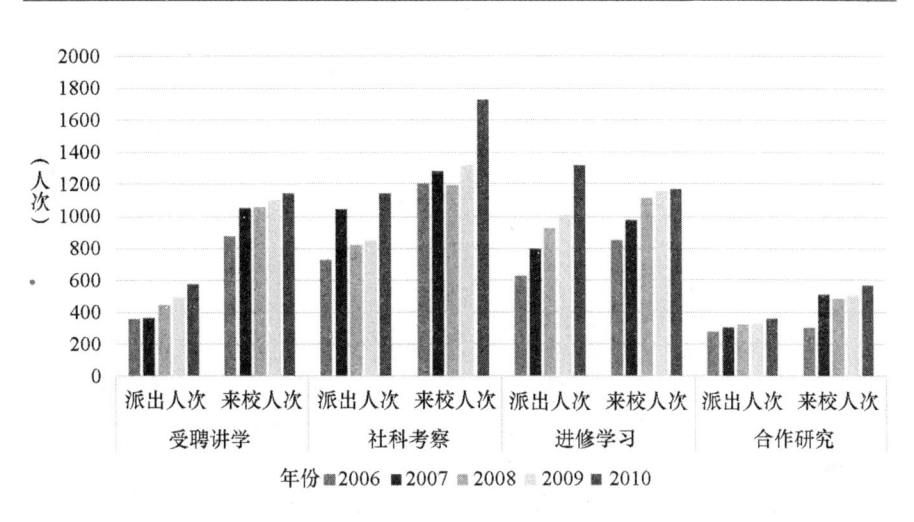

图 5—12 2006—2010 年高等师范院校人文社会科学学者
参与国际学术活动情况

四 语言院校人文社会科学学者参与国际学术活动情况分析

根据表 5—14 和图 5—13 可以得出，语言院校人文社会科学学者参与国际学术活动的受聘讲学、社科考察、进修学习、合作研究等指标都呈波动趋势，这是由于全国语言院校由于数量相较于其他院校较少，故而会产生较大的波动，但我们也可以看出，除去波动较大的数值后，整体指标也是呈上升趋势发展。

表 5—14 2006—2010 年语言院校人文社会科学学者参与国际学术活动情况

年份	校办学术会议 本校独办数	校办学术会议 与外单位合办数	学术会议 参加人次	学术会议 提交论文（篇）	受聘讲学 派出人次	受聘讲学 来校人次	社科考察 派出人次	社科考察 来校人次	进修学习 派出人次	进修学习 来校人次	合作研究 派出人次	合作研究 来校人次	课题数（项）
2006	32	22	624	349	118	231	184	327	692	60	56	81	22
2007	39	24	694	534	227	274	184	372	224	61	49	37	15
2008	40	20	1098	634	154	301	182	243	240	107	55	21	22
2009	33	32	1102	595	147	324	282	223	216	113	97	22	29
2010	28	25	967	617	137	276	256	429	237	76	76	30	19

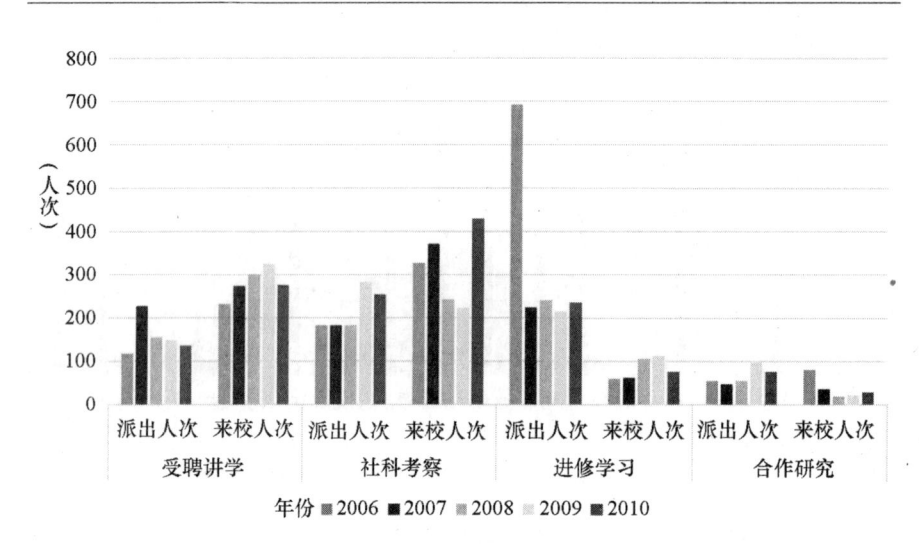

图 5—13　2006—2010 年语言院校人文社会科学学者参与国际学术活动情况

五　财经院校人文社会科学学者参与国际学术活动情况分析

根据表 5—15 和图 5—14 可以得出，财经院校人文社会科学学者参与国际学术活动除合作研究的派出人次呈逐年上升趋势外，其他指标均呈现先下降再上升的趋势，但整体增幅与全国院校平均增幅一致。财经院校作为人文社会科学的主要发展院校，其参与国际学术活动的频率和数量还需进一步提升。

表 5—15　2006—2010 年财经院校人文社会科学学者参与国际学术活动情况

年份	校办学术会议 本校独办数	校办学术会议 与外单位合办数	学术会议 参加人次	学术会议 提交论文（篇）	受聘讲学 派出人次	受聘讲学 来校人次	社科考察 派出人次	社科考察 来校人次	进修学习 派出人次	进修学习 来校人次	合作研究 派出人次	合作研究 来校人次	合作研究 课题数（项）
2006	50	47	2501	1190	256	585	688	735	463	327	109	108	34
2007	49	43	2186	1084	212	809	659	1024	335	463	103	154	61
2008	51	49	2973	1631	182	505	537	675	329	443	129	88	67
2009	54	45	3347	1833	185	505	650	765	376	344	126	109	32
2010	72	63	3062	1956	223	591	724	820	434	359	143	154	57

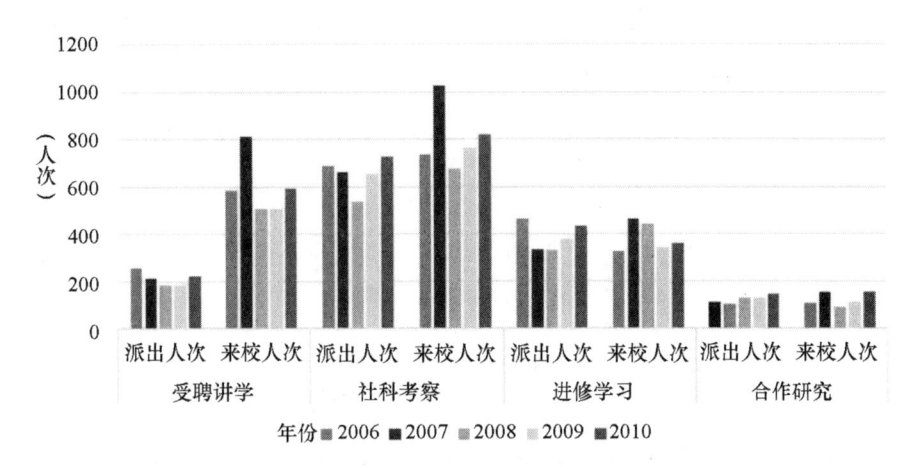

图 5—14 2006—2010 年财经院校人文社会科学学者参与国际学术活动情况

六 政法院校人文社会科学学者参与国际学术活动情况分析

根据表 5—16 和图 5—15 可以得出，政法院校人文社会科学学者参与国际学术活动情况除合作研究这一指标略有起伏，受聘讲学、社科考察、进修学习等指标总体处于上升趋势。

表 5—16 2006—2010 年政法院校人文社会科学学者参与国际学术活动情况

年份	校办学术会议 本校独办数	校办学术会议 与外单位合办数	学术会议 参加人次	学术会议 提交论文（篇）	受聘讲学 派出人次	受聘讲学 来校人次	社科考察 派出人次	社科考察 来校人次	进修学习 派出人次	进修学习 来校人次	合作研究 派出人次	合作研究 来校人次	合作研究 课题数（项）
2006	16	11	250	147	60	131	160	338	74	193	20	21	7
2007	22	20	649	344	55	151	202	597	104	53	52	29	22
2008	22	20	721	237	63	175	186	464	104	137	61	36	26
2009	22	24	1015	333	98	197	209	323	93	248	55	54	33
2010	25	28	1375	509	118	298	293	520	153	333	33	53	20

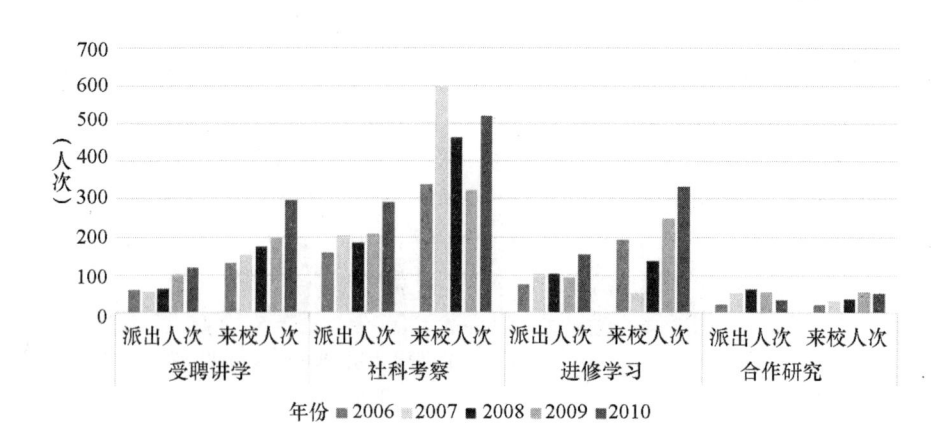

图 5—15　2006—2010 年政法院校人文社会科学学者参与国际学术活动情况

七　艺术院校人文社会科学学者参与国际学术活动情况分析

根据表 5—17 和图 5—16 可以得出，艺术院校人文社会科学学者参与国际学术活动情况中受聘讲学、社科考察、进修学习等大体呈上升或持平趋势。但合作研究指标有较大数量的下滑。

表 5—17　2006—2010 年艺术院校人文社会科学学者参与国际学术活动情况

年份	校办学术会议 本校独办数	校办学术会议 与外单位合办数	学术会议 参加人次	学术会议 提交论文（篇）	受聘讲学 派出人次	受聘讲学 来校人次	社科考察 派出人次	社科考察 来校人次	进修学习 派出人次	进修学习 来校人次	合作研究 派出人次	合作研究 来校人次	合作研究 课题数（项）
2006	49	36	620	226	142	691	610	1350	167	328	124	153	22
2007	37	188	997	330	110	546	646	813	126	339	97	124	27
2008	58	38	1885	372	285	704	580	1319	218	474	19	40	15
2009	68	43	2043	386	238	541	530	680	205	370	30	57	21
2010	67	60	1810	330	200	689	542	774	236	673	14	34	12

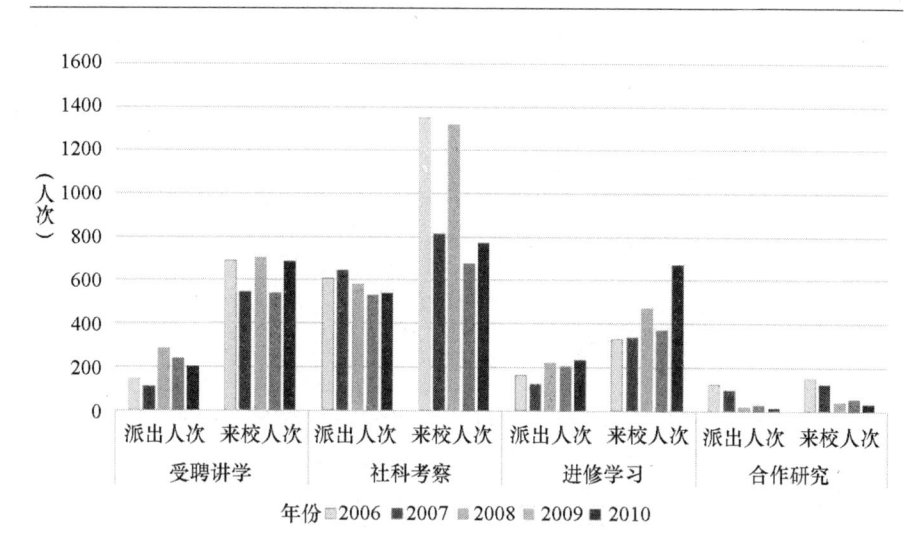

图 5—16 2006—2010 年艺术院校人文社会科学学者参与国际学术活动情况

八 民族院校人文社会科学学者参与国际学术活动情况分析

根据表 5—18 和图 5—17 可以得出，民族院校人文社会科学学者参与国际学术活动情况与全国高等院校发展趋势不尽相同，出现了较大程度的波动。其中，受聘讲学的派出人次、进修学习的派出人次呈现先上升再下降的趋势；受聘讲学的来校人次、社科考察的来校人次、进修学习的来校人次呈现先上升再下降再上升的波动趋势，只有合作研究等部分指标增幅明显。

表 5—18 2006—2010 年民族院校人文社会科学参与国际学术活动情况

年份	校办学术会议 本校独办数	校办学术会议 与外单位合办数	学术会议 参加人次	学术会议 提交论文（篇）	受聘讲学 派出人次	受聘讲学 来校人次	社科考察 派出人次	社科考察 来校人次	进修学习 派出人次	进修学习 来校人次	合作研究 派出人次	合作研究 来校人次	合作研究 课题数（项）
2006	6	7	371	212	7	101	148	57	97	60	4	7	2
2007	25	15	450	218	57	127	107	206	118	73	12	45	5
2008	13	15	382	237	35	102	36	51	111	19	12	12	4
2009	1	2	196	195	20	108	32	17	83	18	5	55	3
2010	4	3	254	196	23	155	35	54	47	91	20	71	46

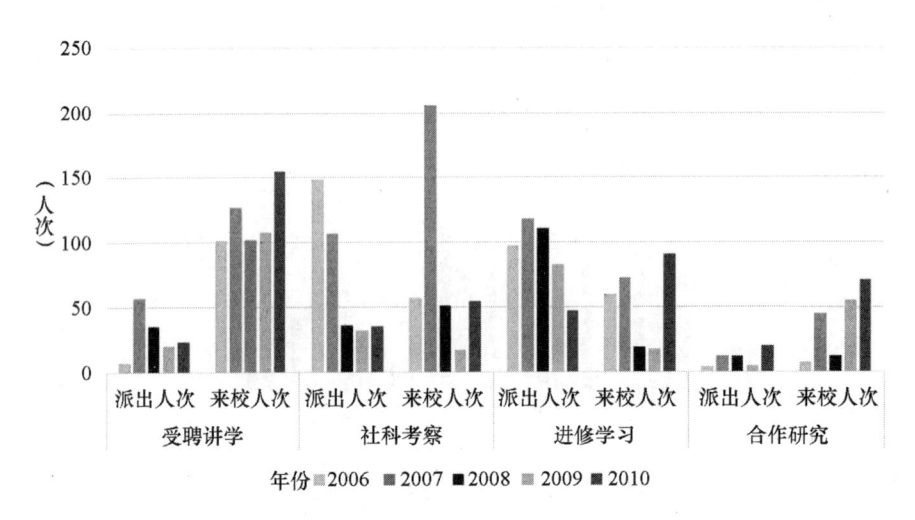

图 5—17 2006—2010 年民族院校人文社会科学学者参与国际学术活动情况

九 体育院校人文社会科学学者参与国际学术活动情况分析

根据表 5—19 和图 5—18 可以得出，体育院校人文社会科学学者参与国际学术活动情况除进修学习的派出人次指标有所下滑外，受聘讲学呈上升趋势，社科考察、进修学习的来校人次、合作研究等指标呈波动上升趋势。

表 5—19 2006—2010 年体育院校人文社会科学学者参与国际学术活动情况

年份	校办学术会议 本校独办数	校办学术会议 与外单位合办数	学术会议 参加人次	学术会议 提交论文（篇）	受聘讲学 派出人次	受聘讲学 来校人次	社科考察 派出人次	社科考察 来校人次	进修学习 派出人次	进修学习 来校人次	合作研究 派出人次	合作研究 来校人次	课题数（项）
2006	8	3	381	174	23	27	172	132	131	110	12	16	3
2007	2	1	516	117	24	34	139	116	139	47	16	23	4
2008	9	2	528	472	31	47	160	270	127	53	10	23	2
2009	8	1	437	269	34	83	180	181	64	90	10	9	5
2010	8	1	751	652	97	164	266	313	93	150	64	39	16

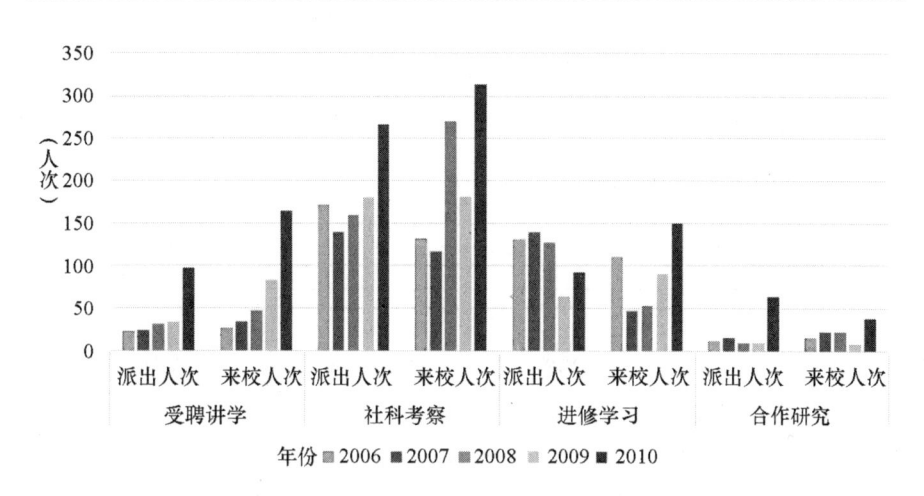

图 5—18　2006—2010 年体育院校人文社会科学学者参与国际学术活动情况

第五节　2006—2010 年教育部直属院校人文社会科学学者参与国际学术活动情况统计分析

一　教育部直属院校人文社会科学学者参与国际学术会议统计排名

根据 2006—2010 年的《全国高校社科统计资料汇编》的数据，对 2006—2010 年教育部直属院校参与国际学术会议的人数与提交论文篇数进行整理与统计，按照每一年参与国际会议的人数进行排名，并对 2006—2010 年教育部直属院校参与国际学术会议的总人数与提交论文的总篇数再次排名。本《报告》选取了每年排名的前 10 位和总排名的前 10 位，详见表 5—20 至表 5—24。

表 5—20　　2006 年教育部直属院校人文社会科学学者参与国际学术会议统计排名

序号	名称	参加人数	提交论文（篇）	参加人数与提交论文数量之比
1	中国人民大学	2323	859	2.70
2	浙江大学	1647	756	2.18
3	北京大学	1120	769	1.46
4	山东大学	920	550	1.67
5	湖南大学	600	80	7.50
6	厦门大学	540	404	1.34

续表

序号	名称	参加人数	提交论文（篇）	参加人数与提交论文数量之比
7	武汉大学	528	423	1.25
8	吉林大学	490	240	2.04
9	中山大学	442	366	1.21
10	中国石油大学	420	97	4.33

如表5—20所示，在2006年教育部直属院校人文社会科学学者参与国际学术会议统计排名中，中国人民大学、浙江大学、北京大学的人文社会科学学者参与国际学术会议人次均超过1000人，山东大学、湖南大学、厦门大学、武汉大学的参与人次在500—1000人，但排名第十位的中国石油大学与排名第一位的中国人民大学在参与国际会议人数上相差约为5倍，差距较为悬殊；从在国际学术会议提交的论文数量来看，教育部直属院校人文社会科学学者向国际会议提交论文的篇数与参加人数并无明显相关关系，但参与国际会议人数与提交论文篇数的比例仍然较大。

表5—21　　　　2007年教育部直属院校人文社会科学学者
参与国际学术会议统计排名

序号	名称	参加人数	提交论文（篇）	参加人数与提交论文数量之比
1	中国人民大学	2590	517	5.01
2	北京大学	1134	618	1.83
3	山东大学	1030	580	1.78
4	厦门大学	978	770	1.27
5	浙江大学	787	593	1.33
6	湖南大学	700	75	9.33
7	南京大学	560	443	1.26
8	武汉大学	541	440	1.23
9	北京师范大学	530	253	2.09
10	吉林大学	478	342	1.40

如表5—21所示，在2007年教育部直属院校人文社会科学学者参与国际学术会议的统计排名中，中国人民大学、北京大学、山东大学的参加

人次均超过1000人，厦门大学、浙江大学、湖南大学、南京大学、武汉大学、北京师范大学的参加人次在500—1000人，中国人民大学人文社会科学学者参与国际学术会议的人数仍然远远高于排名第十位的吉林大学；从在国际学术会议提交的论文数来看，湖南大学参与国际学术会议的人数与提交论文的篇数之比仍然远远高于其他高校。

如表5—22所示，在2008年教育部直属院校人文社会科学学者参与国际学术会议的统计排名中，中国人民大学、浙江大学的参加人次均超过1000人，北京大学、山东大学、厦门大学、北京师范大学、北京交通大学、湖南大学、武汉大学的参加人次在500—1000人，排名第十位的吉林大学与排名第一位的中国人民大学在参与国际会议人数上相差约为4.5倍，差距仍然非常明显；从在国际学术会议提交的论文数来看，湖南大学参与国际学术会议的人数与提交论文的篇数比例相比2006年与2007年有所下降，但仍然远高于其他高校的比例。

表5—22　　2008年教育部直属院校人文社会科学学者
参与国际学术会议统计排名

序号	名称	参加人数	提交论文（篇）	参加人数与提交论文数量之比
1	中国人民大学	2176	682	3.19
2	浙江大学	1314	523	2.51
3	北京大学	962	671	1.43
4	山东大学	890	537	1.66
5	厦门大学	763	984	0.78
6	北京师范大学	723	233	3.10
7	北京交通大学	620	590	1.05
8	湖南大学	600	90	6.67
9	武汉大学	505	363	1.39
10	吉林大学	485	332	1.46

如表5—23所示，在2009年教育部直属院校人文社会科学学者参与国际学术会议的统计排名中，中国人民大学、浙江大学的参加人次均超过1000人，厦门大学、山东大学、北京大学、北京师范大学、东北师范大学、清华大学、南京大学、华东师范大学的参加人次在500—1000人，排

名第十位的华东师范大学与排名第一位的中国人民大学在参与国际会议人数上相差约为 3.7 倍;从在国际学术会议提交的论文数来看,参与国际学术会议的人数与提交论文的篇数比例相差不大。

表 5—23　　2009 年教育部直属院校人文社会科学学者
参与国际学术会议统计排名

序号	名称	参加人数	提交论文（篇）	参加人数与提交论文数量之比
1	中国人民大学	1875	571	3.28
2	浙江大学	1398	923	1.51
3	厦门大学	928	468	1.98
4	山东大学	920	528	1.74
5	北京大学	823	359	2.29
6	北京师范大学	759	329	2.31
7	东北师范大学	701	534	1.31
8	清华大学	524	268	1.96
9	南京大学	508	493	1.03
10	华东师范大学	501	415	1.21

如表 5—24 所示,在 2010 年教育部直属院校人文社会科学学者参与国际学术会议的统计排名中,中国人民大学、浙江大学、四川大学、北京大学的参加人次均超过 1000 人,排名第十位的中央戏剧学院与排名第一位的中国人民大学在参与国际学术会议人数上相差约为 2.9 倍;环比 2006—2009 年差距正在逐步缩小;从在国际学术会议提交的论文数来看,除中央戏剧学院外,其他高校参与国际学术会议的人数与提交论文的篇数比例相差不大。

表 5—24　　2010 年教育部直属院校人文社会科学学者
参与国际学术会议统计排名

序号	名称	参加人数	提交论文（篇）	参加人数与提交论文数量之比
1	中国人民大学	1754	451	3.89
2	浙江大学	1284	981	1.31
3	四川大学	1236	156	7.92

续表

序号	名称	参加人数	提交论文（篇）	参加人数与提交论文数量之比
4	北京大学	1098	458	2.40
5	山东大学	960	536	1.79
6	华东师范大学	802	232	3.46
7	清华大学	780	297	2.63
8	厦门大学	771	1402	0.55
9	东北师范大学	730	423	1.73
10	中央戏剧学院	600	20	30.00

如表5—25和图5—19所示，在2006—2010年（"十一五"期间）教育部直属院校人文社会科学学者参与国际学术会议总体统计排名中，中国人民大学、浙江大学、北京大学的参加人次均超过5000人（年均1000），特别是排名首位的中国人民大学，其参加人次比排在第二位的浙江大学多了近5000人，与排在第十位的华东师范大学相差4.7倍，遥遥领先于其他教育部直属院校；从在国际学术会议提交的论文数来看，厦门大学提交的论文数最多，其篇数达到了4028篇，浙江大学、中国人民大学提交的论文篇数在3000—4000篇，北京大学、山东大学提交的论文篇数在2000—3000篇，武汉大学、华东师范大学、吉林大学、北京师范大学提交的论文数在1000—2000篇，只有湖南大学提交的论文数不足1000篇。可以看到，教育部直属院校参与国际学术会议的人数与提交论文的篇数排名前十的学校之间还是存在着较大的差距的，且没有一所西部地区的高校进入前10名。

表5—25　2006—2010年教育部直属院校人文社会科学学者参与国际学术会议统计排名

序号	名称	参加人数	提交论文（篇）	参加人数与提交论文数量之比
1	中国人民大学	10718	3080	3.48
2	浙江大学	6430	3776	1.70
3	北京大学	5137	2875	1.79
4	山东大学	4720	2731	1.73
5	厦门大学	3980	4028	0.99

续表

序号	名称	参加人数	提交论文/篇	参加人数与提交论文数量之比
6	北京师范大学	2858	1282	2.23
7	湖南大学	2718	551	4.93
8	武汉大学	2637	1913	1.38
9	吉林大学	2293	1477	1.55
10	华东师范大学	2267	1511	1.50

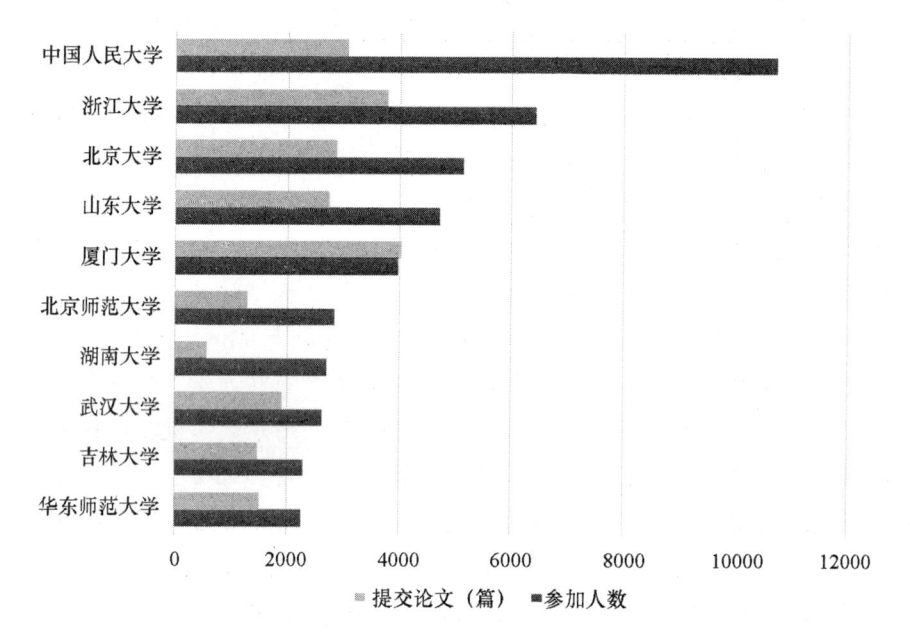

图 5—19 2006—2010 年教育部直属院校人文社会科学学者参与国际学术会议排名前 10 学校

二 教育部直属院校人文社会科学学者国外受聘讲学统计排名

根据 2006—2010 年的《全国高校社科统计资料汇编》的数据，对 2006—2010 年教育部直属院校人文社会科学学者国外受聘讲学的派出人数与来校人数进行整理与统计，按照每一年国外受聘讲学的派出人数与来校人数总和进行排名，并对 2006—2010 年国外受聘讲学的派出总人数与来校总人数之和再次排名。本《报告》选取了每年排名的前 10 位和总排名的前 10 位，详见表 5—26 至表 5—31。

如表 5—26 所示，在 2006 年教育部直属院校人文社会科学学者国外受聘讲学的统计排名中，中国人民大学、北京大学派出人次超过 100；从国外受聘讲学的来校人次看，中国人民大学、中央音乐学院来校人次超过 200，北京大学、南开大学、浙江大学、武汉大学、华东师范大学、北京师范大学来校人次在 100—200 之间。数据显示大部分教育部直属院校人文社会科学学者国外受聘讲学的来校人次高于派出人次，其中中央音乐学院的来校人次高出派出人次约 10 倍。

表 5—26　2006 年教育部直属院校人文社会科学学者国外受聘讲学统计排名

序号	名称	派出人次	来校人次	合计人次
1	中国人民大学	214	443	657
2	北京大学	112	183	295
3	南开大学	83	158	241
4	中央音乐学院	19	201	220
5	浙江大学	79	132	211
6	武汉大学	91	112	203
7	北京师范大学	76	101	177
8	华东师范大学	31	112	143
9	清华大学	49	78	127
10	厦门大学	39	81	120

如表 5—27 所示，在 2007 年教育部直属院校人文社会科学学者国外受聘讲学的统计排名中，清华大学、中国人民大学派出人次超过 100，从国外受聘讲学的来校人次看，排名前 10 位的高校来校人次均在 100—200 之间，差距不甚明显。东北师范大学与中央财经大学国外受聘讲学的派出人次远远小于来校人次。

表 5—27　2007 年教育部直属院校人文社会科学学者国外受聘讲学统计排名

序号	名称	派出人次	来校人次	合计人次
1	清华大学	161	191	352
2	中国人民大学	101	182	283
3	浙江大学	70	167	237

续表

序号	名称	派出人次	来校人次	合计人次
4	北京大学	84	152	236
5	复旦大学	50	178	228
6	武汉大学	76	137	213
7	厦门大学	73	121	194
8	中央财经大学	20	173	193
9	北京师范大学	52	119	171
10	东北师范大学	1	165	166

如表5—28所示，在2008年教育部直属院校人文社会科学学者国外受聘讲学统计排名中，只有清华大学的派出人次超过100，东北师范大学、西南大学的派出人次与清华大学的派出人次差距为67倍；从国外受聘讲学的来校人次看，清华大学、复旦大学、中国人民大学的来校人次超过200，东北师范大学、西南大学国外受聘讲学的派出人次远远小于来校人次，差距均在85倍以上。

表5—28　2008年教育部直属院校人文社会科学学者国外受聘讲学统计排名

序号	名称	派出人次	来校人次	合计人次
1	清华大学	134	360	494
2	武汉大学	81	198	279
3	中国人民大学	75	201	276
4	复旦大学	52	220	272
5	中央音乐学院	76	182	258
6	北京大学	98	149	247
7	华东师范大学	42	154	196
8	东北师范大学	2	178	180
9	西南大学	2	172	174
10	浙江大学	39	134	173

如表5—29所示，在2009年教育部直属院校人文社会科学学者国外受聘讲学统计排名中，四川大学、清华大学、北京大学的派出人次超过100，东北师范大学的派出人次与清华大学的派出人次差距为45倍，差距仍较为明显；从国外受聘讲学的来校人次看，清华大学、复旦大学的来校人次超过200，东北师范大学国外受聘讲学的派出人次与来校人次的差距约为63倍，派出人次远远小于来校人次。

如表5—30所示，在2010年教育部直属院校人文社会科学学者国外受聘讲学统计排名中，清华大学、北京大学的派出人次超过100，排名前10位的高校派出人次的差距不甚明显；从国外受聘讲学的来校人次看，清华大学、华东师范大学、复旦大学、武汉大学、中国人民大学的来校人次超过200，有8所院校国外受聘讲学的来校人次远高于派出人次；北京大学与上海交通大学国外受聘讲学的来校人次略低于派出人次。

表5—29　2009年教育部直属院校人文社会科学学者国外受聘讲学统计排名

序号	名称	派出人次	来校人次	合计人次
1	清华大学	135	360	495
2	四川大学	278	20	298
3	复旦大学	60	234	294
4	中国人民大学	68	198	266
5	北京大学	119	134	253
6	武汉大学	70	171	241
7	华东师范大学	53	174	227
8	厦门大学	58	158	216
9	东北师范大学	3	189	192
10	浙江大学	58	122	180

表5—30　2010年教育部直属院校人文社会科学学者国外受聘讲学统计排名

序号	名称	派出人次	来校人次	合计人次
1	清华大学	190	408	598
2	华东师范大学	53	244	297
3	复旦大学	42	230	272
4	武汉大学	58	209	267

续表

序号	名称	派出人次	来校人次	合计人次
5	中国人民大学	54	203	257
6	四川大学	67	188	255
7	北京大学	123	113	236
8	浙江大学	62	154	216
9	北京师范大学	65	140	205
10	上海交通大学	98	95	193

如表5—31和图5—20所示，在2006—2010年教育部直属院校人文社会科学学者国外受聘讲学的统计排名中，清华大学无论是派出人次还是来校人次都位居排名第一。其中，派出人次中清华大学、中国人民大学、北京大学都超过了500（年均100），其他进入前10位的院校都在200—400之间；来校人次中，清华大学、中国人民大学都超过了1000（年均200），其他进入前10位的院校都在400—1000之间。总体来看，排名前10位的各校来校人次都多于派出人次，在派出和来校合计人次的排名上看，超过2000人次的只有清华大学，中国人民大学、北京大学、武汉大学、复旦大学、华东师范大学、浙江大学分别合计人次在1000—2000之间，北京师范大学、厦门大学、南开大学分别合计人次不足1000。

表5—31　　2006—2010年教育部直属院校人文社会科学学者
国外受聘讲学统计排名

序号	名称	派出人次	来校人次	合计人次
1	清华大学	669	1397	2066
2	中国人民大学	512	1227	1739
3	北京大学	536	731	1267
4	武汉大学	376	827	1203
5	复旦大学	254	900	1154
6	华东师范大学	215	814	1029
7	浙江大学	308	709	1017
8	北京师范大学	262	613	875
9	厦门大学	248	556	804
10	南开大学	305	490	795

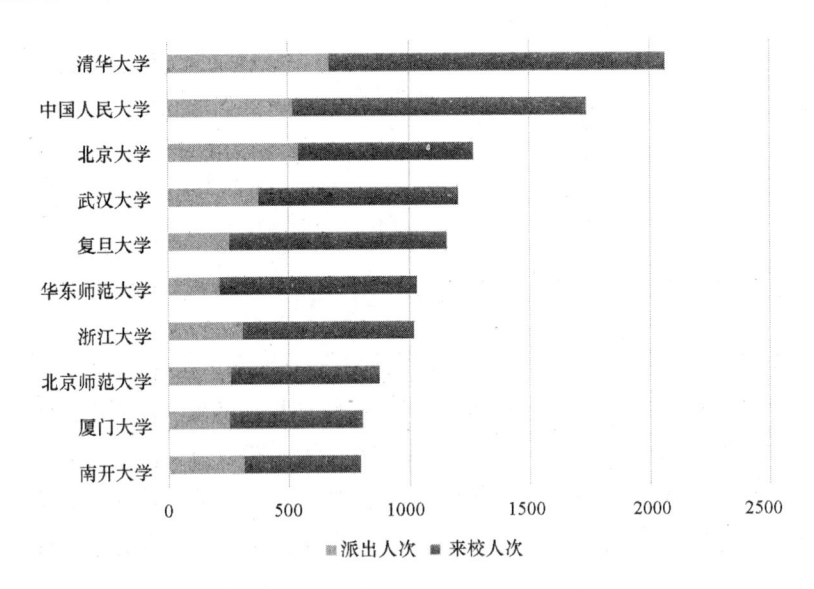

图 5—20 2006—2010 年教育部直属院校人文社会科学学者国外受聘讲学排名前 10 位

三 教育部直属院校人文社会科学学者国外社科考察统计排名

根据 2006—2010 年的《全国高校社科统计资料汇编》的数据，对 2006—2010 年教育部直属院校人文社会科学学者国外社科考察的派出人数与来校人数进行整理与统计，按照每一年国外社科考察的派出人数与来校人数总和进行排名，并对 2006—2010 年国外社科考察的派出总人数与来校总人数之和再次排名。本《报告》选取了每年排名的前 10 位和总排名的前 10 位，详见表 5—32 至表 5—37。

表 5—32 2006 年教育部直属院校人文社会科学学者国外社科考察统计排名

序号	名称	派出人次	来校人次	合计人次
1	中国人民大学	202	423	625
2	复旦大学	283	321	604
3	北京大学	139	183	322
4	清华大学	128	190	318
5	浙江大学	147	163	310
6	中央音乐学院	19	181	200

续表

序号	名称	派出人次	来校人次	合计人次
7	武汉大学	45	130	175
8	厦门大学	45	118	163
9	南开大学	76	86	162
10	湖南大学	55	100	155

如表5—32所示，在2006年教育部直属院校人文社会科学学者国外社科考察的统计排名中，复旦大学、中国人民大学派出人次超过200，浙江大学、北京大学、清华大学派出人次在100—200，中央音乐学院的派出人次与复旦大学的派出人次相比差距非常明显；从国外社科考察来校人次来看，中国人民大学、复旦大学来校人次超过200，清华大学、北京大学、中央音乐学院、浙江大学、武汉大学、厦门大学、湖南大学来校人次在100—200，数据显示2006年排名前10位的大部分教育部直属院校人文社会科学学者国外社科考察的来校人次高于派出人次，其中中央音乐学院的来校人次高出派出人次约9.5倍。

表5—33 2007年教育部直属院校人文社会科学学者国外社科考察统计排名

序号	名称	派出人次	来校人次	合计人次
1	复旦大学	290	321	611
2	清华大学	146	397	543
3	北京大学	119	360	479
4	中央财经大学	52	241	293
5	浙江大学	66	189	255
6	中国人民大学	112	131	243
7	厦门大学	107	97	204
8	北京师范大学	104	97	201
9	中央音乐学院	19	182	201
10	南开大学	75	106	181

如表5—33所示，在2007年教育部直属院校人文社会科学学者国外社科考察统计排名中，复旦大学派出人次超过200，清华大学、北京大

学、中国人民大学、厦门大学、北京师范大学派出人次在100—200之间，中央音乐学院的派出人次与复旦大学的派出人次相比差距仍十分明显；从国外社科考察来校人次来看，清华大学、北京大学、复旦大学、中央财经大学来校人次超过200，有8所院校国外社科考察的来校人次高于派出人次，其中中央音乐学院的来校人次高出派出人次约9.5倍，其余两所院校国外社科考察的来校人次略低于派出人次。

如表5—34所示，在2008年教育部直属院校人文社会科学学者国外社科考察统计排名中，复旦大学、中国人民大学、清华大学的派出人次超过200，北京大学、浙江大学的派出人次在100—200之间；从国外社科考察来校人次来看，中国人民大学、复旦大学、北京大学、中央戏剧学院、清华大学的来校人次超过200，9所院校国外社科考察的来校人次高于派出人次，其中中央戏剧学院的来校人次高出派出人次约5.3倍，东北师范大学国外社科考察的来校人次略低于派出人次。

表5—34 2008年教育部直属院校人文社会科学学者国外社科考察统计排名

序号	名称	派出人次	来校人次	合计人次
1	中国人民大学	288	348	636
2	复旦大学	292	328	620
3	清华大学	242	261	503
4	北京大学	152	299	451
5	中央戏剧学院	51	270	321
6	浙江大学	128	182	310
7	东华大学	46	197	243
8	西南大学	44	194	238
9	湖南大学	75	160	235
10	东北师范大学	95	78	173

如表5—35所示，在2009年教育部直属院校人文社会科学学者国外社科考察统计排名中，复旦大学、中国人民大学、清华大学、浙江大学的派出人次超过200，东北师范大学的派出人次在100—200之间，其余院校派出人次均低于100；从国外社科考察来校人次来看，北京大学、复旦大学、中国人民大学、清华大学的来校人次超过200，厦门大学、湖南大

学、中央音乐学院、浙江大学的来校人次在100—200之间，7所院校国外社科考察的来校人次较高于派出人次，3所院校国外社科考察的来校人次略低于派出人次。

表5—35 2009年教育部直属院校人文社会科学学者国外社科考察统计排名

序号	名称	派出人次	来校人次	合计人次
1	复旦大学	302	334	636
2	中国人民大学	302	308	610
3	清华大学	259	278	537
4	北京大学	81	413	494
5	浙江大学	223	112	335
6	湖南大学	88	176	264
7	厦门大学	76	182	258
8	东北师范大学	105	88	193
9	中央音乐学院	40	128	168
10	上海财经大学	81	77	158

如表5—36所示，在2010年教育部直属院校人文社会科学学者国外社科考察统计排名中，中国人民大学、清华大学、复旦大学、浙江大学的派出人次超过200；从国外社科考察来校人次来看，清华大学、东华大学、复旦大学、中国人民大学、中国传媒大学、华东师范大学的来校人次超过200，7所院校国外社科考察的来校人次较高于派出人次，3所院校国外社科考察的来校人次略低于派出人次。

表5—36 2010年教育部直属院校人文社会科学学者国外社科考察统计排名

序号	名称	派出人次	来校人次	合计人次
1	清华大学	363	458	821
2	中国人民大学	401	298	699
3	复旦大学	303	335	638
4	东华大学	60	344	404
5	浙江大学	234	120	354
6	中国传媒大学	85	253	338

续表

序号	名称	派出人次	来校人次	合计人次
7	华东师范大学	112	203	315
8	湖南大学	90	180	270
9	上海财经大学	85	123	208
10	四川大学	165	41	206

如表5—37和图5—21所示，在2006—2010年教育部直属院校人文社会科学学者国外社科考察总体统计排名中，复旦大学、中国人民大学、清华大学派出人次超过1000（年均200），北京大学、浙江大学派出人次在500—1000之间，其他进入前10名的院校都在500以下；从国外社科考察来校人次来看，复旦大学、中国人民大学、清华大学来校人次超过1500（年均300），北京大学来校人次为1367，其他进入前10名的院校都不足1000；从上述图表中还能看出，除浙江大学外，其他进入前10名的教育部直属院校人文社会科学学者国外社科考察的来校人次都高于派出人次。

表5—37　2006—2010年教育部直属院校人文社会科学学者国外社科考察统计排名

序号	名称	派出人次	来校人次	合计人次
1	复旦大学	1470	1639	3109
2	中国人民大学	1305	1508	2813
3	清华大学	1138	1584	2722
4	北京大学	582	1367	1949
5	浙江大学	798	766	1564
6	湖南大学	373	726	1099
7	厦门大学	327	590	917
8	东北师范大学	480	372	852
9	武汉大学	263	516	779
10	中央音乐学院	127	640	767

```
复旦大学
中国人民大学
清华大学
北京大学
浙江大学
湖南大学
厦门大学
东北师范大学大学
武汉大学
中央音乐学院
```

　　　　0　　500　　1000　　1500　　2000　　2500　　3000　　3500

■ 派出人次　■ 来校人次

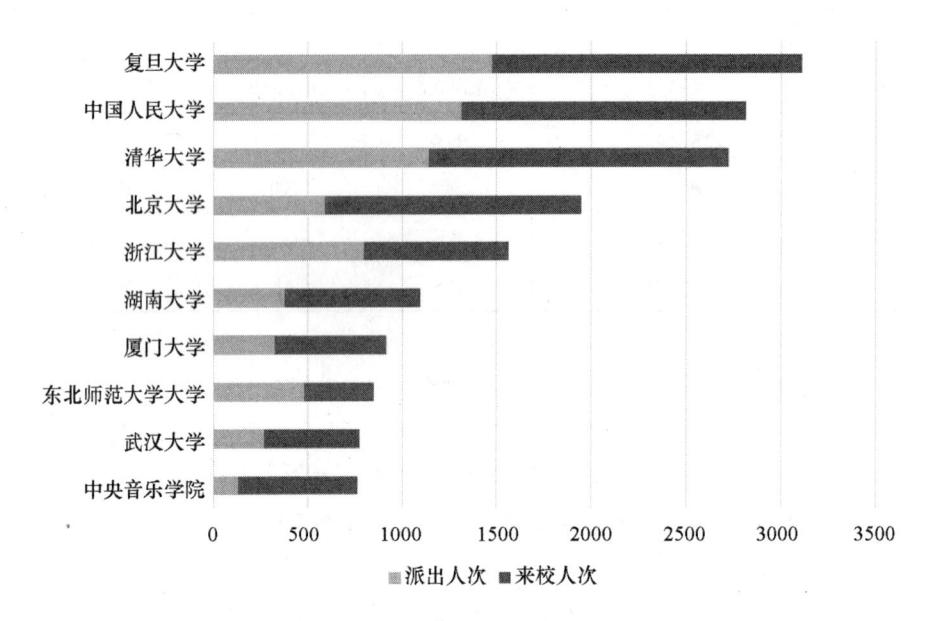

图5—21　2006—2010年教育部直属院校人文社会科学
学者国外社科考察排名前10位的学校

四　教育部直属院校人文社会科学学者国外进修学习统计排名

根据2006—2010年的《全国高校社科统计资料汇编》的数据，对2006—2010年教育部直属院校人文社会科学学者国外进修学习的派出人数与来校人数进行整理与统计，按照每一年国外进修学习的派出人数与来校人数总和进行排名，并对2006—2010年国外进修学习的派出总人数与来校总人数之和再次排名。本《报告》选取了每年排名的前10位和总排名的前10位，详见表5—38至表5—43。

表5—38　2006年教育部直属院校人文社会科学学者国外进修学习统计排名

序号	名称	派出人次	来校人次	合计人次
1	北京大学	42	526	568
2	复旦大学	224	50	274
3	东北师范大学	46	196	242
4	清华大学	82	76	158
5	中国人民大学	101	26	127

续表

序号	名称	派出人次	来校人次	合计人次
6	武汉大学	69	21	90
7	浙江大学	31	58	89
8	厦门大学	38	39	77
9	上海交通大学	50	20	70
10	湖南大学	30	40	70

如表5—38所示，在2006年教育部直属院校人文社会科学学者国外进修学习的统计排名中，复旦大学派出人次超过200，中国人民大学派出人次在100—200之间；从国外进修学习的来校人次来看，北京大学来校人次超过200，东北师范大学来校人次在100—200之间，清华大学、浙江大学、复旦大学来校人次在50—100之间，北京大学国外进修学习的来校人次远远高于派出人次。

如表5—39所示，在2007年教育部直属院校人文社会科学学者国外进修学习的统计排名中，东北师范大学、复旦大学派出人次超过200，浙江大学、清华大学派出人次在100—200之间；从国外进修学习的来校人次来看，东北师范大学、北京大学来校人次超过200，清华大学、南京大学、西南财经大学来校人次在100—200之间，浙江大学、华中师范大学、复旦大学来校人次在50—100之间，东北师范大学与北京大学国外进修学习的来校人次远远高于派出人次。

表5—39　2007年教育部直属院校人文社会科学学者国外进修学习统计排名

序号	名称	派出人次	来校人次	合计人次
1	东北师范大学	213	483	696
2	北京大学	59	260	319
3	清华大学	142	153	295
4	复旦大学	200	50	250
5	浙江大学	164	71	235
6	南京大学	10	134	144
7	西南财经大学	12	114	126
8	武汉大学	91	15	106
9	北京交通大学	69	30	99
10	华中师范大学	44	53	97

如表5—40所示，在2008年教育部直属院校人文社会科学学者国外进修学习的统计排名中，东北师范大学、复旦大学的派出人次超过200，浙江大学、清华大学的派出人次在100—200之间；从国外进修学习的来校人次来看，东北师范大学、北京大学的来校人次超过200，华东师范大学、中央戏剧学院、浙江大学、南京大学、复旦大学的来校人次在100—200之间，东北师范大学与北京大学国外进修学习的来校人次远远高于派出人次。

表5—40　2008年教育部直属院校人文社会科学学者国外进修学习统计排名

序号	名称	派出人次	来校人次	合计人次
1	东北师范大学	245	465	710
2	浙江大学	167	148	315
3	复旦大学	209	100	309
4	北京大学	62	227	289
5	华东师范大学	58	189	247
6	清华大学	162	79	241
7	中央戏剧学院	49	153	202
8	南京大学	15	140	155
9	武汉大学	88	41	129
10	北京交通大学	63	40	103

如表5—41所示，在2009年教育部直属院校人文社会科学学者国外进修学习统计排名中，东北师范大学、四川大学、复旦大学的派出人次超过200，清华大学的派出人次在100—200之间；从国外进修学习的来校人次来看，东北师范大学、华东师范大学、北京大学的来校人次超过200，南京大学、复旦大学的来校人次在100—200之间，东北师范大学、北京大学与南京大学国外进修学习的来校人次远远高于派出人次。

如表5—42所示，在2010年教育部直属院校人文社会科学学者国外进修学习统计排名中，东北师范大学、复旦大学的派出人次超过200，清华大学、中国人民大学的派出人次在100—200之间；从国外进修学习的来校人次来看，东北师范大学、北京大学的来校人次超过200，东北师范大学、北京大学与国际关系学院国外进修学习的来校人次远远高于派出人次。

表5—41 2009年教育部直属院校人文社会科学学者国外进修学习统计排名

序号	名称	派出人次	来校人次	合计人次
1	东北师范大学	275	440	715
2	复旦大学	213	103	316
3	华东师范大学	68	221	289
4	四川大学	240	37	277
5	北京大学	53	214	267
6	清华大学	175	79	254
7	南京大学	14	121	135
8	华中师范大学	63	48	111
9	中国人民大学	64	35	99
10	湖南大学	44	54	98

如表5—43和图5—22所示，在2006—2010年教育部直属院校人文社会科学学者国外进修学习总体统计排名中，东北师范大学派出人次和来校人次均排在首位，其合计人数也远远高于其他进入前10位的教育部直属院校；从派出人次看，东北师范大学、复旦大学超过1000（年均2000），其他进入前10位的教育部直属院校派出人次都在几百到数十不等；从国外进修学习的来校人次来看，东北师范大学、北京大学分别2046、1514，其他进入前10位的教育部直属院校派出人次都在1000以下；其中，东北师范大学、北京大学、华东师范大学、南京大学派出人次均少于来校人次，复旦大学、清华大学、浙江大学、中国人民大学、华中师范大学、武汉大学、四川大学派出人次均多于来校人次。总体来看，东北师范大学人文社会科学学者国外进修学习的合计人数远远高于其他院校，排名第一。值得注意的是，四川大学是"十一五"期间教育部直属院校人文社会科学学术交流情况各类别统计排名前10位中唯一的地处西部的院校。

表 5—42 2010 年教育部直属院校人文社会科学学者国外进修学习统计排名

序号	名称	派出人次	来校人次	合计人次
1	东北师范大学	302	462	764
2	北京大学	62	287	349
3	复旦大学	232	115	347
4	中国人民大学	104	153	257
5	上海财经大学	50	180	230
6	华中师范大学	91	113	204
7	清华大学	111	70	181
8	国际关系学院	10	146	156
9	华东师范大学	65	65	130
10	四川大学	78	52	130

表 5—43 2006—2010 年教育部直属院校人文社会科学学者国外进修学习统计排名

序号	名称	派出人次	来校人次	合计人次
1	东北师范大学	1081	2046	3127
2	北京大学	216	1514	1730
3	复旦大学	1078	418	1496
4	清华大学	672	457	1129
5	浙江大学	431	395	826
6	华东师范大学	251	521	772
7	中国人民大学	373	266	639
8	华中师范大学	272	263	535
9	武汉大学	368	162	530
10	南京大学	64	411	475
10	四川大学	367	108	475

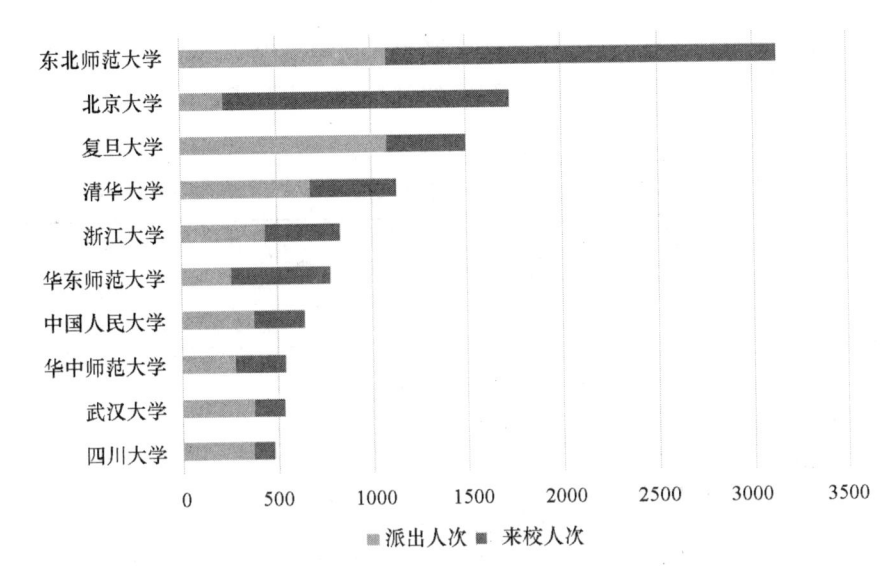

图5—22 2006—2010年教育部直属院校人文社会科学学者国外进修学习排名前10位的学校

五 教育部直属院校人文社会科学学者国外合作研究统计排名

根据2006—2010年的《全国高校社科统计资料汇编》的数据，对2006—2010年教育部直属院校人文社会科学学者国外合作研究的派出人数与来校人数进行整理与统计，按照每一年国外合作研究的派出人数与来校人数总和进行排名，并对2006—2010年国外合作研究的派出总人数与来校总人数之和再次排名。本《报告》选取了每年排名的前10位和总排名的前10位，详见表5—44至表5—49。

如表5—44所示，在2006年教育部直属院校人文社会科学学者国外合作研究的统计排名中，复旦大学派出人次超过200，北京大学、中央戏剧学院、中山大学、中国人民大学、武汉大学、北京师范大学派出人次在50—100之间；从国外合作研究的来校人次来看，复旦大学来校人次超过100，复旦大学人文社会科学学者国外合作研究的总人数远高于其他9所高校。

如表5—45所示，在2007年教育部直属院校人文社会科学学者国外合作研究的统计排名中，复旦大学派出人次超过200，清华大学派出人次在100—200之间，南开大学、中央戏剧学院、浙江大学、北京大学、中国人民大学派出人次在50—100之间；从国外合作研究的来校人次来看，清华大学、东北师范大学、复旦大学来校人次超过100，复旦大学与清华大学人文社会科学学者国外合作研究的总人数均高于其他8所高校。

表5—44　2006年教育部直属院校人文社会科学学者国外合作研究统计排名

序号	名称	派出人次	来校人次	合计人次
1	复旦大学	252	108	360
2	北京大学	98	90	188
3	北京师范大学	53	84	137
4	中央戏剧学院	68	67	135
5	中国人民大学	54	63	117
6	南开大学	36	69	105
7	浙江大学	38	67	105
8	中山大学	55	50	105
9	武汉大学	53	47	100
10	清华大学	30	37	67

表5—45　2007年教育部直属院校人文社会科学学者国外合作研究统计排名

序号	名称	派出人次	来校人次	合计人次
1	复旦大学	250	110	360
2	清华大学	120	189	309
3	东北师范大学	26	161	187
4	中央戏剧学院	65	70	135
5	中国人民大学	51	83	134
6	北京大学	53	68	121
7	浙江大学	54	66	120
8	武汉大学	23	74	97
9	北京师范大学	37	55	92
10	南开大学	70	16	86

如表5—46所示，在2008年教育部直属院校人文社会科学学者国外合作研究统计排名中，复旦大学的派出人次超过200，清华大学、中国人民大学、北京大学的派出人次在50—200之间；从国外合作研究的来校人

次来看,东北师范大学、清华大学、复旦大学的来校人次超过100,复旦大学与清华大学人文社会科学学者国外合作研究的总人数分别远高于其他8所高校。

表5—46 2008年教育部直属院校人文社会科学学者国外合作研究统计排名

序号	名称	派出人次	来校人次	合计人次
1	复旦大学	250	116	366
2	清华大学	167	152	319
3	东北师范大学	26	161	187
4	北京大学	63	65	128
5	中国人民大学	70	56	126
6	浙江大学	47	54	101
7	华东师范大学	46	39	85
8	北京师范大学	27	49	76
9	中山大学	48	25	73
10	武汉大学	30	40	70

如表5—47所示,在2009年教育部直属院校人文社会科学学者国外合作研究统计排名中,复旦大学、清华大学的派出人次超过200,四川大学、浙江大学、中国人民大学、华东师范大学、中山大学的派出人次在50—200之间;从国外合作研究的来校人次来看,东北师范大学、复旦大学的来校人次超过100,复旦大学人文社会科学学者国外合作研究的总人数均远高于其他9所高校。

如表5—48所示,在2010年教育部直属院校人文社会科学学者国外合作研究的统计排名中,复旦大学、清华大学的派出人次超过200,浙江大学、四川大学、北京大学、中国人民大学、北京师范大学、华东师范大学的派出人次在50—200之间。从国外合作研究的来校人次来看,东北师范大学、清华大学、华东师范大学、复旦大学的来校人次超过100,上海财经大学、北京大学、中国人民大学、北京师范大学、浙江大学的来校人次在50—100之间,清华大学与复旦大学人文社会科学学者国外合作研究的总人数均远高于其他8所高校。

表5—47 2009年教育部直属院校人文社会科学学者国外合作研究统计排名

序号	名称	派出人次	来校人次	合计人次
1	复旦大学	248	118	366
2	清华大学	204	68	272
3	东北师范大学	28	175	203
4	四川大学	112	28	140
5	中国人民大学	65	58	123
6	浙江大学	73	50	123
7	北京大学	48	69	117
8	华东师范大学	57	48	105
9	中山大学	50	26	76
10	北京师范大学	35	39	74

表5—48 2010年教育部直属院校人文社会科学学者国外合作研究统计排名

序号	名称	派出人次	来校人次	合计人次
1	清华大学	217	142	359
2	复旦大学	231	110	341
3	东北师范大学	30	186	216
4	华东师范大学	50	111	161
5	北京大学	71	72	143
6	中国人民大学	58	67	125
7	浙江大学	75	50	125
8	上海财经大学	36	80	116
9	北京师范大学	57	57	114
10	四川大学	74	40	114

如表5—49和图5—23所示，2006—2010年（"十一五"期间）教育部直属院校人文社会科学学者国外合作研究的总体统计排名中，复旦大学派出人次超过1000，清华大学派出人次在500—1000之间，其他进入前10位的教育部直属院校都不足500。从国外合作研究的来校人次来看，排在第一的是东北师范大学，达到了687；复旦大学、清华大学在500—600之间；其余进入前10位的教育部直属院校来校人次都不足500。其中，

复旦大学、清华大学、中山大学的派出人次大于来校人次,其他进入前10位的院校派出人次均小于或等于来校人次。总的来看,复旦大学人文社会科学学者国外合作研究的总人数均远高于其他9所高校。

表5—49　　2006—2010年教育部直属院校人文社会科学学者
国外合作研究统计排名

序号	名称	派出人次	来校人次	合计人次
1	复旦大学	1231	562	1793
2	清华大学	738	588	1326
3	东北师范大学	134	687	821
4	北京大学	333	364	697
5	中国人民大学	299	327	626
6	浙江大学	287	287	574
7	华东师范大学	221	277	498
8	北京师范大学	209	284	493
9	武汉大学	149	245	394
10	中山大学	234	142	376

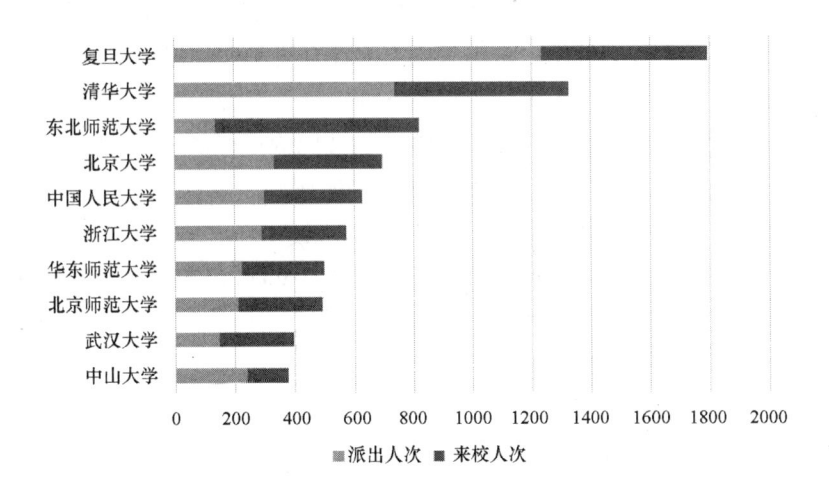

图5—23　2006—2010年教育部直属院校人文社会科学
学者国外合作研究排名前10位的学校

第六章 学科影响力

学科与数据来源

一 学科对象

根据《中华人民共和国学科分类与代码国家标准（GB/T13745—2009）》，我国学科共设5个门类（自然科学类、农业科学类、医药科学类、工程与技术科学类、人文与社会科学类），62个一级学科或学科群。其中人文与社会科学类下设有19个一级学科：马克思主义，哲学，宗教学，语言学，文学，艺术学，历史学，考古学，经济学，政治学，法学，军事学，社会学，民族学，新闻学与传播学，图书馆、情报与文献学，教育学，体育科学和统计学。根据我国人文社会科学研究习惯和传统，本章将管理学、心理学作为人文社会科学下的一级学科进行考察，而去掉了军事学。经过检索后发现，2006—2010年，我国内地学者在SSCI和A&HCI中未发表马克思主义（无WOS类别）、民族学（WOS类型为ETHNIC STUDIES）、体育学（WOS类型为SPORT SCIENCES）和统计学（WOS类型为STATISTICS & PROBABILITY）论文。但WOS类型并不意味着是对论文的学科类型进行划分的唯一正确标准，涉及这三个学科的论文可能会被归入其他学科。因此，本报告所涉及的学科只有15个。

二 论文所属学科

在本《报告》的统计分析中，对于论文所属学科的划分是一个难题。这主要是因为研究对象的内容具有多元性与复杂性，存在很多跨学科领域的研究，导致一条检索记录可能同时归属多个学科的现象。另外，SSCI、A&HCI收录论文的学科领域划分与我国内地人文社会科学学科划分存在一定程度的差异。为了遵循SSCI、A&HCI对学科的原始分类，避免将多种分类杂糅，同时便于数据的统计分析，本《报告》对学科统计分析的部分采用《我国学科门类、一级学科与 WOS 学科类别对应表》作为论文所属学科的划分依据。对于跨学科的论文，将同时计入所属的多个学科，所以存在一定的重复记录。

三 论文的归属

SSCI、A&HCI 收录的我国内地学者发表的论文从作者来说主要有两类，即我国内地学者为第一作者的论文以及作为参与者的论文。由于这两个数据库自身的局限，无法进行只针对第一作者的检索。因此，只要是中国内地学者发表的论文而不论是否是第一学者都视为中国内地学者发表的论文。

四 数据说明

本学科影响力报告统计分析的数据来自目前国际学术界公认的权威的人文社会科学文献检索工具——SSCI 和 A&CHI。本《报告》数据的检索对象是 2006—2010 年 SSCI、A&CHI 中收录中国内地学者发表的 16 个学科的全文型研究论文（Article），首先根据《我国学科门类、一级学科与 WOS 学科类别对应表》对以上 16 个学科涉及的 WOS 类别进行匹配，再在 SSCI、A&CHI 中查找 2006—2010 年中国内地学者发表的涉及这些 WOS 类别的论文及相关数据。

此外，由于机构名称（如高等院校名称）存在变更的情况，在机构统计分析的部分论文归属以其在数据库中所显示的机构名称为准，除了对使用简称与全称的情况进行合并外，不再进行人工合并。另外，在数据的计算部分，非整数部分保留到小数点后两位数，四舍五入可能会导致数据有细小的误差。

在统计各个学科论文的被引频次时，因为被引频次相对论文发表的时间而言具有相对滞后性，因此被引时间段限定为 2006—2014 年。

第一节 哲学学科国际学术影响力

一 引言

我国是开展哲学研究最早的国家之一，历史悠久，传统深厚，中国哲学与西方哲学、印度哲学并称为世界三大哲学传统。我国哲学学科的建立是从 20 世纪初逐步发展而来的。近年来，我国哲学研究工作在立足国情、基于传统、借鉴国外中不断发展成熟，对外学术交流日益扩大，学术研究工作取得了新的进展，研究水平也有所提高。哲学作为一门理论化、系统化的学科，具有高度的抽象性和概括性，指导其他学科知识体系、理论体系的发展与成熟，是人文社会科学体系的重要组成部分。就哲学的知识形态来说，哲学是关于自然知识、社会知识和思维知识的概括和总结，因此，在加强学科国际性研究中更应注重中国哲学学科的竞争力、影响力、学科贡献度等，更加客观地认识中国哲学学科在国际学术体系中的水平与地位。只有把学科的学术研究放在国际舞台上交流，才能客观把握学科的发展现状，促进学术实力的增强和影响力的扩大，积极响应我国"走出去"的学科发展战略。从另一方面来说，随着我国经济实力与综合实力的显著增强，也应不断提高我国在国际上的文化实力，扩大对外文化影响力，积极推进我国哲学研究在国际学术体系中的国际话语权和影响力，以此成为增强国家学术研究能力和构筑国家利益体系的又一重要维度。

以下将基于 WOS 的 SSCI 和 A&HCI 收录中国内地哲学论文的相关数据，分析 2006—2010 年我国哲学学科在国际上的发展状况及其学术影响力。

二 数据来源

《WOS 类型与我国一级学科、二级学科对应表》中，哲学对应的 WOS 类别有 PHILOSOPHY（哲学）、ETHICS（伦理学）和 MEDICAL ETHICS（医学伦理）。经查询，2006—2010 年我国内地学者发表或参与发表的哲学论文涉及以上三种 WOS 类别，共计发文 229 篇。

三 数据比较与分析

（一）发表论文年代分布

通过对 2006—2010 年 SSCI 和 A&HCI 收录的中国内地学者发表或参与发表的哲学论文进行检索，共得到 229 篇论文，论文年代分布如表 6—1 所示。从表中可以看出，中国内地学者发表或参与发表的且被 WOS 收录的哲学论文数量虽然较少，但是总体呈现逐年上升趋势，且增长幅度较大。这说明我国哲学研究的影响范围已开始逐渐从国内转向国际，开始重视其研究成果在国际上的影响力。

表6—1　2006—2010 年 SSCI、A&HCI 收录中国内地哲学论文年代分布

出版年份	论文数量（篇）	所占比例（%）
2006	22	9.61
2007	21	9.17
2008	41	17.90
2009	70	30.57
2010	75	32.75
合计	229	100

（二）发表论文期刊分布

2006—2010 年，我国内地学者发表或参与发表的 229 篇哲学论文共刊载在 34 种期刊上。表 6—2 中列出了发文数量排前 10 位的期刊，仅占刊载期刊总数 29.41% 的这 10 种期刊共刊载 198 篇中国内地学者发表或参与发表的哲学论文，占了论文总数的 86.46%。这说明我国内地学者在发表哲学论文时选择的国际性期刊范围较为集中。其中刊载论文最多的是 CONTEMPORARY CHINESE THOUGHT（《当代中国思想》），共有 62 篇论文。该刊是被 A&HCI 收录的国际学术刊物，由美国主办，主要发表关于当代中国各个思想领域的研究成果。表中所列期刊的 WOS 分类除哲学外，部分期刊还属于亚洲研究、商学、医学等研究领域，这说明哲学与其他多种学科的相互作用、彼此融合，这有利于拓展哲学研究范围的广度和深度。

表6—2　2006—2010 年 SSCI、A&HCI 收录中国内地哲学论文所载期刊排名前 10 位

序号	期刊名（英文）	期刊名（中文）	论文数量（篇）	所占比例（%）
1	CONTEMPORARY CHINESE THOUGHT	《当代中国思想》	62	27.07
2	UNIVERSITAS：MONTHLY REVIEW OF PHILOSOPHY AND CULTURE	《哲学与文化》	32	13.97
3	JOURNAL OF BUSINESS ETHICS	《商业伦理期刊》	32	13.97

续表

序号	期刊名（英文）	期刊名（中文）	论文数量（篇）	所占比例（%）
4	JOURNAL OF CHINESE PHILOSOPHY	《中国哲学杂志》	29	12.66
5	DIOGENES	《第欧根尼》	13	5.68
6	SYNTHESE	《综合》	9	3.93
7	ASIAN PHILOSOPHY	《亚洲哲学》	7	3.06
8	JOURNAL OF MEDICINE AND PHILOSOPHY	《医学与哲学杂志》	5	2.18
9	DAO: A JOURNAL OF COMPARATIVE PHILOSOPHY	《道：比较哲学杂志》	5	2.18
10	JOURNAL OF MEDICAL ETHICS	《医德杂志》	4	1.75

（三）合作发表论文的作者所属国家/地区

对检索结果按照国家/地区进行精练得到的数据表明，2006—2010年间我国在哲学研究方面，主要与14个国家的作者有合作，合著论文共35篇，占论文总数的15.28%。需要注意的是，同一篇论文可能是由多个国家合作完成，WOS在统计时是以国家为单位对论文篇数进行统计，故统计出的结果大于合著论文总数。因篇幅所限，表6—3仅列出合作发表论文最多的前10个国家，另有意大利、德国、印度和埃及都与中国内地学者合作发表有1篇哲学论文。

表6—3　　　2006—2010年SSCI、A&HCI收录中国内地哲学论文国际合作前10位

序号	合作发文作者国家/地区（英文）	合作发文作者国家/地区（中文）	合作发表论文数量（篇）	所占比例（%）
1	USA	美国	19	8.30
2	ENGLAND	英国	9	3.93
3	CANADA	加拿大	7	3.06
4	NETHERLANDS	荷兰	6	2.62
5	SOUTH KOREA	韩国	3	1.31
6	FRANCE	法国	2	0.87

续表

序号	合作发文作者 国家/地区（英文）	合作发文作者 国家/地区（中文）	合作发表论文数量 （篇）	所占比例 （%）
7	SWITZERLAND	瑞士	1	0.44
8	NORWAY	挪威	1	0.44
9	JORDAN	约旦	1	0.44
10	JAPAN	日本	1	0.44

其中，合著完成论文数最多的是美国，共19篇，这说明了在14个合作国家里，我国学者与美国学者的合作频率相对较高。合著完成的这35篇论文年度分布趋势见图6—1，由此可看出，2006—2010年中国内地学者与其他国家合作完成的哲学论文篇数逐年增多，且增幅较大，呈现出开放性的发展态势。

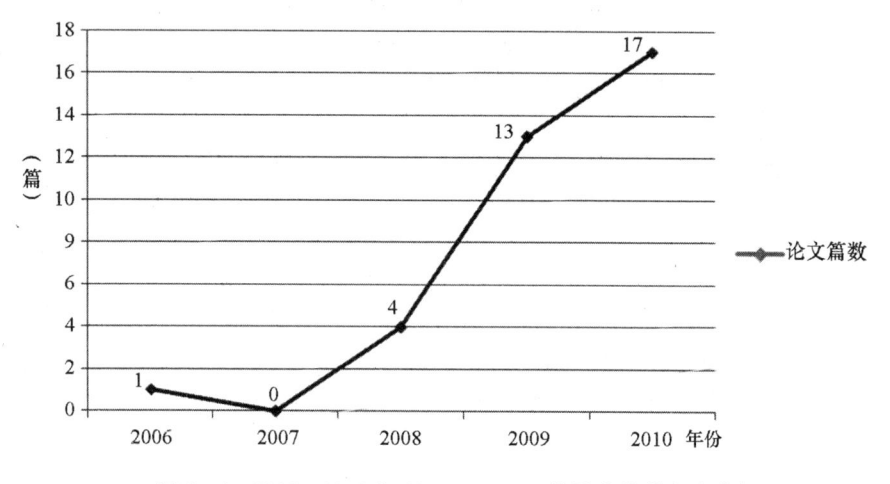

图6—1　2006—2010年SSCI、A&HCI收录中外学者合著
哲学论文篇数年度分布趋势

（四）发表论文的中国作者所在机构

一个学术机构的发文数量对于了解其学科实力与发展水平具有重要的参考价值。对这229篇哲学论文按照机构扩展进行精练，在此，为便于分析，仅列出在SSCI和A&HCI发表哲学论文最多的前10位中国内地学者所在机构（见表6—4），以此反映在哲学研究领域中较有国际影响力的学

术机构分布情况。从表中可以看出：

1. 从发文机构的类型来看，高等院校的科研人员对哲学论文的产出量具有不可替代的重要作用。发表或参与发表论文 6 篇以上的 10 所机构中，除中国社会科学院外全为高等院校，这说明了 2006—2010 年我国内地哲学研究的主体主要集中在高等院校的科研队伍中。

2. 从发文数量来看，北京大学的发文数量远远高于其他高校和科研机构，中国人民大学和中国社会科学院紧接其后，而其他各个机构的发文数量较为均衡，相差不大。这在一定程度上反映出各个高校和科研机构在哲学学科建设中的学术水平与科研实力。

3. 从高校内部来看，在 SSCI 和 A&HCI 上发表哲学论文的高等院校绝大多数都为享誉国内的重点大学，这主要得益于重点大学良好的研究条件和优秀的师资队伍，为更好地开展学科建设与研究提供了保障。

表 6—4　　2006—2010 年 SSCI、A&HCI 收录中国内地哲学论文的作者所在机构前 10 位

序号	论文作者所在机构（英文）	论文作者所在机构（中文）	论文数量（篇）	所占比例（%）
1	PEKING UNIVERSITY	北京大学	49	21.40
2	RENMIN UNIVERSITY OF CHINA	中国人民大学	20	8.73
3	CHINESE ACADEMY OF SOCIAL SCIENCES	中国社会科学院	17	7.42
4	TSING HUA UNIVERSITY	清华大学	13	5.68
5	FUDAN UNIVERSITY	复旦大学	11	4.80
6	BEIJING NORMAL UNIVERSITY	北京师范大学	10	4.37
7	ZHEJIANG UNIVERSITY	浙江大学	6	2.62
8	XIAN JIAOTONG UNIVERSITY	西安交通大学	6	2.62
9	WUHAN UNIVERSITY	武汉大学	6	2.62
10	SUN YAT SEN UNIVERSITY	中山大学	6	2.62

（五）发表论文被引频次

文献被引频次是衡量一篇论文学术水平的重要指标，高被引论文能比较客观地反映作者及单位的学术水平。通过对 2006—2010 年 SSCI 和 A&HCI 收录中国内地哲学论文在期刊源 2006—2014 年的被引统计，229

篇论文中有 80 篇论文被引用,被引论文占论文总数的 34.93%。在此,仅对 2006—2010 年 SSCI 和 A&HCI 发表的中国内地哲学论文在 2006—2014 年被引频次排名前 10 位的论文进行列出(见表 6—5)。需要注意的是,被引频次是一个随时间变动的变量,部分论文可能要经过一定时间才能被更多的文献引用,因此,此处被引频次分析仅作为论文国际影响力的参考数据之一。

表 6—5　　2006—2010 年 SSCI、A&HCI 收录中国内地哲学论文的被引频次前 10 位

序号	论文标题	作者	出版年份	被引频次
1	Guanxi and Organizational Dynamics in China: A Link between Individual and Organizational Levels	Zhang Yi; Zhang Zigang	2006	35
2	Corporate Social Performance in China: Evidence from Large Companies	Gao Yongqiang	2009	21
3	Vegetarian Meat: Could Technology Save Animals and Satisfy Meat Eaters?	Hopkins Patrick D.; Dacey Austin	2008	20
4	Corporate Social Responsibility, Ownership Structure, and Political Interference: Evidence from China	Li Wenjing; Zhang Ran	2010	20
5	A Chinese Perspective: Business Ethics in China Now and in the Future	Lu Xiaohe	2009	18
6	Should Post-trial Provision of Beneficial Experimental Interventions be Mandatory in Developing Countries?	Zong Zhiyong	2008	15
7	Corporate Philanthropic Giving, Advertising Intensity, and Industry Competition Level	Zhang Ran; Zhu Jigao; Yue Heng;	2010	15
8	Corporate Fraud and Managers' Behavior: Evidence from the Press	Cohen Jeffrey; Ding Yuan; Lesage Cedric;	2010	14
9	CSR in China Research: Salience, Focus and Nature	Moon Jeremy; Shen Xi	2010	13
10	Supervisor and Subordinate Guanxi: A Grounded Investigation in the People's Republic of China	Han Yong; Altman Yochanan	2009	12

从表中可以看出，被引频次最高的一篇论文是由华中科技大学张毅与张子刚合著发表于 2006 年的 "Guanxi and Organizational Dynamics in China: A Link between Individual and Organizational Levels"；被引频次排名第二的论文是由华中科技大学管理学院的高勇强独立发表于 2009 年的 "Corporate Social Performance in China: Evidence from Large Companies"。以上两篇论文的 WOS 类别都被划分为伦理学范畴，且都是由来自华中科技大学的学者发表。

（六）哲学中国核心作者分析

对被 SSCI 和 A&HCI 收录哲学论文篇数较多的中国内地作者的统计，可以以此了解当前在中国内地哲学研究领域中较为活跃的核心学者，并可作为衡量其所在机构哲学学科发展情况的标准之一。2006—2010 年 SSCI 和 A&HCI 收录的中国内地哲学论文有 267 位国内外作者。表 6—6 中仅列出 2006—2010 年在 SSCI、A&HCI 发表哲学论文数量最多的前 10 位中国作者，其中还有多位学者发表或参与发表论文为 2 篇，但因篇幅所限，未全部列出。从表中可知：其一，在上百位作者中仅有 8 位作者发表的论文篇数超过 3 篇，哲学领域核心作者相对较少，其中北京大学李零以 12 篇论文当选产量最高的作者，位居榜首；其二，这 8 位作者中有 4 位作者来自北京大学，且论文篇数都位居前列，对北京大学哲学论文产出的贡献力大，也反映出北京大学是我国哲学研究的重要阵地，学科实力雄厚。

表 6—6　　2006—2010 年 SSCI、A&HCI 收录中国内地哲学论文的前 10 位发文作者

序号	作者名（英文）	作者名（中文）	所在机构	论文数量（篇）	所占比例（%）
1	Li Ling	李零	北京大学	12	5.24
2	Pu Pang	庞朴	北京大学	7	3.06
3	Zhang Ran	张冉	北京大学	4	1.75
4	Ma Lin	马琳	中国人民大学	4	1.75
5	Zhao Dunhua	赵敦华	北京大学	3	1.31
6	Lu Xiaohe	陆晓禾	上海社会科学院	3	1.31
7	Liu Fenrong	刘奋荣	清华大学	3	1.31
8	Han Xiaoqiang	韩晓强	中国社会科学院	3	1.31
9	Yang Guorong	杨国荣	华东师范大学	2	0.87
10	Wen Haiming	温海明	中国人民大学	2	0.87

四 小结

通过对2006—2010年SSCI和A&HCI两个国际性数据库中收录中国内地发表或参与发表的哲学论文的分析,对这一阶段中国的哲学研究概况有一些总体的认识和客观的评价,并以期为提升我国哲学学科国际影响力提供借鉴和参考。

在这五年里,与其他国家相比,我国哲学学科国际性研究成果产出较少,影响力偏低,但就纵向发展来说,发展态势良好,学科影响力提升潜力与进步空间较大。一是从发文数量上看,我国哲学领域中的国际性论文与其他国家和地区的同学科论文相比,发文数量少,但是就年度分布来看,呈逐年增多的趋势;二是从论文合作情况看,与其他国家和地区合作的论文数量逐年增多,且增幅较大,这说明哲学对外合作交流日益频繁;三是从论文被引频次看,哲学学科的国际性论文被引率及被引频次普遍较低,仅有18.34%的论文被引用,这反映出论文受其他同学科学者的关注度不高,影响范围有限;四是从核心作者看,除北京大学等科研机构的几位学者外,在国际性数据库期刊源上发表或参与发表论文的科研人员的研究成果缺乏一定的稳定性和持续性,我国尚未形成一支在哲学领域具有强大国际影响力的研究队伍。

第二节 宗教学学科国际影响力

一 引言

我国是一个多民族国家,宗教学及其研究历来受到我国党和政府的高度重视。1964年,任继愈先生负责筹建了中国科学院世界宗教研究所,这是我国第一个宗教学研究机构。该研究所于1978年起招收宗教学硕士生和博士生,1982年起与北京大学合作培养宗教学本科生。2000年以后,我国大陆地区相继有数十所高等院校开办了宗教学系、所或研究室,培养了大批宗教学人才,发表和出版了大批宗教学研究成果。目前我国的宗教学主要研究方向包括宗教人类学、宗教社会学、宗教心理学、宗教现象学、宗教史学等,其跨学科、交叉学科、多学科研究特色突出,研究领域广泛。对于"十一五"期间我国宗教学研究的国际影响力进行分析,一方面可以衡量当时我国宗教学研究在世界宗教学界的地位和作用大小,另一方面可以从中发现该学科研究中存在的问题和不足之处，从而为相关研究机构和研究人员提高其研究成果的国际影响力提供参考和借鉴。

二 数据来源

根据《我国学科门类、一级学科与 WOS 学科类别对应表》，与宗教学对应的 WOS 类别为 RELIGION（宗教学），在 SSCI、A&HCI 中对中国内地学者在 2006—2010 年发表的 WOS 类别为 RELIGION 的论文进行检索，最后得出 76 条数据，即 2006—2010 年，SSCI、A&HCI 收录中国内地作者发表的宗教学论文共计 76 篇。

三 数据比较与分析

（一）发表论文年代分布

2006—2010 年，我国内地学者在 SSCI、A&HCI 中共发表宗教学论文 76 篇。其中 2006 年只有 2 篇，而到了 2007 年突增为 16 篇，此后基本在小波动中呈整体增长的趋势。2009 年和 2010 年分别发表 22 篇和 21 篇，是 2006 年的 10 倍多，这反映出我国内地学者在这四五年间对于发表宗教学国际论文的强烈关注以及研究成果的大量涌现。

表6—7　2006—2010 年 SSCI、A&HCI 收录中国内地宗教学论文年代分布

出版年份	论文数量（篇）	所占比例（%）
2006	2	2.63
2007	16	21.05
2008	15	19.74
2009	22	28.95
2010	21	27.63
合计	76	100

（二）发表论文的期刊分布

从检索结果可以看出，我国内地学者发表的 76 篇论文共刊载在 12 种期刊上。其中刊载论文最多的是由中国香港汉语基督教文化研究所主办的 *LOGOS & PNEUMA: CHINESE JOURNAL OF THEOLOGY*（《道风：基督教文化评论》），共刊载 57 篇论文。其次是中国台湾中原大学宗教研究所主

办的 SINO CHRISTIAN STUDIES（《汉语基督教学术评论》），共刊载 6 篇论文。两刊均被 A&HCI 收录，前者旨在促进基督教学术在新的汉语学术语境中的生机，形成具有汉语思想文化风范的基督神学文化，使基督神学成为汉语文化思想的结构要素和人文学术的组成部分。该刊不仅刊登基督教各教派学者的论文，还向其他宗教的学者和人文社会科学界的学者开放。SINO CHRISTIAN STUDIES 旨在促进汉语基督教学术研究的深化与推进，刊载的论文涉及圣经、神学、哲学、文学、历史、政治、社会与文化等诸多领域，并常邀请国外著名学者专文撰述。需要说明的是，LOGOS & PNEUMA：CHINESE JOURNAL OF THEOLOGY 是中文版，SINO CHRISTIAN STUDIES 以英文论文为主，兼有中文论文，两刊刊载的论文数量占到了总量的 82.90%，这说明我国内地宗教学学者仍以中文作为其研究成果发布和交流的主要形式。在这 12 种期刊中，由美国主办的期刊有 6 种，这说明国际宗教研究领域以美国为主导。

表6—8　　2006—2010 年 SSCI、A&HCI 收录中国内地宗教学论文所载期刊排名前 10 位

序号	期刊名（英文）	期刊名（中文）	论文数量（篇）	所占比例（%）
1	LOGOS & PNEUMA：CHINESE JOURNAL OF THEOLOGY	《道风：基督教文化评论》	57	75.00
2	SINO CHRISTIAN STUDIES	《汉语基督教学术评论》	6	7.90
3	JOURNAL OF DHARMA	《教规杂志》	3	3.95
4	REVIEW OF FAITH & INTERNATIONAL AFFAIRS	《信仰和国际事务评论》	2	2.63
5	STUDIES IN WORLD CHRISTIANITY	《世界基督教研究》	1	1.32
6	REVUE DE L'HISTOIRE DES RELIGIONS	《宗教史杂志》	1	1.32
7	NOVA RELIGIO：THE JOURNAL OF ALTERNATIVE AND EMERGENT RELIGIONS	《新宗教：替代和新兴宗教杂志》	1	1.32
8	JUDAISM	《犹太教》	1	1.32
9	JOURNAL OF RELIGIOUS ETHICS	《宗教伦理学杂志》	1	1.32
10	JOURNAL OF RELIGION &HEALTH	《宗教与健康杂志》	1	1.32

因篇幅关系未列出来的其余两种期刊分别是 JOURNAL OF JEWISH STUDIES [《犹太人研究杂志（英国）》] 和 DIALOG：A JOURNAL OF THEOLOGY [《问答：神学杂志（美国）》]，两刊分别刊载 1 篇中国内地学者发表的宗教学论文。

（三）发表论文的合作国家

在 76 篇宗教学论文中，我国内地学者共与来自 7 个国家的学者进行了合作，其中与斯洛文尼亚、日本、德国、加拿大的学者累计合作发文 12 篇，与美国、芬兰、英格兰累计合作发文 3 篇。值得注意的一点是，在宗教学合作论文中，我国内地学者与斯洛文尼亚的学者合作发表 3 篇，这与其他学科发表论文大都与美国、英国、法国等合作不同，这在一定程度上是因为以信奉天主教为主的斯洛文尼亚在宗教学领域的研究较为成熟，对国内学者与之合作更具吸引力（见表6—9）。

表6—9　　2006—2010 年 SSCI、A&HCI 收录中国内地宗教学论文国际合作前 10 位

序号	合作发文作者国家/地区（英文）	合作发文作者国家/地区（英文）	合作发文数量（篇）	所占比例（%）
1	SLOVENIA	斯洛文尼亚	3	3.95
2	JAPAN	日本	3	3.95
3	GERMANY	德国	3	3.95
4	CANADA	加拿大	3	3.95
5	USA	美国	1	1.32
6	FINLAND	芬兰	1	1.32
7	ENGLAND	英格兰	1	1.32

（四）发表论文机构

对于机构发文的研究可以挖掘出一个学科领域的研究主力。需要说明的是，WOS 对于机构发文的统计是对论文的每一个作者都进行统计，因此统计出的作者机构总和大于发表论文总量。根据统计结果，这 76 篇论文共有 107 位作者来自于国内外 35 个研究机构，其中 24 个为内地研究机构，详见表6—10。

表 6—10　　2006—2010 年 SSCI、A&HCI 收录中国内地宗教学论文的作者所在机构前 10 位

序号	发表论文作者所在机构（英文）	发表论文作者所在机构（中文）	论文数量（篇）	所占比例（%）
1	PEKING UNIVERSITY	北京大学	16	21.05
2	ZHEJIANG UNIVERSITY	浙江大学	12	15.79
3	RENMIN UNIVERSITY OF CHINA	中国人民大学	12	15.79
4	EAST CHINA NORMAL UNIVERSITY	华东师范大学	7	9.21
5	CHINESE ACADEMY OF SOCIAL SCIENCES	中国社会科学院	5	6.58
6	WUHAN UNIVERSITY	武汉大学	4	5.26
7	SHANGHAI UNIVERSITY	上海大学	4	5.26
8	FUDAN UNIVERSITY	复旦大学	4	5.26
9	XIAMEN UNIVERSITY	厦门大学	2	2.63
10	SICHUAN UNIVERSITY	四川大学	2	2.63

从上表可以看出，2006—2010 年，我国内地学者发表的 76 篇宗教学论文中，来自北京大学、浙江大学和中国人民大学的学者分别发表了 16 篇、12 篇和 12 篇，约占总量的 53%，是我国宗教学研究领域在国际发文的主力军。发表论文最多的北京大学既有宗教系，又有宗教与社会研究中心、佛教与道教教研室、基督教与宗教学原理教研室，在宗教学人才培养和学术研究方面成绩卓著，因此其发文数量最多。2006 年，浙江大学为了发挥其在希腊文化与基督教、东方宗教文化等研究领域的优势，并配合教育部人文社会科学重点研究基地建设，成立了"浙江大学宗教文化研究中心"（2011 年改名为：浙江大学宗教学研究所），着重于希腊文化与基督教、神道教文化、佛教文化三个研究方向，并设立了相应的研究子机构，在宗教学领域发表了大量研究成果。中国人民大学佛教与宗教学理论研究所也是教育部人文社会科学重点研究基地，是由中国人民大学宗教研究所（1991 年成立）和中国人民大学基督教文化研究所（1996 年成立）于 1999 年重组成立的，下设佛教研究室和宗教学理论研究室，也是我国宗教学研究的主力之一。

（五）发表论文被引频次

从发表论文被引频次可以看出，2006—2010 年，SSCI、A&HCI 收录我国内地学者发表的宗教学论文的被引频次非常低。发表于 2010 年的论

文"Sino‐Christian Theology: Invisible Church and Public Faith"在2006—2014年间被引用2次,该文由来自华东师范大学的李向平独著,发表在 *LOGOS & PNEUMA: CHINESE JOURNAL OF THEOLOGY*(《道风:基督教文化评论》)上。刘琪以北京大学为通讯地址发表的论文"The Functions of Religion in Constructing A Harmonious Society: A Chinese Perspective"与来自中国社会科学院的金泽发表的论文"A Close Look into an Immigrant Workers' Church in Beijing"分别被引用1次。其他论文在2006—2014年未被引用。虽然论文被引与发表时间长短有密切关系,但相比其他学科而言,我国宗教学国际发文的被引频次非常之低,一方面说明我国宗教学研究在国际学术界处于弱势地位,学术成果数量少;另一方面是由于我国学者的论文有81.5%(62篇)是以中文发表的,以英文发表的论文仅13篇,以法文发表论文1篇。而目前国际学术界皆以英文作为学术传播和交流的最主要表达工具,并形成了一个以英语为主的学术环境,其他语言逐渐弱化或淡出国际学术界,因此,虽然我国学者能够在SSCI、A&HCI收录的期刊上发表中文论文,但这种文字和语言方面的限制大大制约了我国学者的学术成果在国际上的广泛传播和影响力的提高(见表6—11)。

表6—11　　2006—2010年SSCI、A&HCI收录中国内地宗教学论文被引频次前10位

序号	论文题目	作者	出版年份	被引频次
1	Sino‐Christian Theology: Invisible Church and Public Faith	Li Xiangping	2010	2
2	The Functions of Religion in Constructing A Harmonious Society: A Chinese Perspective	Ze, Jin	2009	1
3	A Close Look into an Immigrant Workers' Church in Beijing	Liu, Qi	2009	1
4	How Maimonides Read the Book of Job?	Ying, Zhang	2010	0
5	Idolatry: Levinas' Philosophical Critique of Ideology	Liu Wenjin	2010	0
6	A Survey of Peking's Temples (1750—1949): Inscriptions, Archives and Fieldwork	Bujard, Marianne	2010	0
7	Differences between China and the West: Research on the Catholic Funeral in China during Late Ming and Early Qing	Xiao Qinghe	2010	0

续表

序号	论文题目	作者	出版年份	被引频次
8	The Apostate Nie Yuntai's Comparison between Christianity and Buddhism and its Inspiration to Sino-Christian Theology	Sun Shangyang	2010	0
9	Tower Experience and Longchang Awakening: A Comparison between Two Typical Transformations in the Eastern and Western History of Thought at the Beginning of the 16th Century	Zhou Xuanyi	2010	0
10	Vanity of vanities... (Ecc.1:2): The Tragedy of European Spirit and the Reflection of Emmanuel Levinas	Liu Wenjin	2010	0

（六）宗教学中国内地核心作者分析

2006—2010年我国内地位学者在SSCI、A&HCI中发表宗教学论文76篇。为便于分析，表6—12列出了发表论文数量居前10位的作者及所在机构。从表中可以看出，发表论文最多的是目前就职于中央民族大学的游斌教授，其于2007年和2009年分别发表3篇和1篇独著论文，论文的通讯地址均为北京大学。浙江大学的章雪富发表论文3篇，其中两篇独著。同一机构的王晓朝发表3篇独著论文。华东师范大学的李向平发表3篇独著论文。现就职于清华大学哲学系的王晓朝发表独著论文3篇，论文的通讯地址为浙江大学。此外，还有张缨、杨慧琳、刘文瑾、高师宁和曹剑波等多位学者各自发表2篇独著论文。与我国内地其他人文社会科学学科不同的是，宗教学的独著现象非常突出。从总体上看，2006—2010年我国内地宗教学学科的发文数量相对于其他学科较少，而且尚未形成具有一定影响力的核心作者。

表6—12　　2006—2010年SSCI、A&HCI收录中国内地宗教学论文的前10位发文作者

序号	作者名（英文）	作者名（中文）	所在机构	论文数量（篇）	所占比例（%）
1	You Bin	游斌	北京大学	4	5.26
2	Zhang Xuefu	章雪富	浙江大学	3	3.95
3	Wang Xiaochao	王晓朝	浙江大学	3	3.95
4	Li Xiangping	李向平	华东师范大学	3	3.95

续表

序号	作者名（英文）	作者名（中文）	所在机构	论文数量（篇）	所占比例（%）
5	Huang Jianbo	黄剑波	中国人民大学	3	3.95
6	Zhang Ying	张缨	华东师范大学	2	2.63
7	Yang Huiling	杨慧琳	中国人民大学	2	2.63
8	Liu Wenjin	刘文瑾	华东师范大学	2	2.63
9	Gao Shining	高师宁	中国科学院	2	2.63
10	Cao Jianbo	曹剑波	厦门大学	2	2.63

四 小结

从上述数据的统计分析可以看出，2006—2010年，我国内地学者在SSCI、A&HCI中发表的宗教学论文数量少，发表的期刊主要是中文期刊，以中文撰写为主，研究主力主要聚集于北京大学、浙江大学和中国人民大学。这些论文国际合作度低，被引频次低，涉及的研究方向较为狭窄，在国际学术界的影响力较低。

第三节 语言学学科国际影响力

一 引言

语言学是一门以人类的语言为对象，探索语言的本质、发展、运用等问题，科学、系统地研究人类语言，旨在揭示语言规律的学科。语言学研究最早可回溯至对古代文献的解释，是为了辅助哲学、历史和文学研究而产生的研究。伴随着两河流域、古埃及、古印度和古代中国四大人类文明诞生地的历史文化的发展，语言学的研究也经历了一个漫长的过程。传统语言学以研究古代文献和书面语为主，现代语言学以研究当代语言和口语为主，包括语音、构词、句法、语意等，研究范围不断拓展。

语言学在我国人文社会科学学科体系中具有重要的地位。根据《中华人民共和国学科分类与代码国家标准 GB/T13745—2009》，语言学下设了普通语言学、比较语言学、语言地理学、社会语言学、心理语言学、应用语言学、汉语研究、中国少数民族语言文字、外国语言、语言学其他学科10个分支学科，内容覆盖范围广泛。从语言学的作用来说，主要有三个方面：第一，语言作为人与人之间最重要的沟通工具、思维工具以及积聚知识的工具，汇聚了人类思维和认识活动的成果，语言学的研究成果对开展哲学、历史、社会学、考古学等众多学科的研究具有重要意义，间接或直接地影响着其他学科的发展；第二，语言理论的应用范围十分广泛，如在提高语言教学水平、改进语言教学方法等方面都需要语言学理论的指导；第三，对语言学进行研究，掌握系统的语言学的知识，有助于正确认识语言学的性质和规律，从而提高学习和运用语言的能力。因此，对我国内地语言学的国际影响力进行分析，不仅有助于了解我国内地语言学历年来研究成果的数量增长情况以及质量水平的高低，更重要的是有助于了解语言学研究成果在国际上的影响与地位，从中发现语言学研究中存在的问题，并通过改善研究方式、方法等，提高我国内地语言学的国际影响力，为语言学及其他学科的发展提供助力。

论文是研究成果的重要展现形式之一，与图书相比，论文具有出版周期短、传递信息快的特点，研究我国语言学的国际学术影响力，其论文的国际学术影响力是一个不可或缺的参考指标。对SSCI、A&HCI中收录的中国作者论文的统计是定量分析方法在科研活动中的应用，是从产出的角度了解我国人文社会科学研究发展状况的重要途径之一，因此，对SSCI、A&HCI中收录的中国作者的语言学论文做统计分析是研究我国语言学国际影响力的一个重要方面，有利于为管理部门及科研人员提供决策依据与研究素材。

二 数据来源

根据《我国学科门类、一级学科与WOS学科类别对应表》，与语言学对应的WOS类别为LANGUAGE&LINGUISTICS（语言与语言学）和LINGUISTICS（语言学），在WOS类别中找到LANGUAGE&LINGUISTICS、LINGUISTICS两项进行精练，最后得出197条记录，即2006—2010年，SSCI、A&HCI收录中国内地学者发表的语言学论文共计197篇。

三 数据统计与分析

数据比较与分析是本《报告》的主体部分，主要从发文数量、发表论文的期刊分布、发表论文的合作国家、发表论文机构、发表论文被引频次、核心作者分析这六个方面对2006—2010年SSCI、A&HCI收录我国内地学者发表的语言学论文进行统计分析。结论部分主要是根据统计分析部分的数据总结得出相关结论。

(一) 发表论文年代分布

根据检索结果,SSCI、A&HCI在2006—2010年收录中国内地语言学论文共计197篇,占SSCI、A&HCI在2006—2010年收录中国内地论文总数9198篇的比例为2.14%,相对于其他人文社会科学学科而言,语言学论文数量较少,所占比例小。因此,从发文数量对学科间进行横向比较来看,语言学的国际影响力相对较低。2006—2010年SSCI、A&HCI收录中国内地语言学论文的数量年度分布情况见表6—13和图6—2。

从表6—13可以看出,语言学论文数量在2006年为21篇,2010年则为55篇,其中,2009年为63篇,是一个增长的小高峰,占论文总量的31.98%。另外,各年度发表的论文总数相差不大,每年的增加量相对稳定。这说明我国内地语言学领域的研究成果产出稳定,学者对语言学的研究有着持续而相对稳定的关注。

从图6—2可以看出,2006—2010年,SSCI、A&HCI收录中国内地语言学论文数量整体上呈现出稳步增长的趋势;从2008年到2009年增长了31篇,相对于其余年度增长量较多、增长速度较快;2010年较2009年减少了8篇。

表6—13　2006—2010年SSCI、A&HCI收录中国内地语言学论文年代分布

出版年份	论文数量（篇）	所占比例（%）
2006	21	10.66
2007	26	13.20
2008	32	16.24
2009	63	31.98
2010	55	27.92
合计	197	100

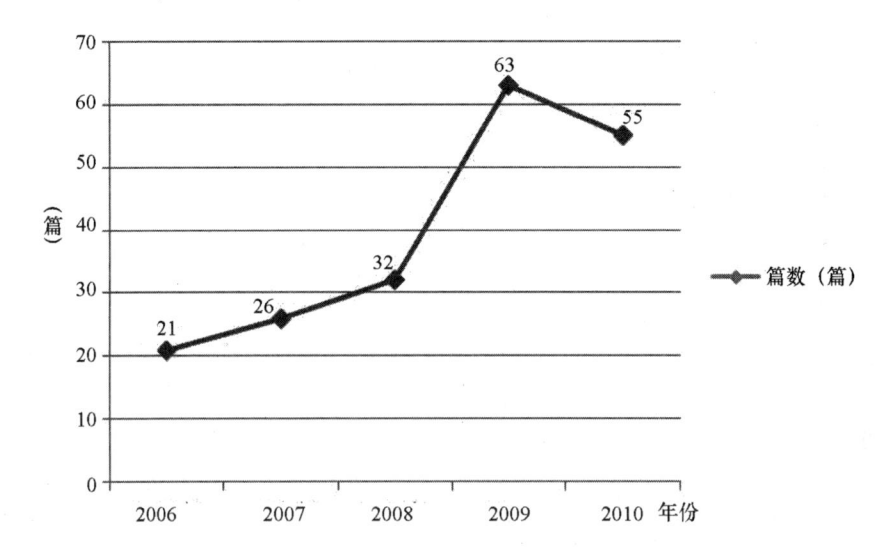

图 6—2 2006—2010 年 SSCI、A&HCI 中收录中国内地语言学论文数量趋势

(二) 发表论文的期刊分布

对检索结果按照来源出版物进行精练，结果显示，197 篇论文共来自 72 种刊物，在此，仅以刊登语言学论文的数量排在前 10 位的刊物为例，列举每一种刊物在 5 年里刊登语言学论文数量的情况，对于前 10 位里并列的情况不再做合并处理（见表 6—14）。

表 6—14　　2006—2010 年 SSCI、A&HCI 收录中国内地语言学论文的所载期刊排名前 10 位

序号	期刊名（英文）	期刊名（中文）	论文数量（篇）	所占比例（%）
1	BULLETIN OF THE INSTITUTE OF HISTORY AND PHILOLOGY ACADEMIA SINICA	《（台湾）"中研院"历史语言研究所集刊》	19	9.65
2	PERSPECTIVES STUDIES IN TRANSLATOLOGY	《翻译学研究》	15	7.61
3	LANGUAGE AND LINGUISTICS	《语言与语言学》	12	6.09
4	JOURNAL OF CHINESE LINGUISTICS	《中国语言学杂志》	11	5.58
5	META	《译者杂志》	8	4.06
6	SYSTEM	《体制》	7	3.55

续表

序号	期刊名（英文）	期刊名（中文）	论文数量（篇）	所占比例（%）
7	MUTTERSPRACHE	《本国语言》	6	3.05
8	JOURNAL OF NEUROLINGUISTICS	《神经语言学杂志》	6	3.05
9	LANGUAGE AND COGNITIVE PROCESSES	《语言与认知过程》	5	2.54
10	JOURNAL OF PRAGMATICS	《语用学杂志》	5	2.54

表6—14 显示，刊登论文数量最多的刊物是中国台湾主办的 BULLETIN OF THE INSTITUTE OF HISTORY AND PHILOLOGY ACADEMIA SINICA [《（台湾）"中研院"历史语言研究所集刊》]，2006—2010 年共计刊登我国内地语言学论文 19 篇，占发表论文总数的 9.65%；PERSPECTIVES STUDIES IN TRANSLATOLOGY（《翻译学研究》）以 15 篇紧随其后，占发表论文总数的 7.61%；BRAIN AND LANGUAGE（《大脑和语言》）与 JOURNAL OF PRAGMATICS（《语用学杂志》）均刊登了 5 篇论文，并列第十因篇幅所限并未列出。

（三）发表论文的合作国家

对检索结果按照国家/地区进行精练，结果显示，我国内地学者发表的 197 篇论文共与 16 个国家有合作。需要说明的是，新加坡、日本、意大利、德国、芬兰、加拿大学者与我国学者合作的论文数均为 2 篇，此处限于篇幅，根据数据库默认排列顺序，仅列出合作论文数排在前 10 位的国家，因而芬兰、加拿大不在表中，对于前 10 位里并列的情况不再做合并处理（见表6—15）。

表6—15　2006—2010 年 SSCI、A&HCI 收录中国内地语言学论文国际合作前 10 位

序号	合作发文作者国家/地区（英文）	合作发文作者国家/地区（中文）	合作发文数量（篇）	所占比例（%）
1	USA	美国	30	15.23
2	ENGLAND	英国	13	6.60
3	NETHERLANDS	荷兰	5	2.54

续表

序号	合作发文作者 国家/地区（英文）	合作发文作者 国家/地区（中文）	合作发文数量 （篇）	所占比例 （%）
4	AUSTRALIA	澳大利亚	4	2.03
5	SPAIN	西班牙	3	1.52
6	NEW ZEALAND	新西兰	3	1.52
7	SINGAPORE	新加坡	2	1.02
8	JAPAN	日本	2	1.02
9	ITALY	意大利	2	1.02
10	GERMANY	德国	2	1.02

从表中可以看出，与我国学者合作最多的国家是美国，合作发文 30 篇，占总量的 15.23%；英国以 13 篇位居第二，占了 6.6%；接着依次是荷兰、澳大利亚、西班牙、新西兰、新加坡、日本、意大利、德国；此外，除了表格中所列国家外，我国学者还与土耳其、塞尔维亚等国家的学者有合作。这说明我国内地语言学的研究与国外的合作范围有限，语言学学科的国际影响范围较小。

（四）发表论文的中国作者所在机构

对检索结果按照机构扩展进行精练，结果显示，197 篇论文共来自 143 个国内外机构，在排除掉国外机构后，根据数据库默认排列顺序，仅以发表语言学论文数量最多的前 10 位作者所在机构为例，列举每一个机构 2006—2010 年发表语言学论文数量的情况，对于前 10 位里并列的情况不做合并处理（见表 6—16）。需要说明的是，此处的机构是指已排除国外机构的中国内地机构。

表 6—16　　2006—2010 年 SSCI、A&HCI 收录中国内地语言学
论文的作者所在机构前 10 位

序号	论文作者所在机构 （英文）	论文作者所在机构 （中文）	论文数量 （篇）	所占比例 （%）
1	PEKING UNIVERSITY	北京大学	17	8.63
2	BEIJING NORMAL UNIVERSITY	北京师范大学	14	7.11
3	TSINGHUA UNIVERSITY	清华大学	12	6.09

续表

序号	论文作者所在机构（英文）	论文作者所在机构（中文）	论文数量（篇）	所占比例（%）
4	NANJING UNIVERSITY	南京大学	9	4.57
5	GUANGDONG UNIV FOREIGN STUDIES	广东外语外贸大学	9	4.57
6	CHINESE ACAD SOCIAL SCI	中国社会科学院	8	4.06
7	CHINESE ACAD SCI	中国科学院	7	3.55
8	ZHEJIANG UNIVERSITY	浙江大学	6	3.05
9	BEIJING FOREIGN STUDIES UNIVERSITY	北京外国语大学	6	3.05
10	XIAMEN UNIVERSITY	厦门大学	5	2.54

从对发表论文的作者所在机构的统计中可以看出：其一，从发文机构的类型来看，前10个论文作者所在机构中，只有2个是研究院所，其余8个均为高等院校。这充分说明高等院校是语言学论文产出的主要机构和研究主力军。其二，从发文数量最多的前10位作者所在机构来看，北京大学以17篇（8.63%）的数量位居榜首，紧接着是北京师范大学（7.11%）、清华大学（6.09%）和南京大学（4.57%）。其三，语言类的专业高等院校发文量排名也较为靠前，如广东外语外贸大学和北京外国语大学分别位列第四名和第七名。

（五）发表论文被引频次

经统计，2006—2010年SSCI、A&HCI收录我国内地语言学论文197篇，在此，仅列举被引频次排名前10位的论文（见表6—17）。从表中可以看出，被引频次最高的一篇论文是发表于2008年的"The Effects of Focused and Unfocused Written Corrective Feedback in an English as a Foreign Language Context"，2006—2014年的被引频次为39次；值得注意的是被引频次前10位的论文中第2篇和第5篇都是来自北京师范大学的舒华教授与外国学者合作发表的，且被引频次都较高，这说明北京师范大学是语言学论文的高产机构之一，其语言学研究成果国际影响力较高；另一方面，排在前10位的论文均来自高等院校，这说明高等院校发表的论文质量较高。综合来看，与其他学科相比，语言学论文的被引用情况整体上较好。

表 6—17　　　2006—2010 年 SSCI、A&HCI 收录中国内地语言学论文被引频次前 10 位

序号	论文标题	作者	出版年份	被引频次
1	The Effects of Focused and Unfocused Written Corrective Feedback in an English as a Foreign Language Context	Ellis Rod; Sheen Younghee; Murakami Mihoko; Takashima Hide	2008	42
2	ERP Signatures of Subject – verb Agreement in L2 learning	Chen Lang; Shu Hua; Liu Youyi; Zhao Jingjing; Li Ping	2007	37
3	A Tale of Two Frequencies: Determining the Speed of Lexical Access for Mandarin Chinese and English Compounds	Janssen Niels; Bi Yanchao; Caramazza Alfonso	2009	32
4	Effects of Form – Focused Practice and Feedback on Chinese Efl Learners' Acquisition of Regular and Irregular Past Tense Forms	Yang Yingli; Lyster Roy	2006	27
5	Monolingual and Bilingual Recognition of Regular and Irregular English Verbs: Sensitivity to Form Similarity Varies with First Language Experience	Basnight – Brown, Dana M.; Chen Lang; Hua Shu; Kostic Aleksandar; Feldman Laurie Beth	2007	26
6	Concreteness Effects in the Processing of Chinese Words	Zhang Q; Guo CY; Ding JH; Wang ZY	2006	25
7	Apprentice Scholarly Writing in a Community of Practice: An Intraview of an NNES Graduate Student Writing a Research Article	Li Yongyan	2007	25
8	A Comparison of Humor Styles, Coping Humor, and Mental Health Between Chinese and Canadian University Students	Chen Guo – Hai; Martin Rod A.	2007	25
9	The Differential Effects of Three Types of Task Planning on the Fluency, Complexity, and Accuracy in L2 Oral Production	Ellis Rod	2009	21
10	Willingness to Communicate in English: A Model in the Chinese EFL Classroom Context	Peng Jian – E; Woodrow Lindy	2010	19

(六) 语言学中国内地核心作者分析

2006—2010 年 SSCI、A&HCI 收录的中国内地语言学论文的数量为 197 篇，共涉及 303 位作者。在此，根据数据库默认的排序，仅列举发表论文数量排在前 10 位的中国内地作者（见表6—18）。

表6—18　　2006—2010 年 SSCI、A&HCI 收录中国内地语言学论文的前 10 位发文作者

序号	作者名（英文）	作者名（中文）	所在机构	论文数量（篇）	所占比例（%）
1	Wang Feng	汪锋	北京大学	4	2.03
2	Shu Hua	舒华	北京师范大学	4	2.03
3	Liu Haitao	刘海涛	中国传媒大学	4	2.03
4	Wand Zhongning	王忠宁	清华大学	3	1.52
5	Shi Feng	石峰	南开大学	3	1.52
6	Peng Danling	彭聘龄	北京师范大学	3	1.52
7	Liu Yong	刘勇	中山大学	3	1.52
8	Liu Baolin	刘宝林	清华大学	3	1.52
9	Gu Yueguo	顾曰国	中国社会科学院	3	1.52
10	Chen Jing	陈静	厦门大学	3	1.52

经过对论文的作者进行统计可知，有 3 位作者分别发表了 4 篇论文，其余 7 位作者均发表了 3 篇论文，这说明各学者发表论文数量少且相互之间差距小。排在前三位的作者分别为来自北京大学中文系的汪锋教授、来自北京师范大学心理学院的舒华教授以及来自中国传媒大学应用语言学研究所的刘海涛教授。前 10 位作者中，9 位来自高等院校，1 位来自研究院所，这说明高等院校为语言学领域的主要研究力量，这与前文对发表论文作者所在机构的分析结果相一致。总体而言，发表论文较多的作者均为我国内地语言学领域的知名学者，但作者发表的论文数量相对于其他学科较少，一定程度上反映了我国内地语言学缺乏具有国际影响力的核心研究人员。

四　小结

上文是对 2006—2010 年 SSCI、A&HCI 收录我国内地语言学的论文的统计分析，涉及发文数量、发表论文的期刊分布、发表论文的合作国家、

发表论文机构、发表论文被引频次、核心作者分析六个方面，可以看出我国内地语言学在"十一五"期间取得了一定程度的发展，但总体而言，其国际影响力水平相对于其他学科而言仍然较低，具体依据如下。

一是从发文数量来看，2006—2010年语言学学科领域发表的论文总量为197篇，整体上呈现出稳定增长的趋势，但是相对于其他学科而言发文数量较少。二是从发表论文的期刊分布来看，发表语言学论文的刊物有72种，数量较多，语言学日益受到重视。三是从发表论文的合作国家来看，合作国家只有16个，而且合作发表论文数量较少。四是从发表论文机构来看，发文机构为143个（包括国内国外），以高等院校为主力，研究院所及其他相关机构发文较少。五是从发表论文被引频次来看，被引频次排在第一的论文的被引用频次仅为9次，被引用次数低。六是从核心作者来看，发文最多的作者发文4篇，其他每位作者的发文量都较少，没有十分突出的核心作者。

第四节　文学学科国际影响力

一　引言

文学是人文学科的学科分类之一，是一门以语言文字为工具，形象化地反映客观现实、表现作家心灵世界的艺术，从体裁上看包括诗歌、散文、小说、剧本、寓言、童话等。中国文学的发展历史悠久，从最初与史学和神话相伴而生，先后经历了古典文学、现代文学以及当代文学的发展过程。我国文学作为汉民族文学与各民族文学的文化共同体，其涵盖了现代文学、近代文学、比较文学等，内容丰富，是我国人文社会科学体系不可或缺的组成部分。此外，近年来，伴随着中国文学对外传播的一系列举措，如2004年下半年，国务院新闻办公室与新闻出版总署推出"中国图书对外推广计划"；2006年，中国作家协会启动"中国当代文学百部精品译介工程"；2009年，北京师范大学文学院与美国俄克拉荷马大学孔子学院合作开展"中国文学海外传播工程"，出版"今日中国文学"英译丛书等，[①] 我国与国外的学术交流活动日益增多，文学的研究工作有所进展。中国文学作为我国时代精神和人文气息的代表，关注其国际学术影响力、

---

① 魏清光：《中国文学"走出去"现状、问题及对策》，《当代文坛》2015年第1期。

客观认识其发展现状与问题,是实现中国文化"走出去"的需要。

本《报告》以 2006—2010 年 SSCI、A&HCI 中收录的中国内地作者有关文学的论文作为统计对象,对我国内地文学学科的国际影响力进行分析。一方面,对我国内地文学学科国际影响力的分析有助于了解文学研究成果国际学术影响力情况;另一方面,对我国内地文学学科国际影响力的分析有助于引起各有关方面对文学国际影响力的关注,推进文学学科的"走出去",弘扬中国传统文化,扩大中国文化的影响力,促进文化的国际交流与碰撞,从而提高我国的文化软实力,增强我国的综合国际竞争力。

二 数据来源

在《我国学科门类、一级学科与 WOS 学科类别对应表》中,与文学对应的 WOS 类别为 CLASSICS(古典文学);FOLKLORE(民间文学);LITERARY REVIEWS(文学评论);LITERARY THEORY&CRITICISM(文学理论和批评);LITERATURE(文学);LITERATURE, AFRICAN, AUSTRALIAN, CANADIAN(非洲、澳洲、加拿大文学);LITERATURE AMERICAN(美国文学);LITERATURE, BRITISH ISLES(英伦三岛文学);LITERATURE, GERMAN, DUTCH, SCANDINAVIAN(德语、荷兰语、斯堪的纳维亚文学);LITERATURE, ROMANCE(罗曼史文学);LITERATURE, SLAVIC(斯拉夫文学);POETRY(诗歌)。经查询,2006—2010 年,我国内地学者发表的文学论文涉及的 WOS 类别只有文学(LITERATURE)一项,进行精练后得到检索结果为 535 条记录,即 2006—2010 年,SSCI、A&HCI 收录中国内地学者文学论文共计 535 篇。

需要说明的是,在《我国学科门类、一级学科与 WOS 学科类别对应表》中,与文学对应的 WOS 类别共有 16 项,语言学是在文学分支下的一个 WOS 类别,按照我国的学科划分,将语言学单独作为独立学科,因此,在文学的统计中剔除了与语言学对应的两个 WOS 类别 LANGUAGE&LINGUISTICS(语言与语言学)、LINGUISTICS(语言学)的数据。

三 数据统计与分析

数据比较与分析是本《报告》的主体部分,主要从发文数量及年度分布、发表论文的期刊分布、发表论文的合作国家、发表论文机构、发表论文被引频次、核心作者分析六个方面对 SSCI、A&HCI 收录我国内地 2006—2010 年的文学论文进行统计分析。结论部分主要是根据统计分析部分的数据总结得出相关结论。

（一）发表论文年代分布

根据检索结果，2006—2010 年 SSCI、A&HCI 收录中国内地文学论文共计 535 篇，占 SSCI、A&HCI 在 2006—2010 年收录中国内地论文总数 9198 篇的比例为 5.82%，相对于其他人文社会科学学科而言，属于所占的比例相对较多的学科。以相应的 WOS 类别进行精练和字段分析，得出 SSCI、A&HCI 收录中国内地文学论文的数量年度分布情况（见表 6—19、图 6—3）。

表 6—19 2006—2010 年 SSCI、A&HCI 收录中国内地文学论文年代分布

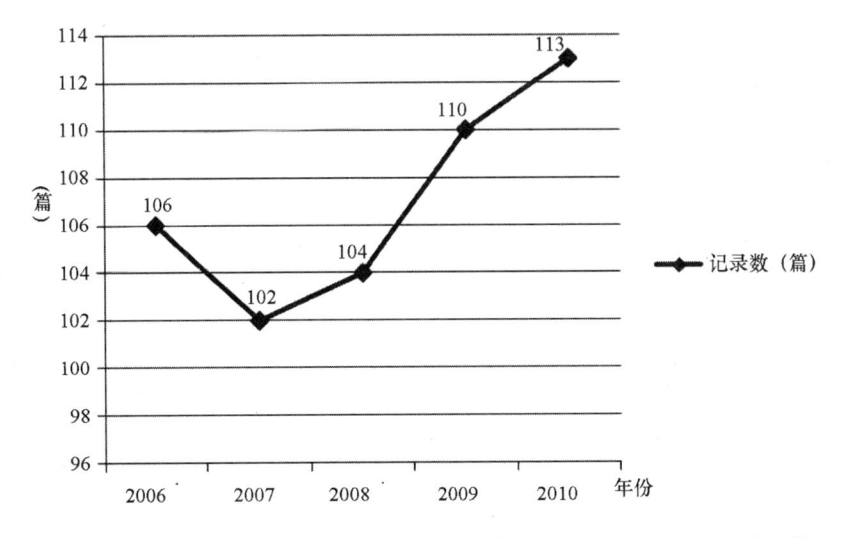

出版年份	论文数量（篇）	所占比例（%）
2006	106	19.81
2007	102	19.07
2008	104	19.44
2009	110	20.56
2010	113	21.12
合计	535	100

图 6—3 2006—2010 年 SSCI、A&HCI 收录中国内地文学论文年代分布趋势

从图表中可以看出，2006—2010 年，文学论文数量从 106 篇增加至 113 篇，并且各个相邻年度之间发表论文的数量相差小，这说明我国内地学者在文学领域的国际性研究成果产出较为稳定。

从图 6—3 可以看出，2006—2010 年，SSCI、A&HCI 收录中国内地文学论文数量在 2006—2007 年减少了 4 篇，2007 年后稳步增长，其中，2008—2009 年增长最多，但也只增长了 6 篇，这充分说明了 2006—2010 年 SSCI、A&HCI 收录中国内地文学论文数量在总体上呈现缓慢增长的趋势。

（二）发表论文的期刊分布

对检索结果按照来源出版物进行精练，结果显示，这 535 篇论文共来自 25 种刊物，在此，根据数据库默认排序，仅列出刊载论文数量最多的前 10 种期刊（见表 6—20）。

表 6—20　　2006—2010 年 SSCI、A&HCI 收录中国内地文学论文的所载期刊排名前 10 位

序号	期刊名（英文）	期刊名（中文）	论文数量（篇）	所占比例（%）
1	FOREIGN LITERATURE STUDIES	《外国文学研究》	475	88.79
2	NEOHELICON	《世界比较文学评论》	17	3.18
3	BOUNDARY2 AN INTERNATIONAL JOURNAL OF LITERATURE AND CULTURE	《边界 2：国际文学与文化杂志》	6	1.12
4	PMLA PUBLICATIONS OF THE MODERN LANGUAGE ASSOCIATION OF AMERICA	《美国现代语言协会》	4	0.75
5	WORLD LITERATURE TODAY	《当代世界文学》	3	0.56
6	MODERN LANGUAGE QUARTERLY	《现代语言季刊》	3	0.56
7	LILI ZEITSCHRIFT FUR LITERATURWISSENSCHAFT UND LINGUISTIK	《文学与语言学期刊》	3	0.56
8	ENGLISH STUDIES	《英语研究》	3	0.56
9	POETICS TODAY	《今日诗学》	2	0.37
10	JOURNAL OF LITERARY SEMANTICS	《文学语义学杂志》	2	0.37

对数据的分析显示，期刊论文分布最大的一个特点是各个刊物刊载论文数量极其悬殊，论文分布极不均衡。表6—20显示，刊登我国内地文学论文数量最多的刊物是由中国主办的期刊——*FOREIGN LITERATURE STUDIES*（《外国文学研究》），2006—2010年共计刊登我国内地文学的论文475篇，占论文总量的88.79%；由匈牙利主办的期刊——*NEOHELICON*（《世界比较文学评论》）以17篇论文的总数排在第二位，但与首位的期刊所载论文数量相差极大，这种巨大的差距充分说明我国内地文学论文主要刊登在由我国主办的期刊上，刊载我国内地文学论文的期刊呈现集中扎堆于一种刊物、分布极不均衡的现象。笔者分析，造成这种现象的原因与期刊的主办方所属国家不同、刊物对论文质量的要求标准不一、刊物对论文主题内容的不同选择偏好等息息相关。

（三）发表论文的合作国家

对检索结果按照国家/地区进行精练，结果显示，与我国内地学者合作发表文学论文的作者来自9个国家，具体与每一个合作国家的合作论文数如表6—21所示。

表6—21　　2006—2010年SSCI、A&HCI收录中国内地文学论文国际合作前10位

序号	合作发文作者国家/地区（英文）	合作发文作者国家/地区（中文）	合作发表论文数量（篇）	所占比例（%）
1	USA	美国	16	2.99
2	FRANCE	法国	2	0.37
3	ENGLAND	英国	2	0.37
4	CANADA	加拿大	2	0.37
5	SWEDEN	瑞典	1	0.19
6	MALAYSIA	马来西亚	1	0.19
7	JAPAN	日本	1	0.19
8	ISRAEL	以色列	1	0.19
9	DENMARK	丹麦	1	0.19

从表中可以看出，与我国合作最多的国家是美国，但只有16篇论文，占总的2.99%；法国、英国、加拿大以2篇论文并列第二；最后是瑞

典、马来西亚、日本、以色列以及丹麦均为 1 篇论文。由此可知，2006—2010 年 SSCI、A&HCI 收录的我国内地文学论文多为内地作者单独或合作撰写发表，其合作情况为内地作者之间的合作占多数。

（四）发表论文的中国作者所在机构

对检索结果按照来源出版物进行精练，结果显示，535 篇论文的作者共来自 193 个机构，根据数据库默认排列顺序，仅列出合作论文数排在前 10 位的机构（见表 6—22），需说明的是此处的机构是指已排除国外作者机构的中国内地机构。

表 6—22　　2006—2010 年 SSCI、A&HCI 收录中国内地文学论文的作者所在机构前 10 位

序号	论文作者所在机构（英文）	论文作者所在机构（中文）	论文数量（篇）	所占比例（%）
1	CENTRAL CHINA NORMAL UNIVERSITY	华中师范大学	68	12.71
2	ZHEJIANG UNIVERSITY	浙江大学	29	5.42
3	TSING HUA UNIVERSITY	清华大学	27	5.05
4	NANJING UNIVERSITY	南京大学	23	4.30
5	NANJING NORMAL UNIVERSITY	南京师范大学	21	3.93
6	SICHUAN UNIVERSITY	四川大学	17	3.18
7	PEKING UNIVERSITY	北京大学	17	3.18
8	SHANGHAI INTERNATIONAL STUDIES UNIVERSITY	上海外国语大学	12	2.24
9	RENMIN UNIVERSITY OF CHINA	中国人民大学	12	2.24
10	SHANGHAI NORMAL UNIVERSITY	上海师范大学	11	2.06

从表中可以看出：其一，从发文机构的类型来看，前 10 个机构均为高等院校。充分说明高等院校是文学论文产出和国际输出的主要机构。其二，从机构发文数量来看，华中师范大学以 68 篇论文（12.71%）位居榜首，随后是浙江大学（5.42%）、清华大学（5.05%）和南京大学（4.30%），这几所高校都是文学研究的主力军。其三，可以看出，这 10 所高等院校中，师范类院校占了 3 所，且位居榜首的院校也为师范类院校，这说明与综合性高等院校、专业性强的高等院校等相比，师范类院校

较为注重文学相关方面的研究,是文学研究的主要力量。笔者分析,这与国内师范类院校开设文学类课程较多有着紧密的联系。

(五) 发表论文被引频次

经过统计,2006—2010 年 SSCI、A&HCI 收录我国内地文学论文记录数量为 535 篇,根据数据库默认排列顺序,仅列出被引频次排在前 10 位的论文,被引频次的统计时间为 2006—2014 年(见表6—23)。

表6—23　　2006—2010 年 SSCI、A&HCI 收录中国内地文学论文的被引频次前 10 位

序号	论文标题	作者	出版年份	被引频次
1	Ethical Literary Criticism: Its Fundaments and Terms	Nie Zhenzhao	2010	14
2	Intratextuality, Extratextuality, Intertextuality: Unreliability in Autobiography Versus Fiction	Shen Dan; Xu Dejin	2007	10
3	Globalization and Agency: Designing and Redesigning the Literacies of Cyberspace	Hawisher, Gail E.; Selfe, Cynthia L.; Guo, Yi-Huey; Liu, Lu	2006	7
4	Eschatology and the Cosmological Time in Spenser's Poetry	Liu Lihui	2007	5
5	Subverting Surface and Doubling Irony: Subtexts of Mansfields Revelations and Others	Shen Dan	2006	5
6	Non-ironic Turning Ironic Contextually: Multiple Context-determined Irony in The Story of an Hour	Shen Dan	2009	4
7	George Moore in Modern Perspective: Reading Esther Waters	Zhang Jieming	2007	4
8	Booth's The Rhetoric of Fiction and China's Critical Context	Shen Dan	2007	4
9	Implied Author, Overall Consideration, and Subtext of Desiree's Baby	Shen Dan	2010	3
10	Edgar Allan Poe's Aesthetic Theory, the Insanity Debate, and the Ethically Oriented Dynamics of The Tell-Tale Heart	Shen Dan	2008	3

从表中可以看出，一方面，前10篇高被引论文中，有6篇的作者是来自北京大学的沈丹，这说明该作者是国内文学研究领域成果数量多且质量高的学者之一；被引频次最高的一篇论文是2010年来自华中师范大学名为聂珍钊的教授的论文"Ethical Literary Criticism: Its Fundaments and Terms"，被引频次为14次，该论文的发表年为2010年，其被引用频次却位居榜首，充分说明了该论文相对具有较高的学术价值，也说明该作者在文学研究领域具有一定的地位。另一方面，可以看出，10篇论文均来自高等院校，这说明高等院校所发表的论文受关注程度较高。与其他人文学科相比，我国内地文学论文的被引用频次整体上较低，笔者分析，造成这种现象的原因除了与论文质量有一定关系外，与我国文学的研究内容、研究成果呈现方式、国内外文化差异等也有一定联系。因此，在未来的发展中，除文学研究论文的质量应引起相关研究者的关注外，研究者还应关注国外文学研究的热点、焦点，适当调整研究方向。最后，排在前10位的论文中有8篇为作者独著，2篇为多作者合著，这与我国文学研究本身的地域性、专业性特点有一定关系。

（六）文学学科中国核心作者分析

2006—2010年SSCI、A&HCI收录的中国内地文学论文的数量为535篇，涉及作者459位。根据数据库默认排列顺序，仅列出发表论文数量排在前10位的作者（见表6—24）。

表6—24　　　2006—2010年SSCI、A&HCI收录中国内地文学论文作者前10位

序号	作者名（英文）	作者名（中文）	所在机构	论文数量（篇）	所占比例（%）
1	Shen Dan	沈丹	北京大学	11	2.06
2	Wang Ning	王宁	上海交通大学	10	1.87
3	Yang Jincai	杨金才	南京大学	6	1.12
4	Zou Jianjun	邹建军	华中师范大学	5	0.94
5	Yin Qiping	殷企平	杭州师范大学	5	0.94
6	Wang Zhongxiang	王忠祥	华中师范大学	5	0.94
7	Nie Zhenzhao	聂珍钊	华中师范大学	4	0.75
8	Luo Lianggong	罗良功	华中师范大学	4	0.75
9	Liu Xiyin	刘兮颖	华中师范大学	4	0.75
10	Cao Shunqing	曹顺庆	四川大学	4	0.75

从表中可以看出，在对单独发文和合作发文不做区分的前提下，发表文学论文最多的作者是来自北京大学的沈丹教授，论文数为11篇，与上节对高被引用论文的分析结论相联系，可以看出该作者是文学领域的核心研究人员。上海交通大学人文艺术研究院比较文学与文化研究中心主任王宁教授发表了10篇，位居第二。南京大学外国文学研究所所长杨金才教授发表了6篇，紧随其后的邹建军、殷企平和王忠祥3位作者均分别发表了5篇，聂珍钊、罗良功、刘兮颖、曹顺庆4位作者各自发表了4篇。此外，发表论文数量排在前10位的作者所在机构均为高等院校，有五位作者所在机构均为华中师范大学，充分说明华中师范大学在文学研究领域占有重要地位，这也与前文中对发表论文作者所在机构的分析结果相吻合。相对于其它人文学科而言，我国内地文学学科领域内存在具有一定国际影响力的核心作者，但数量相对较少。

四 小结

在上文对SSCI、A&HCI收录我国内地2006—2010年的文学论文进行统计分析的基础上，从发文数量及年度分布、发表论文的期刊分布、发表论文的合作国家/地区、发表论文机构、发表论文被引频次、核心作者分析几个方面可以看出我国内地文学研究在"十一五"期间取得了一定的发展，但总体而言，其国际影响力水平相对于其他学科而言仍然较低，其存在的问题具体如下。

一是从发文数量及其年度分布来看，文学学科领域发表的论文总量为535篇，相对于其他人文学科而言发文数量较多，整体上呈现稳定增长的趋势，但是每年增长量少，增长速度过于缓慢。二是从发表论文的期刊分布来看，发表文学论文的刊物有25种，但论文分布不均，呈现集中扎堆于一种刊物的现象。三是从发表论文的合作国家来看，合作的国家只有9个，且分布也存在不均衡的现象，与美国的合作较多，与其余国家合作较少。四是从发表论文机构来看，高等院校占据绝对优势，且以师范类高校为主，研究院所及其他相关机构发文较少。五是从发表论文被引频次来看，被引频次排在第一的论文被引用频次仅仅为9次，被引用次数低。六是从核心作者来看，发文最多的作者发文量为11篇，且该作者同时也是高被引论文作者之一，未形成文学研究的核心队伍。

第五节 艺术学学科国际影响力

一 引言

艺术学是一门系统性研究关于艺术的各种问题的科学。艺术学是从美学中孕育而生的，其功能、价值、属性往往依附于其他学科，在很长一段时期内作为美学的附属品而存在。随着学科的不断发展完善，在对艺术学的本体、本质、从属、价值等问题的探讨中，艺术学逐渐发展成为一门新兴而独立的学科。在我国，艺术学起初是归属于文学门类的四大一级学科之一，直到2011年4月经国务院学位委员会新年会议第一议程一致通过，艺术学才从文学门类中分离出来，独立成为"艺术门类"。

艺术学在我国人文社会科学研究领域占据着重要地位。一方面，艺术学虽然发展成为一门独立的学科，但并不是局限于艺术狭隘的领域，而是与其他学科（如文学）有着紧密的联系，对艺术学的研究探讨往往离不开参考其他学科定量、定性等研究方法，艺术创造或艺术文化教育的成果反过来也可为其他学科的相关研究提供有益借鉴。另一方面，研究我国艺术学的国际影响力，有助于客观评价我国艺术学的研究水平、正确认识我国艺术学研究成果对外输出中存在的问题，改进艺术学学科建设，完善我国艺术学学科结构，促进我国人文社会科学国际竞争力的提升。

对SSCI、A&HCI中收录的中国内地作者的艺术学论文做统计分析，是研究我国艺术学国际影响力的一个重要方面。这不仅有助于了解我国内地艺术学历年来研究成果的数量增长情况以及质量水平的高低，更重要的是有助于了解艺术学研究成果在国际上的影响与地位，从中发现艺术学研究中存在的问题，扫清障碍，提高我国内地艺术学的国际影响力，为艺术学及其他学科的发展提供助力。

二 数据来源

本《报告》对学科领域统计分析的部分采用《我国学科门类、一级学科与WOS学科类别对应表》作为论文所属学科的划分依据，根据该表，与艺术学对应的WOS类别为ART（艺术）、DANCE（舞蹈）、FILM（电影）、RADIO（广播）、TELEVISION（电视）、MUSIC（音乐）、THEATER（戏剧），在WOS类别中找到这几项进行精练，最后得出44条记录,即2006—2010年,SSCI、A&HCI收录中国内地作者发表的艺术学论文共计44篇。

三 数据统计与分析

数据比较与分析是本报告的主体部分,主要从发文数量、发表论文的期刊分布、发表论文的合作国家/地区、发表论文机构、发表论文被引频次、核心作者分析六个方面对SSCI、A&HCI收录我国内地2006—2010年的艺术学论文进行统计分析。

(一)发表论文年代分布

根据检索结果,SSCI、A&HCI在2006—2010年收录中国内地艺术学论文共计44篇,占SSCI、A&HCI在2006—2010年收录的中国内地论文总数9198篇的比例为0.49%,相对于其他人文社会科学学科而言,艺术学论文数量很少,所占的比例很小。因此,从发文数量学科间横向比较来看,艺术学的国际影响力相对较低。下表是2006—2010年SSCI、A&HCI收录中国内地艺术学论文的数量年度分布情况(见表6—25、图6—4)。

表6—25 2006—2010年SSCI、A&HCI收录中国内地艺术学论文年代分布表

出版年份	论文数(篇)	所占比例(%)
2006	5	11.36
2007	4	9.09
2008	16	36.36
2009	8	18.18
2010	11	25.00
合计	44	100

从表6—25可以看出,2006—2010年发表论文数依次为5篇、4篇、16篇、8篇和11篇。其中,2008年为16篇,占了发表论文总数的36.36%,较前一年是一个增长的高峰。

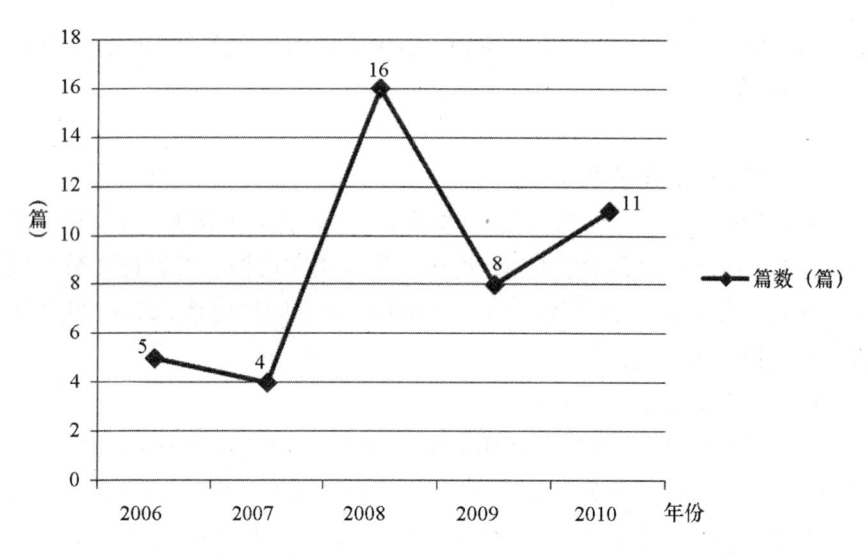

图6—4　2006—2010年SSCI、A&HCI收录中国内地艺术学论文数量趋势

从图6—4可以看出，2006—2010年，SSCI、A&HCI收录中国内地艺术学论文数量有所增长，但增长情况不稳定，起伏变化大；从2007年的4篇骤增至2008年的16篇，之后2009年又降至8篇，2010年上升到11篇。总体而言，2006—2010年艺术学的论文数量年度变化不稳定，增长幅度不明显。这说明我国内地艺术学的研究成果产出较少，且研究成果产出年代分布不均衡。

(二) 发表论文的期刊分布

对检索结果按照来源出版物进行精练，结果显示，44篇论文共来自13种刊物，在此，仅列举发表论文数量最多的前10种刊物 (见表6—26)。

表6—26显示，2006—2010年，刊登论文数量最多的刊物是 *MUSEUM INTERNATIONAL*（《国际博物馆》），该期刊在2006—2010年共计刊登我国内地艺术学的论文总数为11篇，占论文总数25.00%的比例；排在第二位的期刊为 *JOURNAL OF CULTURAL HERITAGE*（《文化遗产杂志》），共刊登了6篇，占13.64%；其余期刊刊登的艺术学论文数量均较少，与其他人文社会科学学科相比，艺术学研究成果产出较少，欠缺学界的关注与重视，国际影响力较低。

表6—26　　2006—2010年SSCI、A&HCI收录中国内地艺术学论文的所载期刊排名前10位

序号	期刊名（英文）	期刊名（中文）	论文数量（篇）	所占比例（%）
1	MUSEUM INTERNATIONAL	《国际博物馆》	11	25.00
2	JOURNAL OF CULTURAL HERITAGE	《文化遗产杂志》	6	13.64
3	ARTFORUM INTERNATIONAL	《艺术论坛》	3	6.82
4	THEATRE RESEARCH INTERNATIONAL	《国际戏剧研究》	2	4.55
5	STUDIES IN CONSERVATION	《文物保护研究》	2	4.55
6	ARTS OF ASIA	《亚洲艺术》	2	4.55
7	TDR THE DRAMA REVIEW THE JOURNAL OF PERFORMANCE STUDIES	《戏剧评论：表演研究杂志》	2	4.55
8	THIRD TEXT	《第三文本》	1	2.27
9	TELEVISION NEW MEDIA	《电视与新媒体》	1	2.27
10	LEONARDO	《莱奥纳多》	1	2.27

（三）发表论文的合作国家

对检索结果按照国家/地区进行精练，结果显示，44篇论文中我国内地学者共与8个国家的学者有合作，合作论文数如表6—27所示。

表6—27　　2006—2010年SSCI、A&HCI收录中国内地艺术学论文国际合作前8位

序号	合作发文作者国家/地区（英文）	合作发文作者国家/地区（中文）	合作发表论文数量（篇）	所占比例（%）
1	USA	美国	9	20.46
2	SWEDEN	瑞典	2	4.55
3	FRANCE	法国	2	4.55
4	SWITZERLAND	瑞士	1	2.27
5	SPAIN	西班牙	1	2.27
6	ITALY	意大利	1	2.27
7	GERMANY	德国	1	2.27
8	ENGLAND	英国	1	2.27

从表中可以看出，与我国内地学者合作发表艺术学论文最多的国家是美国，44篇论文中合作了9篇，占了20.46%；瑞典、法国以2篇并列第二，分别占了4.55%；接着依次是瑞士、西班牙、意大利、德国、英国。总体而言，我国内地艺术学领域的研究与国外缺乏合作交流，这可能是导致我国内地艺术学国际影响力低的原因之一。

（四）发表论文机构

对检索结果按照来源出版物进行精练，结果显示，44篇论文的作者所在机构共有69个，以论文数量排序，仅列举发文量排在前10位的论文作者所在机构（见表6—28）。

从发文机构类型的角度来看，前10位机构中有7所高等院校，共发表论文12篇，占总量的66.67%；2所博物院（馆）共发表论文4篇，占总量的22.22%；1所研究院所发表论文2篇，占总量的22.22%。这说明高等院校是艺术学论文发表的主要力量，博物院（馆）等作为艺术品的专门收藏与管理机构，也是艺术学论文的主要来源之一。另外，从论文发表数量来看，各个发文机构的发文数量相差不大，研究成果分布较为均匀。但同时也说明艺术学的研究力度仍不足。

表6—28　2006—2010年SSCI、A&HCI收录中国内地艺术学论文的作者所在机构前10位

序号	论文作者所在机构（英文）	论文作者所在机构（中文）	论文数量（篇）	所占比例（%）
1	PALACE MUSEUM	故宫博物院	3	6.82
2	UNIV SCI TECHNOL CHINA	中国科技大学	2	4.55
3	NANKAI UNIVERSITY	南开大学	2	4.55
4	NANJING UNIVERSITY	南京大学	2	4.55
5	CHINESE ACAD SCI	中国科学院	2	4.55
6	CENT ACAD FINE ARTS	中央美术学院	2	4.55
7	PEKING UNIVERSITY	北京大学	2	4.55
8	ZHEJIANG PROV MUSEUM	浙江省博物馆	1	2.27
9	YANGZHOU UNIVERSITY	扬州大学	1	2.27
10	XIAN JIAOTONG LIVERPOOL UNIVERSITY	西交利物浦大学	1	2.27

(五) 发表论文被引频次

经过统计，2006—2010年SSCI、A&HCI收录我国内地艺术学论文记录数量为44条，在此，仅列举被引频次排名前10位的论文（见表6—29）。

表6—29　　2006—2010年SSCI、A&HCI收录中国内地艺术学论文的被引频次前10位

序号	论文标题	作者	发表年份	被引频次
1	The Role of Motivation and Media Involvement in Explaining	Sun Shaojing	2008	12
2	Requirements for the Design of Advanced Driver Assistance Systems – The Differences between Swedish and Chinese Drivers	Lindgren, Anders; Chen Fang; Jordan, Patrick W.; Zhang Haixin	2008	9
3	Raman and SEM Studies of Man-made Barium Copper Silicate Pigments in Ancient Chinese Artifacts	Ma Qinglin; Portmann, Armin; Wild, Ferdinand; Berke, Heinz	2006	9
4	Mechanical Behavior of Leaning Masonry Huzhu Pagoda	Abruzzese, Donato; Miccoli, Lorenzo; Yuan Jianli	2009	6
5	Characterization and Origin of Weathering Crusts on Kylin Carved–stone, Kylin Countryside, Nanjing-A Case Study	Xu Feigao; Tang Jian; Gao Shixiang	2010	5
6	The Preliminary Study on Kiln Identification of Chinese Ancient Qingbai Wares by ICP–AES	Zhu Tiequan; Wang Changsui; Wang Hongmin; Mao Zhenwei	2010	3
7	Eugene O'Neill as Traditional Chinese Theatre: Adapting Desire under the Elms	Zhu Xuefeng	2009	3
8	Electrochemical Methods for Chloride Removal from Simulated Cast Iron Artefacts	Liu Jianguo; Li Yantano; Wu Maotao	2008	3
9	Preliminary Study of Water Mist Suppressing Ghee Flame in Historical Building in the Northwest China	Qin, J.; Weng, W. G.	2006	3
10	Research on Protection of the Architectural Glazed Ceramics in the Palace Museum, Beijing	Zhao, Jing; Li Weidong; Luo, Hongjie; Miao Jianmin	2009	2

注：数据检索日期为2014年12月6日。

被引频次最高的是发表于 2008 年来自复旦大学的"The Role of Motivation and Media Involvement in Explaining", 发表于 2008 年来自大连海事大学的论文"Requirements for the Design of Advanced Driver Assistance Systems – The Differences between Swedish and Chinese Drivers"以 9 次被引排在第二位。另外,排在前 10 位的论文有 7 篇来自高等院校、3 篇来自研究院所。最后,从整体上看,与其他学科相比,艺术学论文的被引用频次偏低。

(六) 艺术学学科中国核心作者分析

由于 2006—2010 年 SSCI、A&HCI 收录的中国内地艺术学论文的数量仅为 44 篇,且除了一位作者发表了 2 篇论文外,其余作者均只发表了一篇论文,没有核心作者与非核心作者的明显区别,此处仅将数据库默认排序的前 10 位作者列出(见表 6—30)。

表 6—30　2006—2010 年 SSCI、A&HCI 收录中国内地艺术学论文作者前 10 位

序号	作者名(英文)	作者名(中文)	所在机构	论文数量(篇)	所占比例(%)
1	Pi Li	皮力	中央美术学院	2	4.55
2	Su Donghai	苏东海	北京大学	1	2.27
3	Tang Jian	唐建	南京大学	1	2.27
4	Tang Jigen	唐际根	中国社会科学院	1	2.27
5	Yuan Hongli	袁红利	故宫博物院	1	2.27
6	Zhou Xiaomeng	周晓猛	南开大学	1	2.27
7	Wang Chuanping	王传平	三峡博物馆	1	2.27
8	Wang Changsui	王昌燧	中山大学	1	2.27
9	Wang Hongmin	王洪敏	中山大学	1	2.27
10	Wang Limei	王丽梅	故宫博物院	1	2.27

从表中可以看出,前 10 位作者中,有 6 位作者所在机构为高等院校,3 位作者所在机构为博物院(馆),1 位作者所在机构为研究院所,这说明在艺术学研究成果产出中,高等院校占据了绝对的优势。此外,前 10 位的作者均发表论文数量很少,这种现象在一定程度上反映了我国内地艺术学学科领域缺乏具有国际影响力的核心研究者。

四 小结

从上述发文数量、发表论文的期刊分布、发表论文的合作国家、发表论文机构、发表论文被引频次、核心作者分析六个方面可以看出我国内地艺术学的国际影响力水平相对于其他学科而言较低，具体依据如下。

一是从发文数量来看，艺术学学科领域发表的论文相对于其他学科而言发文数量少，并且年度发文量不稳定，起伏变化大。二是从发表论文的期刊分布来看，发表艺术学的论文的刊物只有13种，相比其他学科而言数量少。三是从发表论文的合作国家来看，合作的国家只有8个。四是从发表论文机构来看，发文机构数量为53个，以高等院校为主力。五是从发表论文被引频次来看，被引频次排在第一的论文的被引用频次为9次，被引用次数低。六是从作者来看，每位作者的发文量都很少，没有十分突出的核心作者。

第六节 历史学学科国际学术影响力

一 引言

"历史是过去的现实，现在是将来的历史。"人类社会的发展是由过去、现在和未来三部分组成的，过去已成为历史，现在和未来也会向历史演变，为了更好把握现在展望未来，需要正视历史，认识历史，揭示和发现历史发展过程中世界各民族、各国家社会活动的特殊规律和特点。历史学所具有的社会价值和经济价值、教育功能、借鉴功能、文化传播和传承功能，使之成为世界各国一个经久不衰的研究领域，尤其是对我们有着五千年历史的文明古国来说，历史学具有更重要的作用和意义，其发展更悠久，其传承和积淀更深厚。一方面，随着社会的发展以及全球化的变革，历史学的研究已不再局限于以往所固有的时空领域，开始向跨国、跨地区的国际化方向发展，并正努力借助国际性的学术研究平台展示中华悠久历史的独特魅力；另一方面，中国的发展进步与新世纪以来实施文化"走出去"的战略，使得中华文化的国际影响力不断扩大，而历史学作为人文社会科学的重要学科，是国家文化软实力的重要根基与体现，了解该学科在当前国际学术研究领域的发展状况，分析该学科的国际学术影响力，对于促进该学科的发展也具有重要意义。

二 数据来源

在《我国学科门类、一级学科与 WOS 学科类别对应表》中,历史学对应的 WOS 类别有 HISTORY(历史)、HISTORY OF SOCIAL SCIENCES(历史社会科学)和 MEDIEVAL & RENAISSANCE STUDIES(中世纪及文艺复兴研究)三个。经查询,2006—2010 年我国内地学者发表的历史学论文涉及的 WOS 类别是 HISTORY 和 HISTORY OF SOCIAL SCIENCES,共计发文 74 篇。

三 数据比较与分析

(一)发表论文年代分布

表 6—31 是 2006—2010 年 SSCI 和 A&HCI 收录中国内地历史学论文年代分布情况。从整体上看,中国内地学者发表的历史学论文数量少;从这 74 篇论文的年度分布来看,总体呈现逐年上升趋势。论文逐年增长的数据表明,我国关于历史学的研究实力在不断增强中,科研成果也在不断涌现。

表 6—31 2006—2010 年 SSCI、A&HCI 收录中国内地历史学论文年代分布

出版年份	论文数量(篇)	所占比例(%)
2006	6	8.11
2007	5	6.76
2008	9	12.16
2009	23	31.08
2010	31	41.89
合计	74	100

(二)发表论文期刊分布

期刊是学术交流与学术成果展示的重要平台与窗口,论文所刊载的期刊质量在一定程度上也是对论文学术水平和质量的认可。2006—2010 年,被 SSCI 和 A&HCI 收录的这 74 篇中国内地学者发表的历史学论文共刊载在 17 种期刊上,表 6—32 中只列出了发文数量排前 10 位的期刊,另 7 种期刊因版面有限未列出。其中刊载相关论文最多的期刊是 *CHINESE*

STUDIES IN HISTORY（《中国历史研究》），共刊载论文 27 篇，占历史学论文总数的 36.49%，该期刊是在美国出版的 A&HCI 国际检索期刊，在国际学术界有较大影响；其次是由台湾出版的 BULLETIN OF THE INSTITUTE OF HISTORY AND PHILOLOGY ACADEMIA SINICA［《（台湾）"中研院"历史语言研究所集刊》］，共刊载相关论文 19 篇，占历史学论文总数的 25.68%，该刊主要收录有关史学、语言学、考古学、人类学及文字学的学术论文。这 17 种期刊的 WOS 分类除历史学外，部分期刊还涉及体育学、宗教学、区域学等学科领域，这说明了历史学的研究内容与其他人文社会科学的研究有所交叉，而这对充实和完善历史学的研究具有积极的作用。

表 6—32　2006—2010 年 SSCI、A&HCI 收录中国内地历史学论文的所载期刊排名前 10 位

序号	期刊名（英文）	期刊名（中文）	论文数量（篇）	所占比例（%）
1	CHINESE STUDIES IN HISTORY	《中国历史研究》	27	36.49
2	BULLETIN OF THE INSTITUTE OF HISTORY AND PHILOLOGY ACADEMIA SINICA	《（台湾）"中研院"历史语言研究所集刊》	19	25.68
3	INTERNATIONAL JOURNAL OF THE HISTORY OF SPORT	《国际体育史杂志》	9	12.16
4	COLD WAR HISTORY	《冷战史》	3	4.05
5	JOURNAL OF ASIAN HISTORY	《亚洲史杂志》	2	2.70
6	INTERNATIONAL HISTORY REVIEW	《国际历史评论》	2	2.70
7	JOURNAL OF HISTORICAL GEOGRAPHY	《历史地理学杂志》	2	2.70
8	VOPROSY ISTORII	《历史杂志》	1	1.35
9	REVUE DE L HISTOIRE DES RELIGIONS	《宗教史杂志》	1	1.35
10	JOURNAL OF GLOBAL HISTORY	《世界史杂志》	1	1.35

（三）发表论文的合作国家

国家间的科研合作是学科国际化的重要因素之一。通过对这 74 篇论

文的作者及作者通讯地址进行分析,可以了解我国历史学领域的国际合作状况。如表6—33所示,2006—2010年,我国在历史学研究方面,主要与10个国家的作者有合作,合著论文共11篇,占论文总数的14.86%。其中,合著完成论文数最多的是美国,共4篇,这说明了与其他合作国家相比,我国学者与美国学者的合作频率相对其他国家来说较高。

合著完成的这11篇论文中,有7篇是2010年发表的,有2篇是2009年发表,2篇是2008年发表,由此可看出,中国历史学在国际刊物上发表的论文虽然少,但是合作国家和合作论文篇数逐年增多,总体呈现出开放性的发展态势。

表6—33　　2006—2010年SSCI、A&HCI收录中国内地历史学论文合作国家/地区

序号	合作发文作者国家/地区（英文）	合作发文作者国家/地区（中文）	合作发文数量（篇）	所占比例（%）
1	USA	美国	4	5.41
2	JAPAN	日本	2	2.70
3	SPAIN	西班牙	2	2.70
4	IRELAND	爱尔兰	1	1.35
5	BRAZIL	巴西	1	1.35
6	SWITZERLAND	瑞士	1	1.35
7	ENGLAND	英国	1	1.35
8	AUSTRIA	奥地利	1	1.35
9	AUSTRALIA	澳大利亚	1	1.35
10	CANADA	加拿大	1	1.35

（四）发表论文的中国作者所在机构

一个学术机构的发文数量是体现该机构学术影响力的一项重要指标。通过对2006—2010年中国各类机构在SSCI和A&HCI上发表的历史学论文的统计,可以看出在历史学研究领域中较有国际影响力的学术机构分布情况,共有来自34所中国科研机构的学者发表了历史学论文。表6—34中列出发表论文最多的前10位中国作者及其所在机构。

表6—34　　2006—2010年SSCI、A&HCI收录中国内地历史学
论文的作者所在机构前10位

序号	论文作者所在机构（英文）	论文作者所在机构（中文）	论文数量（篇）	所占比例（%）
1	PEKING UNIVERSITY	北京大学	12	16.22
2	EAST CHINA NORMAL UNIVERSITY	华东师范大学	8	10.81
3	COMMUNICATION UNIVERSITY CHINA	中国传媒大学	6	8.11
4	NANJING UNIVERSITY	南京大学	5	6.76
5	SUN YAT SEN UNIVERSITY	中山大学	3	4.05
6	RENMIN UNIVERSITY OF CHINA	中国人民大学	3	4.05
7	FUDAN UNIVERSITY	复旦大学	3	4.05
8	ZHEJIANG NORMAL UNIVERSITY	浙江师范大学	2	2.7
9	TSING HUA UNIVERSITY	清华大学	2	2.7
10	SICHUAN UNIVERSITY	四川大学	2	2.7

从发文机构的类型来看，高等院校的科研人员是撰写历史学论文的主力军，34所发文机构中有29所高等院校，其余5所发文机构分别为中国社会科学院、中国科学院、广东省社保局、中国第一历史档案馆、法国远东学院北京中心。从发文数量来看，历史学是国家一级重点学科的北京大学发文量最多，共计12篇；华东师范大学发文量位居第二；而其他各个机构发文数量整体来说则相差不大，研究成果少，研究力度有待提高。从高校类型和实力看，这些高等院校绝大多数都为国家重点大学，这说明历史学的国际论文产出与机构的知名度紧密相关，这些都主要得益于重点大学所具有的较好的研究条件和氛围，以及优质人才的聚集。历史学的研究成果数量与研究机构的历史系或历史专业的发展规模、科研水平、研究方向、学术传统、关注热点等因素息息相关。被SSCI和A&HCI收录的历史学论文的中国内地作者所在的这34所机构，特别是发文最多的前几所机构，大多数都是历史学国家一级和二级重点学科学校或为专门研究机构，这些机构专业性强、学科建设历史悠久、师资力量强大、学术沉淀丰富。

（五）发表论文被引频次

发表论文的被引用次数只能在一定程度上反映作者、机构和论文的学术影响，尤其是对历史学来说，其对时效性的追求没有其他人文社会科学学科那么迫切，且真正具有学术影响的研究成果往往需要时间的沉淀。

2006—2010 年 SSCI 和 A&HCI 收录的 74 篇中国内地历史学论文在 2006—2014 年有 22 篇论文被引用，其中 18 篇仅被引用 1 次，此处按检索结果默认排序只列出被引频次为 1 的前 6 篇论文（见表 6—35）。由此可见，我国内地历史学论文的质量和影响力还有待提高。其中，被引频次最高的是由陕西师范大学旅游与环境学院黄春长和西安外国语大学旅游学院·人文地理研究所苏红霞合著发表于 2009 年的"Climate Change and Zhou Relocations in Early Chinese History"。

表 6—35　　2006—2010 年 SSCI、A&HCI 收录中国内地历史学论文的被引频次前 10 位

序号	论文标题	作者	出版年份	被引频次
1	Climate Change and Zhou Relocations in Early Chinese History	Huang Chun Chang; Su Hongxia	2009	13
2	Land Use Change in Northeast China in the Twentieth Century: A Note on Sources, Methods and Patterns	Ye Yu; Fang Xiuqi	2009	5
3	The Global Social Insurance Movement since the 1880s	Hu Aiqun; Manning Patrick	2010	5
4	Competing for Leadership: Split or Detente in the Sino-Soviet Bloc, 1959-1961	Li Danhui; Xia Yafeng	2008	3
5	Comparative Output and Labor Productivity in Manufacturing between China, Japan, Korea and the United States for ca. 1935 - A Production-side PPP Approach	Yuan Tangjun; Fukao, Kyoji; Wu Harry X.	2010	1
6	The "Dewey Fever" in Jiangsu and Zhejiang During the May Fourth Movement and Its Relation to the Cultural Tradition in Jiangnan	Zou Zhenhuan	2010	1
7	Stalin and the Chinese Civil War	Kim Donggil	2010	1
8	The Construction of a Media Reality in Reporting the Beijing Olympic Torch Relay: The Case of the Beijing Evening News	Rui Feng	2010	1
9	Representing the Opening Ceremony: Comparative Content Analysis from USA, Brazil, UK and China	Luo Qing; Boccia, Leonardo V.; Han Chunmiao;	2010	1
10	Mirroring the Olympic Games - The Beijing 2008 Olympic Games in the American Media	Min Wu; Zhen Xu	2010	1

(六) 历史学中国核心作者

通过对被 SSCI 和 A&HCI 收录历史学论文的中国内地作者发文数量的统计分析，可以在一定程度上了解当前在历史学领域中较为活跃的学者的学术能力和影响力，也可作为衡量其所在机构历史学发展水平的标准之一。

表 6—36 中列出了 2006—2010 年在 SSCI 和 A&HCI 发表历史学论文最多的前 10 位中国作者。从表中可知：其一，被 SSCI 和 A&HCI 收录的历史学论文的中国作者发文数普遍偏低，发文篇数最多的是美国长岛大学（Long Island University）布鲁克林校区历史系教授同时兼任华东师范大学国际冷战史研究中心研究员的夏亚峰，共发文三篇，发文两篇的学者有 7 位。这在一定限度上反映了历史学学科缺乏具有国际影响力的核心研究者在国际性刊物上持续稳定发文。其二，在表列出的 10 位中国作者中，夏亚峰、沈志华和李丹慧都是华东师范大学国际冷战史研究中心的主要研究人员，该研究中心成立于 2001 年，是中国唯一进行冷战国际史研究的专门学术组织。其研究成果产出数量说明了该研究中心不仅聚集了多位优秀历史学家，而且在历史学领域具有较高的研究实力。其三，发表历史学论文数量最多的中国学者都是来自高等院校的科研人员，这从另一方面再次说明高校是历史学研究的绝对主力军。

表 6—36　　2006—2010 年 SSCI、A&HCI 收录中国内地历史学论文作者前 10 位

序号	作者名（英文）	作者名（中文）	所在机构	论文数量（篇）	所占比例（%）
1	Xia Yafeng	夏亚峰	华东师范大学	3	4.05
2	Shen Zhihua	沈志华	华东师范大学	2	2.70
3	Zhesheng Ouyang	欧阳哲生	北京大学	2	2.70
4	Wang Jiafeng	王加丰	浙江师范大学	2	2.70
5	Qing Luo	罗青	中国传媒大学	2	2.70
6	Lue Pengzhi	吕鹏志	四川大学	2	2.70
7	Li Qin-pu	李勤璞	鲁迅美术学院	2	2.70
8	Han Chunmiao	韩春苗	中国传媒大学	2	2.70
9	Li Danhui	李丹慧	华东师范大学	1	1.35
10	Huang Chun Chang	黄春长	陕西师范大学	1	1.35

说明：Wang Jiafeng（王加丰）分别以浙江师范大学和华东师范大学为通讯地址，各发表一篇文章，共计发文两篇。

四 小结

通过对历史学论文相关指标的统计与分析,能客观地反映出我国历史学在国际上的影响力水平和发展趋势。2006—2010年我国历史学相关论文被WOS收录的数量较少,但是也呈现出不断增长的趋势,这是历史学领域科研人员不断努力的成果。同时,也应正视历史学学科在国际学术上影响力的不足之处。

当前,我国历史学学科在内地的发展虽然较为成熟,成果丰富,但是其在国际上的学术活跃度较低,总体发展水平和国际影响力还有待提高。主要表现在以下几个方面。

1. 从发文数量上看,作为有着五千年历史的文明古国,我国历史学的国际性论文数量不容乐观,其在国际上的发展状况与国内对历史学的研究规模与研究热度不成正比。

2. 从发表论文的合作国家来看,合作国家和合作论文数量少,国际合作范围与广度还有待提高。

3. 从论文被引频次看,历史学学科的国际论文被引频次和篇均被引频次都较低,部分论文甚至从未被引用。而对我国作者发表的历史学论文进行引用的国家也相对集中在中国国内,其影响力扩展程度较低、范围较小。

4. 从中国核心作者看,核心作者效应不显著,在历史学学科研究领域比较固定的研究者数量很少,大多数研究者都具有一定的偶发性和瞬时性,缺乏对该学科的持续性和深入研究,尚未形成在国际上具有影响力和代表性的学者。

第七节 考古学学科国际影响力

一 引言

考古学是人文社会科学的一个重要领域,同时属于历史科学的一部分。考古学的主要任务是根据古代人类通过各种活动遗留下来的实物,研究人类古代社会的历史。[①] 中国作为一个具有五千年人类活动的文明

[①] 肖凤春:《中国考古学视野下的文化遗产保护》,《赤峰学院学报》(汉文哲学社会科学版)2013年第6期。

古国，在追寻古代遗存、探究历史方面具有非常悠久的历史。近代考古学发源于欧洲，20世纪20年代，通过西学东渐，中国的考古界开始以田野调查和发掘工作为基础，以对古代遗址、文物的发掘和研究为手段，重建中国历史，这是中国近代考古学的出现。经过近100年的发现，目前的中国考古学建立了科学的研究体系，研究领域不断扩大，理论水平和技术方法进一步提升，国际交流与合作进一步加强，相应的研究成果也呈现出数量增多、质量提高的态势。根据《中华人民共和国学科分类与代码国家标准GB/T13745—2009》，考古学下设7个二级学科：考古理论、考古学史、考古技术、中国考古、外国考古、专门考古、考古学其他学科，另有25个三级学科。分析和评价一个学科的发展可以从多个角度展开，例如发表论文数量、被引频次、国际合作发文数量等。因此，为了从整体上衡量中国考古学研究在世界考古学界的学术影响力和地位，本文通过对2006—2010年SSCI、A&HCI收录的中国内地学者发表的论文数量、论文被引频次等多个指标对该学科当时的国际学术影响力进行测评。

二 数据来源

根据《我国学科门类、一级学科与WOS学科类别对应表》，与考古学对应的WOS类别为ARCHAEOLOGY（考古学），经检索共得到65篇论文。即2006—2010年，SSCI和A&HCI收录中国内地作者发表的有关考古学的论文共计65篇。

三 数据比较与分析

（一）发表论文年代分布

2006—2010年SSCI、A&HCI收录中国内地学者发表的考古学论文数量共计65篇，呈现出总体增长、间有波动的态势。2006年发表论文7篇，到了2007年该数字翻了一番达到了14篇，但是到了2008年论文数量又回到了两年前的7篇。不过从该年度开始，发表论文数量呈大幅度增长，2009年较前一年增长了一倍多，2010年较前一年增长了30%以上。但从总体上看，中国内地学者发表考古学的论文数量较少（见表6—37）。

表 6—37 2006—2010 年 SSCI、A&HCI 收录中国内地考古学论文年代分布

出版年份	论文数量（篇）	所占比例（%）
2006	7	10.77
2007	14	21.54
2008	7	10.77
2009	16	24.62
2010	21	32.31
合计	65	100

（二）发表论文的期刊分布

中国内地学者发表的这 65 篇论文共刊载在 12 种期刊上。其中 JOURNAL OF ARCHAEOLOGICAL SCIENCE（《考古学杂志》）刊载论文最多，共计 33 篇，占论文总量的 50% 以上。接下来是 ARCHAEOMETRY（《考古术》）和 ANTIQUITY（《文物》），分别刊载 8 篇和 7 篇。JOURNAL OF CULTURAL HERITAGE（《文化遗产杂志》）紧随其后，刊载论文 6 篇。剩余的 8 种期刊共计刊载论文 11 篇，占论文总量的约 17%。可以说中国学者发表的考古学论文主要刊载在前 4 种期刊上，这 4 种期刊是中国学者借以传播中国考古学研究成果的主要平台，而这些期刊对于来自中国学者的考古学论文的认可度也比较高。其余未列出来的两种期刊分别是：CAMBRIDGE ARCHAEOLOGICAL JOURNAL（《剑桥考古学杂志》）和 ARCHAEOLOGY（《考古学》），分别刊载论文 1 篇。

表 6—38 2006—2010 年 SSCI、A&HCI 收录我国内地考古学论文所载期刊排名前 10 位

序号	期刊名（英文）	期刊名（中文）	论文数量（篇）	所占比例（%）
1	JOURNAL OF ARCHAEOLOGICAL SCIENCE	《考古学杂志》	33	50.77
2	ARCHAEOMETRY	《考古术》	8	12.31
3	ANTIQUITY	《文物》	7	10.77
4	JOURNAL OF CULTURAL HERITAGE	《文化遗产杂志》	6	9.23

续表

序号	期刊名（英文）	期刊名（中文）	论文数量（篇）	所占比例（%）
5	WORLD ARCHAEOLOGY	《世界考古学》	2	3.08
6	STUDIES IN CONSERVATION	《文物保护研究》	2	3.08
7	ARCHAEOLOGICAL AND ANTHROPOLOGICAL SCIENCES	《考古和人类学》	2	3.08
8	JOURNAL OF WORLD PREHISTORY	《世界史前史杂志》	1	1.54
9	JOURNAL OF ANTHROPOLOGICAL ARCHAEOLOGY	《人类考古学杂志》	1	1.54
10	ENVIRONMENTAL ARCHAEOLOGY	《环境考古学》	1	1.54

（三）发表论文的合作国家

检索到的65篇论文中，中国内地作者与美国学者合作发表的论文有16篇，与澳大利亚学者合作发表的论文有13篇，其次是英国有11篇。与这三个国家的合作发文约占总发文量的62%，这说明我国考古学学者已经与这三个国家形成了较为稳定的科研合作关系，而这样稳定的合作关系不仅能在一定程度上扩展中国考古学研究的视野和范围，而且对于国外学者加深对中国考古学乃至中国文化的了解和认识都多有裨益（见表6—39）。

表6—39　　2006—2010年SSCI、A&HCI收录中国内地考古学论文国际合作前10位

序号	合作发文作者国家/地区（英文）	合作发文作者国家/地区（英文）	合作发文数量（篇）	所占比例（%）
1	USA	美国	16	24.62
2	AUSTRALIA	澳大利亚	13	20.00
3	ENGLAND	英国	11	16.92
4	GERMANY	德国	2	3.08
5	CANADA	加拿大	2	3.08
6	AUSTRIA	奥地利	2	3.08
7	SWITZERLAND	瑞士	1	1.54
8	SPAIN	西班牙	1	1.54
9	SOUTH KOREA	韩国	1	1.54
10	NEW ZEALAND	新西兰	1	1.54

(四) 发表论文机构

根据检索到的数据，符合要求的 65 篇考古学论文作者在排除掉国外作者后，前 10 位中国内地作者所在机构如表 6—40 所示。

表 6—40　　2006—2010 年 SSCI、A&HCI 收录中国内地考古学论文的作者所在机构前 10 位

序号	发表论文作者所在机构（英文）	发表论文作者所在机构（中文）	论文数量（篇）	所占比例（%）
1	CHINESE ACADEMY OF SCIENCES	中国科学院	26	40
2	PEKING UNIVERSITY	北京大学	10	15.39
3	CHINESE ACADEMY OF SOCIAL SCIENCES	中国社会科学院	8	12.31
4	UNIVERSITY OF SCIENCE TECHNOLOGY CHINA	中国科学技术大学	4	6.15
5	BEIJING MUSEUM NAT HIST	北京自然历史博物馆	4	6.15
6	UNIVERSITY OF SCIENCE TECHNOLOGY BEIJING	北京科技大学	3	4.62
7	JILIN UNIVERSITY	吉林大学	3	4.62
8	HENAN PROV INST CULTURAL REL ARCHAEOL	河南省文物考古研究所	3	4.62
9	XIAN JIAOTONG UNIVERSITY	西安交通大学	2	3.08
10	SHANDONG UNIVERSITY	山东大学	2	3.08

从表中可以看出，中国科学院是考古学研究论文发表的主力军，发表论文 26 篇。中国科学院下设古脊椎动物与古人类研究所，中国科学院大学人文学院下设有科技史与科技考古系，这两个机构是中国科学院考古学论文的主要贡献力量之一。此外，来自北京大学的学者发表考古学论文 10 篇，来自中国社会科学院的学者发表论文 8 篇。从机构的类别来看，来自科研院所、高校和博物馆的作者占据了考古学论文的半壁江山。

（五）发表论文被引频次

从目前收集到的数据来看，2006—2010 年中国内地学者发表的论文被引频次前 10 位如表 6—41 所示。

表6—41　　2006—2010年SSCI、A&HCI收录中国内地考古学论文的被引频次前10位

序号	论文标题	作者	出版年份	被引频次
1	Presumed Domestication? Evidence for Wild Rice Cultivation and Domestication in the Fifth Millennium BC of the Lower Yangtze Region	Fuller, Dorian Q.; Harvey, Emma; Qin, Ling	2007	81
2	Consilience of Genetics and Archaeo-Botany in the Entangled History of Rice	Fuller, Dorian Q.; Sato, Yo-Ichiro; Castillo, Cristina; Qin Ling; Weisskopf, Alison R.; Kingwell-Banham, Eleanor J.; Song Jixiang; Ahn, Sung-Mo; van Etten, Jacob	2010	50
3	Water Management and Labour in the Origins and Dispersal of Asian Rice	Fuller Dorian Q.; Qin Ling	2009	44
4	The Late Upper Paleolithic Occupation of the Northern Tibetan Plateau Margin	Madsen, David B.; Ma Haizhou; Brantingham, P. Jeffrey; Xing, Gao; Rhode, David; Zhang Haiying; Olsen, John W.	2006	39
5	Epipaleolithic/Early Neolithic Settlements at Qinghai Lake, Western China	Rhode, David; Zhang Haiying; Madsen, David B.; Xing, Gao; rantingham, R. Jeffrey; Ma Haizhou; Olsen, John W.	2007	35
6	Stable Isotopic Analysis of Human Bones from Jiahu Site, Henan, China: Implications for the Transition to Agriculture	Hu, Yaowu; Ambrose, Stanley H.; Wang, hangsui	2006	33
7	Stable Isotope Analysis of Humans from Xiaojingshan Site: Implications for Understanding the Origin of Millet Agriculture in China	Hu, Yaowu; Wang, Shougong; Luan, Fengshi; Wang, Changsui; Richards, Michael P.	2008	26
8	Thorium-230 Coral Chronology of a Late Prehistoric Hawaiian Chiefdom	Weisler, MI; Collerson, KD; Feng, YX; Zhao, JX; Yu, KF	2006	25
9	New Data and New Issues for the Study of Origin of Rice Agriculture in China	Zhao Zhijun	2010	24
10	Peopling of the Northern Tibetan Plateau	Brantingham, P. Jeffrey; Gao Xing	2006	23

被引频次最高的是于 2007 年发表在 ANTIQUITY（《文物》）的 "Presumed Domestication? Evidence for Wild Rice Cultivation and Domestication in the Fifth Millennium BC of the Lower Yangtze Region"，该文有三位作者，分别是来自英国伦敦大学（University of London）考古研究所的 Fuller Dorian Q. 和 Harvey Emma 以及来自北京大学的秦岭。值得注意的是被引频次排前三位的论文第一作者均是 Fuller Dorian Q.，且都有中国学者秦岭。这说明这两位学者不仅形成了较为稳定的学术合作关系，而且发表的论文质量较高。从被引频次排前 10 名的论文可以看出，前 4 个高被引论文的第一作者均非中国内地学者，而且这 10 篇论文中，第一作者是中国内地学者的仅有 4 篇。这说明在国际考古学界，我国内地学者的学术水平和国际影响力并非前列。

（六）考古学中国内地核心作者分析

为了对被 SSCI、A&HCI 收录的中国内地学者发表的考古学论文的主要研究力量进行分析，收集了发表论文数量排前 10 位的中国内地学者相关信息，详见表 6—42。

表 6—42　　2006—2010 年 SSCI、A&HCI 收录中国内地考古学论文的前 10 位发文作者

序号	作者名（英文）	作者名（中文）	所在机构	论文数量（篇）	所占比例（%）
1	Wang Changsui	王昌燧	中国科学院	5	7.69
2	Li Chengsen	李承森	中国科学院	5	7.69
3	Qin Ling	秦岭	北京大学	4	6.15
4	Chen Xingcan	陈星灿	中国社会科学院	4	6.15
5	Gao Xing	高星	中国科学院	3	6.15
6	Wang Yufei	王宇飞	中国科学院	3	4.62
7	Mei Jianjun	梅建军	中国科技大学	3	4.62
8	Li Xiao	李肖	中国科学院	3	4.62
9	Jiang Hongen	蒋洪恩	中国科学院	3	4.62
10	Cai Dawei	蔡大伟	吉林大学	3	4.62

从表 6—42 可以看出，来自中国科学院科技史与科技考古系的王昌燧、刘丽、李承森共合作发表论文 5 篇。任职于北京大学考古及博物馆学

专业的秦岭发表论文4篇。中国社会科学院考古研究所的陈星灿发表论文4篇，其中三篇是与斯坦福大学（Stanford University）东亚考古学教授刘莉合作完成的。中国科学院古脊椎动物与古人类研究所的高星、中国科学院植物研究所的王宇飞和中国科学院系统与进化生物学国家重点实验室的蒋洪恩均发表论文3篇。三个不同研究方向的学者都发表了与考古学有关的论文，充分反映出考古学的跨学科性质。

四 小结

从前文对中国内地学者在 SSCI A&HCI 中发表或参与发表论文来看，2006—2010年，我国内地的考古学研究成果在国际考古学界尚未占有重要位置，数量少，发表的期刊较为集中且期刊数量也少，主要与美国、澳大利亚与英国的学者合作发表论文较多，来自中国科学院的论文数量最多。但整体上的影响力较低。

第八节 经济学学科国际影响力

一 引言

经济学是一门研究人类社会在各个发展阶段上的各种经济活动和各种相应的经济关系及其运行、发展的规律的学科。[①] 目前，学界普遍的共识是经济学是随着资本主义的兴起而逐渐发展成为一门科学的，其发展的主要流派大致划分为五个阶段：启蒙阶段（重商主义、重农学派）、古典学派、新古典主义、凯恩斯主义和新古典综合派。以马克思主义政治经济学为指导的中国经济学经过历任党和国家领导人不断发展和创新，逐步建立了具有中国特色的社会主义市场经济体制。在这一过程中，经济学不仅贡献了大量的研究成果用于经济体制改革，而且自身也焕发出勃勃生机，得到了更进一步的发展。《中华人民共和国学科分类与代码国家标准（GB/T13745—2009）》中作为一级学科的经济学，下设有政治经济学、宏观经济学、微观经济学等35个二级学科，156个三级学科，是我国人文社会科学一级学科中二、三级学科最多的，这也从一个侧面反映出经济学的繁荣发展以及在国家社会经济各项发展中的重要作用。论文作为研究成果的

---

① 赵春荣：《经济学》，中国经济出版社2010年版。

重要展现形式之一，是研究我国经济学学术成果影响力和水平高低的重要指标。本节以 2006—2010 年 SSCI 和 A&HCI 收录的我国内地经济学论文为对象，具体围绕论文发表年代分布、期刊分布、合作发表论文的作者所属国家/地区、发表论文的中国内地作者所在机构、论文被引频次以及核心作者这 6 个方面进行综合性的数据统计和分析，以期对这一时期我国经济学学科在国际学术界的影响力水平做一个评估。

二 数据来源

根据《我国学科门类、一级学科与 WOS 学科类别对应表》，与经济学对应的 WOS 类别有 BUSINESS FINANCE（商业金融）、BUSINESS（商业）和 ECONOMICS（经济学）三项。经查，2006—2010 年，SSCI、A&HCI 收录中国内地学者发表的涉及以上三种 WOS 类别的经济学论文共计 1519 篇。

三 数据比较与分析

（一）发表论文年代分布

根据检索结果，2006—2010 年 SSCI 和 A&HCI 收录中国内地经济学论文共计 1519 篇。从表 6—43 可以看出，2006—2010 年，我国内地经济学论文数量呈逐年增长的趋势，其中增幅最大的是 2008 年，较前一年增加了 47.7%，增幅最小的是 2010 年，但仍较前一年增加了 17%。论文数量的稳步增长说明在这一时期我国内地经济学研究成果的数量和质量的提升，也反映出经济学学科的国际学术影响力在逐步增加。

表 6—43　　2006—2010 年 SSCI、A&HCI 收录中国内地经济学论文年代分布

出版年份	论文数（篇）	所占比例（%）
2006	143	9.41
2007	199	13.10
2008	294	19.36
2009	406	26.73
2010	477	31.40
合计	1519	100

(二) 发表论文的期刊分布

2006—2010 年，SSCI 和 A&HCI 收录我国内地学者发表的 1519 篇经济学论文共刊载在 294 种期刊上，因为篇幅所限，本《报告》仅列出刊载论文数量前 10 位的期刊（见表 6—44）。

从表 6—44 可以看出，刊载论文数量最多的刊物是 CHINA & WORLD ECONOMY（《中国与世界经济》），共刊载论文 117 篇。该刊于 1993 年由中国社会科学院世界经济与政治研究所主办，2005 年被美国经济协会主办的 JOURNAL OF ECONOMIC LITERATURE（《经济学文献期刊》）收入其文献索引系统，2006 年起与国际著名学术出版集团 Wiley–Blackwell 合作，并于当年进入 SSCI 检索系统。该刊刊载的论文主题主要围绕以下几个方面：中国政府官员与学者关于重要经济改革和政策的研究，有关评估和预测中国经济形势和发展趋势，关于改革开放的重大理论和政策问题以及中国在金融、贸易和税收等领域的最新政策等方面的研究。CHINA ECONOMIC REVIEW（《中国经济评论》）由中国留美经济学会主办，主要收录关于中国经济研究、中国经济与世界经济相互作用的原创性论文，尤其关注中国经济制度、政策、中国经济运行情况的研究。

表 6—44　2006 年—2010 年 SSCI、A&HCI 收录中国内地经济学论文的所载期刊排名前 10 位

序号	期刊名（英文）	期刊名（中文）	论文数量（篇）	所占比例（%）
1	CHINA & WORLD ECONOMY	《中国与世界经济》	117	7.71
2	CHINA ECONOMIC REVIEW	《中国经济评论》	76	5.01
3	INSURANCE MATHEMATICS ECONOMICS	《保险：数学与经济学》	75	4.94
4	ECOLOGICAL ECONOMICS	《生态经济学》	46	3.03
5	JOURNAL OF ECONOMETRICS	《计量经济学杂志》	38	2.51
6	ECONOMICS LETTERS	《经济学快报》	38	2.51
7	JOURNAL OF BUSINESS ETHICS	《商业伦理期刊》	32	2.11
8	ANNALS OF ECONOMICS AND FINANCE	《经济金融年刊》	30	1.98
9	JOURNAL OF BANKING FINANCE	《银行业与金融杂志》	26	1.71
10	APPLIED ECONOMICS LETTERS	《应用经济学快报》	25	1.65

(三) 合作发表论文的作者所属国家/地区

从国际合作发文来看,我国内地学者发表的1517篇经济学论文共与来自48个国家的学者有合作,本《报告》列出并分析与我国内地学者合作发表论文最多的前10个国家(见表6—45)。

从表中可以看出,与我国内地合作最多的国家是美国,1517篇论文中合作了528篇,占了论文总数的1/3多,这反映出2006—2010年,我国内地学者与美国学者在经济学领域建立了较为密切的交流与合作关系,而且研究成果的产出量和质量较高。此外,我国内地学者与英国合作发表论文为114篇,接着依次是加拿大、澳大利亚等国家。从该表也可以看出,在经济学领域的国际性研究中,我国内地学者合作最多的是来自发达国家的学者,而与发展中国家的合作较为薄弱。

表6—45　　2006—2010年SSCI、A&HCI收录中国内地经济学论文国际合作前10位

序号	合作发文作者国家/地区(英文)	合作发文作者国家/地区(中文)	合作发表论文数量(篇)	所占比例(%)
1	USA	美国	528	34.81
2	ENGLAND	英国	114	7.52
3	CANADA	加拿大	95	6.26
4	AUSTRALIA	澳大利亚	72	4.75
5	JAPAN	日本	43	2.84
6	SINGAPORE	新加坡	42	2.77
7	GERMANY	德国	34	2.24
8	NETHERLANDS	荷兰	29	1.91
9	SOUTH KOREA	韩国	27	1.78
10	FRANCE	法国	22	1.45

(四) 发表论文的中国内地作者所在机构

从发表论文作者所在机构来看,符合检索条件的1517篇经济学论文的作者共来自国内外911个机构,为了考察我国内地学者及其所在机构的学术影响力水平,本节仅列举发表论文数量最多的前10位作者所在单位

（见表 6—46）。从表中可以看出，论文数量最多的是北京大学，共有 227 篇，比第二位多了 83%。北京大学设有经济学院和光华管理学院。其中，北京大学经济学院是综合大学中最早建立的经济系科，是全国最早设立经济学博士后流动站的学院，设有经济学、国际经济与贸易、金融学等 6 个本科专业，8 个硕士学位点，7 个博士学位点，1 个经济学博士后流动站和 14 个研究机构。光华管理学院前身是成立于 1985 年的北京大学经济管理系，1994 年正式更名为光华管理学院，作为北大工商管理教育的主体，目前的光华管理学院是亚太地区最优秀的商学院之一。这两个学院以及北京大学的各类经济学研究院所形成了较为强劲的研究力量，成为目前国内经济学学术研究成果的主要贡献力量之一。此外，从发文机构类型的角度来看，排名前 10 位的机构中有 8 所高等院校、2 所研究院，这说明来自高等院校的学者在发表经济学国际论文中占有重要地位。

表 6—46　　2006—2010 年 SSCI、A&HCI 收录中国内地经济学论文的作者所在机构前 10 位

序号	论文作者所在机构（英文）	论文作者所在机构（中文）	论文数量（篇）	所占比例（%）
1	PEKING UNIVERSITY	北京大学	227	14.96
2	TSING HUA UNIVERSITY	清华大学	124	8.17
3	CHINESE ACADEMY OF SCIENCES	中国科学院	104	6.86
4	CENTRAL UNIVERSITY FINANCE ECONOMICS	中央财经大学	71	4.68
5	RENMIN UNIVERSITY OF CHINA	中国人民大学	70	4.61
6	FUDAN UNIVERSITY	复旦大学	70	4.61
7	ZHEJIANG UNIVERSITY	浙江大学	61	4.02
8	CHINESE ACADEMY OF SOCIAL SCIENCES	中国社会科学院	57	3.76
9	SHANGHAI UNIVERSITY OF FINANCE ECONOMICS	上海财经大学	55	3.63
10	SHANGHAI JIAO TONG UNIVERSITY	上海交通大学	47	3.09

（五）发表论文被引频次

经过统计，2006—2010 年 SSCI、A&HCI 收录我国内地经济学论文 1517

篇，在此，仅列举被引频次排名前 10 位的论文（见表6—47）。2009 年发表的论文"Energy Consumption, Carbon Emissions, and Economic Growth in China"以被引频次 134 次位居首位，年均被引 22 次，反映出该论文具有较高的学术价值和影响力。此外该论文发表在 ECOLOGICAL ECONOMICS（《生态经济学》）上，这是一个以生态经济学为主的跨学科性刊物，在国际经济学领域具有重要的影响力。而且其他被引频次高的论文的来源期刊也都是国际经济学领域的知名期刊，这反映出论文的学术影响力在一定程度上与刊载论文的期刊的质量水平有密切关系。从整体上来看，2006—2010年，SSCI、A&HCI 收录中国内地经济学论文被引前 10 位的论文的被引频次相对其他人文社会科学来说数值较高，这既与我国内地从事经济学研究的学者和专业人员数量较多有紧密联系，也表明我国内地经济学学科在国际学术界相比其他人文社会科学学科具有较高的认可度和影响力。

表6—47　2006—2010 年 SSCI、A&HCI 刊载的中国内地经济学论文被引频次前 10 位

序号	论文标题	作者	出版年份	被引频次
1	Energy Consumption, Carbon Emissions, and Economic Growth in China	Zhang Xingping; Cheng Xiaomei	2009	134
2	Perspectives on China's Outward Foreign Direct Investment	Morck, Randall; Yeung, Bernard; Zhao Minyuan	2008	131
3	Extending Health Insurance to the Rural Population: An Impact Evaluation of China's New Cooperative Medical Scheme	Wagstaff, Adam; Lindelow, Magnus; Gao Jun; Xu Ling; Qian Juncheng	2009	117
4	Energy Consumption and Economic Growth: Evidence from China at both Aggregated and Disaggregated Levels	Yuan Jiahai; Kang Jiangang; Zhao Changhong; Hu Zhaoguang	2008	116
5	Stocks as Lotteries: The Implications of Probability Weighting for Security Prices	Barberis, Nicholas; Huang Ming	2008	112
6	From Homogenization to Pluralism: International Management Research in the Academy and Beyond	Tsui, Anne S.	2007	95
7	China's Ecological Rehabilitation: Unprecedented Efforts, Dramatic Impacts, and Requisite Policies	Xu JT; Yin RS; Li Z; Liu C	2006	92

续表

序号	论文标题	作者	出版年份	被引频次
8	Productivity Spillovers from R&D, Exports and FDI in China's Manufacturing Sector	Wei Y; Liu X	2006	90
9	Growth, Population and Industrialization, and Urban Land Expansion of China	Deng Xiangzheng; Huang Jikun; Rozelle, Scott; Uchida, Emi	2008	89
10	China's Sloping Land Conversion Program: Institutional Innovation or Business Asusual?	Bennett, Michael T.	2008	87

（六）经济学科中国核心作者

2006—2010年SSCI、A&HCI收录的中国内地经济学类论文的数量达到1519篇，本《报告》仅列出发表论文数量最多的前10位作者（见表6—48）。从表中可以看出，发表论文数量最多的是来自中国科学院的黄季焜，共发表论文33篇，年均发表论文6篇之多。排名第二的是来自清华大学的特聘教授及美国得克萨斯A&M大学（Texas A&M University）终身教授的李奇，在国际知名学术期刊发表多篇具有国际影响力的经济学论文。从论文作者所在机构来看，有7位来自高等院校，其中一位来自财经类高校。另外3位来自中国科学院，但并非专业从事经济学研究，如黄季焜来自中国科学院农业政策研究中心，张林秀来自地理科学与资源研究所，杨军来自声学研究所，但其发表的论文多与经济学相关理论有交叉，这也反映出各类学科的进一步纵深发展以及社会经济状况的复杂化，推动了不同学科之间的交叉融合，拓展了学科领域范围。

表6—48 2006—2010年SSCI、A&HCI收录中国内地经济学论文的前10位发文作者

序号	作者名（英文）	作者名（中文）	所在机构	论文数量（篇）	所占比例（%）
1	Huang Jikun	黄季焜	中国科学院	33	2.18
2	Li Qi	李奇	清华大学	13	0.86
3	Zhang Chengsi	张成思	中国人民大学	12	0.79
4	Zhang Linxiu	张林秀	中国科学院	9	0.59

续表

序号	作者名（英文）	作者名（中文）	所在机构	论文数量（篇）	所占比例（%）
5	Su Liangjun	苏良军	北京大学	9	0.59
6	Liu Yi	刘益	西安交通大学	7	0.46
7	Li Yuan	李垣	西安交通大学	6	0.40
8	Yang Jun	杨军	中国科学院	4	0.26
9	Zhang Jun	张军	复旦大学	3	0.20
10	Li Han	李晗	西南财经大学	2	0.13

四 结论

从上述数据的统计分析可以看出，2006—2010 年，我国内地学者在 SSCI 和 A&HCI 中发表的经济学论文相比其他人文社会科学论文数量较多，我国内地主办的 CHINA & WORLD ECONOMY 是刊载论文数量最多的，其他期刊也在国际经济学界具有较高的知名度和影响力。从合作国家/地区来说，我国内地学者与美国学者合作最多，论文数量约达总量的 35%。内地发文机构中，北京大学占据主导地位，而且从机构类型上来说，高校所占比例高。从论文被引频次来看，经济学高被引论文的被引频次明显高于其他人文社会科学，而且高被引论文的来源期刊具有较高的影响力水平。核心作者方面，来自中国科学院的黄季焜发表论文 33 篇，是当时中国内地经济学界的核心作者之一。从整体上来说，2006—2010 年，SSCI 和 A&HCI 收录我国内地经济学论文的国际学术影响力水平高于同时段人文社会科学的其他学科，呈现出良好的发展态势。

第九节 政治学学科国际学术影响力

一 引言

政治学作为一门独立的学科，是以人类的政治行为和政治现象作为研究对象的，其研究的科学成果和结论对于人们认识政治现象，掌握政治规律有着重要的指导作用。政治学是社会科学中极为重要的一门学科，这是因为任何人类活动都必须在政治这一制高点的脉络下进行。随着我国国际政治地位的不断提升，我国学者在政治学领域的研究宽度和深度有所加强，学术界在承担学科建设与学术研究重担的同时，也必须在科学发展观的指导下，以科学和理性的态度对我国政治学当前的国际影响力有一个客观的评价与认识，正确审视该学科所处的国际学术环境，并进行适当的学术反思。以下将基于 WOS 的 SSCI 和 A&HCI 两大人文社会数据库，统计论文数量、期刊分布、合作国家、核心作者等相关数据，以分析 2006—2010 年我国内地政治学的国际学术影响力以及该学科的发展现状与趋势。

二 数据来源

《我国学科门类、一级学科与 WOS 学科类别对应表》中，政治学对应的 WOS 类别为：INTERNATIONAL RELATIONS RESEARCH（国际关系研究）和 POLITICAL SCIENCE（政治科学）。经查询，2006—2010 年我国内地学者发表或参与发表的论文涉及上述 2 种 WOS 类别，共计发文 192 篇。这两个类别中，论文主要集中在 INTERNATIONAL RELATIONS RESEARCH 的类别中，发表论文 166 篇。

三 数据比较与分析

（一）发表论文年度分布

2006—2010 年，被 SSCI 和 A&HCI 收录的中国内地学者发表的政治学论文共计 192 篇，占 SSCI、A&HCI 在 2006—2010 年收录中国内地人文社会学科论文总数 9198 篇的 2.09%，其研究成果相对较少，年度分布见表 6—49。通过对各个年度的论文篇数进行统计，可以发现，政治学的论文产出年度分布不均，增长趋势不稳定，但是在 2010 年达到了论文产出最大化，学科研究活跃度有所增长。这 192 篇政治学论文使用语种最多的是英语，共计 190 篇，其余两篇为德语，这一方面反映了我国政治学研究领域科研人员对于英文这一国际化语言的写作和运用能力，但是另一方面也正反映出我国内地政治学学术成果发表的语种使用的单一性。

表6—49　2006—2010年SSCI、A&HCI收录中国内地政治学论文年代分布

出版年份	论文数量（篇）	所占比例（%）
2006	30	15.63
2007	22	11.46
2008	50	26.04
2009	27	14.06
2010	63	32.81
合计	192	100

（二）发表论文期刊分布

对检索结果按照来源出版物进行精练，结果显示，192篇政治学论文共来自60种刊物。在此，为了对期刊的质量及在国际上的影响力有一个较为客观的了解，如表6—50所示，列出了发文数量排前10位的期刊，其中《问题与研究》（ISSUES & STUDIES）同样刊载了5篇论文，但因篇幅所限未列出。列出的这10种期刊共载文117篇，占论文总数192篇的60.94%。

从表6—50中可以看出，刊载论文篇数最多的刊物是 CHINESE JOURNAL OF INTERNATIONAL POLITICS（《中国国际政治学杂志》），该刊是由清华大学当代国际关系研究院主办的英文学术期刊，创刊于2006年8月，主要刊登中国对外政策、东亚国际关系、国际关系理论等领域高质量研究论文和学术综述，于2012年7月被SSCI收录，是中国大陆第一本被SSCI收录的政治学/国际关系专业学术期刊，其在SSCI中的检索被回溯到2006年，即创刊以来发表的所有文章都被SSCI收录。其次，是载文量为26篇的 CHINESE JOURNAL OF INTERNATIONAL LAW（《中国国际法论刊》），该刊物由武汉大学法学院易显河主编，中国国际法学会和武汉大学国际法研究所联合主办，于2008年被SSCI列入来源期刊，是由中国学者主编的唯一进入SSCI的法学期刊，这也正说明了法学与政治学的学科交叉与融合。从载文量最多的这两种期刊可以发现，我国内地政治学领域的科研人员在选择期刊时较为集中，且偏爱于向由我国内地主办的学术期刊投稿（见表6—50）。

表6—50 2006—2010年SSCI、A&HCI收录中国内地政治学论文的所载期刊排名前10位

序号	期刊名（英文）	期刊名（中文）	论文数量（篇）	所占比例（%）
1	CHINESE JOURNAL OF INTERNATIONAL POLITICS	《中国国际政治学杂志》	28	14.58
2	CHINESE JOURNAL OF INTERNATIONAL LAW	《中国国际法论刊》	26	13.54
3	ASIA EUROPE JOURNAL	《亚欧杂志》	13	6.77
4	WASHINGTON QUARTERLY	《华盛顿季刊》	10	5.21
5	WORLD ECONOMY	《世界经济》	9	4.69
6	KOREAN JOURNAL OF DEFENSE ANALYSIS	《韩国防务分析杂志》	7	3.65
7	JOURNAL OF WORLD TRADE	《世界贸易杂志》	7	3.65
8	MARINE POLICY	《海洋政策》	6	3.13
9	EMERGING MARKETS FINANCE AND TRADE	《新兴市场金融和贸易》	6	3.13
10	JOURNAL OF MARITIME LAW AND COMMERCE	《海商法杂志》	5	2.60

（三）合作发表论文的作者所属国家/地区

对检索结果按照国家/地区进行精练，结果显示，192篇论文中共有63篇论文是与27个国家的学者合作完成的，因篇幅所限，表6—51仅列出合作发表政治学论文的前10个国家，另还有法国、韩国、新加坡和意大利都与中国内地学者合作发表2篇政治学论文。需要注意的是，同一篇论文可能是由多个国家学者合作完成，在统计时是以国家为单位对论文篇数进行统计，因此，各个国家的论文篇数之和大于63篇。从表中可以看出，在政治学领域，与我国合作最多的国家是美国，合作论文篇数为24篇，占合著论文篇数（63篇）的38.1%，占发表政治学论文数的12.50%，这反映了我国学者与美国学者在政治学研究领域的合作关系较为稳固且频率较高。

表6—51　　2006—2010 年 SSCI、A&HCI 收录中国内地政治学论文国际合作前 10 位

序号	合作发文作者国家/地区（英文）	合作发文作者国家/地区（中文）	合作发文数量（篇）	所占比例（%）
1	USA	美国	24	12.50
2	ENGLAND	英国	11	5.73
3	GERMANY	德国	7	3.65
4	NETHERLANDS	荷兰	5	2.60
5	DENMARK	丹麦	5	2.60
6	CANADA	加拿大	5	2.60
7	JAPAN	日本	4	2.08
8	AUSTRALIA	澳大利亚	4	2.08
9	SWITZERLAND	瑞士	2	1.04
10	SWEDEN	瑞典	2	1.04

（四）发表论文的中国作者所在机构

对检索结果按照机构扩展进行精练，为便于分析，仅列出在 SSCI 和 A&HCI 发表政治学论文最多的前 10 位中国作者所在机构（见表6—52），以此管窥我国在政治学领域较有国际影响力的研究机构。另有大连海事大学、吉林大学与上海交通大学均发表论文 5 篇，但由于篇幅所限不再列出。这 10 所机构共发文 127 篇，占发表论文总数的 66.15%，由此可见这 10 所机构政治学国际性论文产出在全国各科研机构中占有相当大的比重。

从发文机构的类型来看，发表论文最多的前 10 位中国作者所在机构中，除中国社会科学院外，其余都为高等院校，这说明了高等院校是我国政治学研究主体中的主力军，研究院（所）以及其他机构对政治学研究的关注度和研究力度则相对较低；从发文数量上看，发文数最多的前 3 所机构依次为清华大学、复旦大学和北京大学，这三所高校的政治学专业在全国学科排名中都名列前茅，由此可见其在政治学领域中的学术实力，也充分说明了研究成果的产出往往与机构的知名度、优势学科等息息相关。

表 6—52　　2006—2010 年 SSCI、A&HCI 收录中国内地政治学论文的作者所在机构前 10 位

序号	论文作者所在机构（英文）	论文作者所在机构（中文）	论文篇数（篇）	所占比例（%）
1	TSING HUA UNIVERSITY	清华大学	23	11.98
2	FUDAN UNIVERSITY	复旦大学	22	11.46
3	PEKING UNIVERSITY	北京大学	16	8.33
4	SHANGHAI INTERNATIONAL STUDIES UNIVERSITY	上海外国语大学	12	6.25
5	RENMIN UNIVERSITY OF CHINA	中国人民大学	12	6.25
6	CHINESE ACADEMY OF SOCIAL SCIENCES	中国社会科学院	12	6.25
7	WUHAN UNIVERSITY	武汉大学	11	5.73
8	CHINA UNIVERSITY OF POLITICAL SCIENCE LAW	中国政法大学	8	4.17
9	XIAN JIAOTONG UNIVERSITY	西安交通大学	6	3.13
10	SHANGHAI JIAO TONG UNIVERSITY	上海交通大学	5	2.60

（五）发表论文被引频次

在这 192 篇论文中，被引用论文有 130 篇（占 67.71%），被引率相对较高。表 6—53 是对 2006—2010 年 SSCI 和 A&HCI 收录的中国内地政治学论文在 2006—2014 年被引频次排名前 10 位的论文的统计。从表中可以看出，被引频次最高的一篇论文是发表于 2006 年来自北京大学光华管理学院蔡洪滨的 "Did Government Decentralization Cause China's Economic Miracle?"；排名第三的是清华大学当代国际关系研究院阎学通的论文 "The Rise of China and its Power Status"。这也再次反映出北京大学和清华大学在政治学领域的学术研究实力。值得注意的是，在这被引频次前 10 位的论文中，有 4 篇论文都是由被吉林大学聘为荣誉教授的伦敦政治经济学院国际关系系的 Barry Buzan 与中国内地学者合作发表的，可见该学者在政治学领域的学术影响力。

表 6—53　　2006—2010 年 SSCI、A&HCI 收录中国内地政治学论文的被引频次前 10 位

序号	论文标题	作者	出版年份	被引频次
1	Did Government Decentralization Cause China's Economic Miracle?	Cai Hongbin; Treisman, Daniel	2006	39
2	Macrosecuritisation and Security Constellations: Reconsidering Scale in Securitisation Theory	Buzan, Barry; Waever, Ole	2009	33
3	The Rise of China and its Power Status	Yan Xuetong	2006	31
4	China in International Society: Is Peaceful Rise Possible?	Buzan, Barry	2010	30
5	Brokering Power and Property in China's Townships	Hsing, YT	2006	27
6	Culture and International Society	Buzan, Barry	2010	21
7	Differentiation: A Sociological Approach to International Relations Theory	Buzan, Barry; Albert, Mathias	2010	20
8	Positioning Fisheries in a Changing World	Grafton, R. Quentin; Hilborn, Ray; Ridgeway, Lori; Squires, Dale; Williams, Mery; Tait, Maree; Zhang Lin Xiu	2008	19
9	China's Energy Security: Domestic and International Issues	Zha, DJ	2006	18
10	International Society as a Process: Institutions, Identities, and China's Peaceful Rise	Qin Yaqing	2010	16

（六）政治学中国核心作者分析

根据以中国内地机构的名义发表论文的作者的发文数量进行排序，表 6—54 中列出 2006—2010 年在 SSCI、A&HCI 发表政治学论文最多的前 10 位中国作者，以此可以管窥到当时在政治学领域中较为活跃的学者以及其学术研究的影响力，也可作为衡量其所在机构政治学发展水平的标准之一。从表中可知，发文量最多的是武汉大学法学院易显河和复旦大学国际问题研究院沈丁立，各发表 4 篇论文。从核心作者所在机构看，政治学领

域的核心作者都是来自高等院校的科研人员,这再次说明高等院校是我国政治学研究主体中的绝对主力军。其中,复旦大学、清华大学、武汉大学等高校的学者在政治学领域研究成果相对颇多。

表6—54　　2006—2010年SSCI、A&HCI收录中国内地政治学论文的前10位发文作者

序号	作者名（英文）	作者名（中文）	所在机构	论文数量（篇）	所占比例（%）
1	Yee Sienho	易显河	武汉大学	4	2.08
2	Shen Dingli	沈丁立	复旦大学	4	2.08
3	Yan Xuetong	阎学通	清华大学	3	1.56
4	Tang Shiping	唐世平	复旦大学	3	1.56
5	Gao Jianjun	高建军	中国政法大学	3	1.56
6	Li Bin	李彬	清华大学	3	1.56
7	Zhu Lijiang	朱利江	中国政法大学	2	1.04
8	Zhou Fangyin	周方银	中国社会科学院	2	1.04
9	Wu Xinbo	吴晓波	复旦大学	2	1.04
10	Pan Hongbo	潘红波	武汉大学	2	1.04

四　小结

通过对我国内地学者发表的政治学论文在国际性数据库中收录情况的统计分析,可以从客观上反映我国政治学在国际人文社会学科中的学术影响力和地位,并以此为我国相关科研人员和机构在学科建设与研究中提供一些参考数据。

我国内地学者被SSCI和A&HCI收录的政治学论文当前的总体发展状况还有待提高,国际影响力整体偏低,主要表现在以下几点:①从发文数量上看,我国政治学领域中的国际性论文与其他国家和地区相比,发文数量较少,且各年度发文量较不稳定;②从论文刊载的期刊看,我国政治学论文在高水平、高质量、高影响力的顶尖期刊上发表的论文篇数较少,且投稿选取的期刊较为集中在由中国主办的期刊上,这不利于研究成果影响力在国际学术圈中的扩散;③从论文被引频次看,政治学学科的国际论文被引频次和篇均被引频次都普遍较低,甚至有近70%的论文从未被引用;④从核心作者看,核心作者效应不显著,尚未形成一支强大的具有国际影

响力的研究队伍，且在前 10 位核心作者中有两位外国学者是以中国国内高校名义发文。

第十节 法学学科国际学术影响力

一 引言

党的十八大提出，法治是治国理政的基本方式，要坚持依法治国、依法执政、依法行政，共同推进法治国家、法治政府、法治社会一体建设。加强法学学科建设，深化学科理论与实践的相关研究，对推进法律事业的发展以及法治国家、法治政府、法治社会的建设具有重要的学术指导意义。在法学研究领域，对现有期刊上刊载的法学研究的相关论文的统计分析，对于了解法学的发展现状，促进学科体系的建设具有重要的研究价值。特别是对国际性刊物上发表的中国内地法学论文的研究，对于衡量我国法学在世界范围内的学术水平与实力，以及相关学者及其论著在国际上的影响力具有重要价值。

二 数据来源

在《我国学科门类、一级学科与 WOS 学科类别对应表》中，法学对应的 WOS 类别有 LAW（法学）、CRIMINOLOGY & PENOLOGY（犯罪与刑罚学）和 MEDICINE LEGAL（医学法律）。经查询，2006—2010 年我国内地学者发表的论文涉及上述 3 种 WOS 类别，共计发文 144 篇。各 WOS 类别发文数量如表 6—55 所示。从 WOS 分类看，我国关于法学的研究论文主要集中在 LAW，而 CRIMINOLOGY & PENOLOGY 和 MEDICINE LEGAL 两个 WOS 类别的论文相对较少。

表 6—55 2006—2010 年 SSCI、A&HCI 收录中国内地法学论文的 WOS 类别

WOS 类别（英文）	WOS 类别（中文）	论文数量（篇）
LAW	法学	120
CRIMINOLOGY & PENOLOGY	犯罪与刑罚学	22
MEDICINELEGAL	医学法律	4
合计		144

三 数据比较与分析

（一）发表论文年度分布

随着法学学科的发展与研究的不断深入，其研究成果数量不断增加。以往，我国的学术研究主要集中在国内，影响力也很难扩展到国际，近年来，随着经济全球化的推进，我国的学术研究范围和影响力逐渐扩大。2006—2010年，被 SSCI 和 A&HCI 收录的中国内地学者发表的法学论文共计 144 篇，年度分布如表6—56所示。虽然论文数量还有待提高，但是从论文数量的年度分布上看，总体呈现出增长的态势，这反映了我国法学学科国际化有了一定的发展与繁荣，在国际上的学术研究与交流也越来越活跃。

在检索中还发现，这 144 篇中国内地学者发表的法学论文全是英文文献，这充分说明了在全球化日益加深的大背景下，我国法学领域科研人员的英文写作能力有了一定程度的提升，也说明了我国法学的学术研究和交流正在不断与国际接轨。

表6—56　　2006—2010 年 SSCI、A&HCI 收录中国内地法学论文年代分布

出版年份	论文数量（篇）	所占比例（%）
2006	16	11.11
2007	16	11.11
2008	32	22.22
2009	29	20.14
2010	51	35.42
合计	144	100

（二）发表论文期刊分布

被 SSCI 和 A&HCI 收录的这 144 篇中国内地学者发表的法学论文刊载在 50 种期刊上，分布范围较广，涉及学科类别多。表6—57 中列出了发文数量排前 10 位的期刊，其中发表论文数量最多的刊物是 *CHINESE JOURNAL OF INTERNATIONAL LAW*（《中国国际法论刊》），该刊物于 2008 年才被 SSCI 列入来源期刊，在 2008—2010 年共刊载论文 26 篇，占发表论文总数的 18.06%。该期刊是由武汉大学法学院易显河任主编，中国国际法学会和武汉大学国际法研究所联合主办，英国牛津大学出版社出

版的英文刊物，它是由中国学者任主编的唯一进入 SSCI 的法学期刊，也是世界上列入 SSCI 刊源的 10 种国际法专业期刊之一。

从表 6—57 中可以看出：

1. 仅占文载期刊总数 20% 的这 10 种期刊共刊载了 91 篇中国内地学者发表的法学论文，占论文总数的 63.19%。这说明我国学者在发表与法学相关的论文时选择的国际性期刊较为集中。

2. 这 10 种期刊皆属于法学类的期刊，部分期刊还同时被归入其他学科类别，如国际关系学、政治学等，这说明了法学与其他学科的交叉、融合。

3. 结合期刊影响因子和期刊分区，可以客观地判断期刊在学术界的影响力和学术声誉，进而在一定程度上反映出论文的质量和水平。这 10 种期刊中仅有 *INTERNATIONAL JOURNAL OF OFFENDER THERAPY AND COMPARATIVE CRIMINOLOGY*（《国际罪犯矫治与比较犯罪学》）1 种期刊位于 Q2 分区上，其余 9 种期刊都位于 Q3 和 Q4 分区。总的来说，论文的所载期刊在国际上虽获得一定的认可，但是要想进一步提高在国际上的学术影响力，还需不断提高在国际优秀期刊上的发文量，保证数量和质量上的同时突破。

表 6—57　　2006—2010 年 SSCI、A&HCI 收录中国内地法学论文的所载期刊排名前 10 位

序号	期刊名（英文）	期刊名（中文）	论文数量（篇）	所占比例（%）
1	CHINESE JOURNAL OF INTERNATIONAL LAW	《中国国际法论刊》	26	18.06
2	WASHINGTON QUARTERLY	《华盛顿季刊》	10	6.94
3	IIC INTERNATIONAL REVIEW OF INTELLECTUAL PROPERTY AND COMPETITION LAW	《知识产权与竞争法国际评论》	10	6.94
4	ASIA PACIFIC LAW REVIEW	《亚洲法律评论》	9	6.25
5	JOURNAL OF THE COPYRIGHT SOCIETY OF THE USA	《美国版权协会杂志》	8	5.56
6	JOURNAL OF WORLD TRADE	《世界贸易杂志》	7	4.86

续表

序号	期刊名（英文）	期刊名（中文）	论文数量（篇）	所占比例（%）
7	CRIME LAW AND SOCIAL CHANGE	《犯罪、法律和社会变革》	6	4.17
8	JOURNAL OF MARITIME LAW AND COMMERCE	《海商法杂志》	5	3.47
9	JOURNAL OF EAST ASIA AND INTERNATIONAL LAW	《东亚国际法研究》	5	3.47
10	INTERNATIONAL JOURNAL OF OFFENDER THERAPY AND COMPARATIVE CRIMINOLOGY	《国际罪犯矫治与比较犯罪学》	5	3.47

（三）合作发表论文的作者所属国家/地区

2006—2010年SSCI、A&HCI收录的这144篇中国内地学者的法学论文中，有43篇论文是与13个国家/地区合作完成的，表6—58仅列出合作发表法学论文的前10个国家，另有法国、比利时和荷兰分别都与中国内地学者合作发表1篇论文。从表中可以看出，在法学领域，我国学者与美国学者的合作完成论文篇数最多，这反映了与美国学者的合作关系稳固持久且频率较高。

表6—58　　2006—2010年SSCI、A&HCI收录中国内地法学论文国际合作前10位

序号	合作发文作者国家/地区（英文）	合作发文作者国家/地区（中文）	合作发文数量（篇）	所占比例（%）
1	USA	美国	24	16.67
2	ENGLAND	英国	5	3.47
3	JAPAN	日本	3	2.08
4	GERMANY	德国	3	2.08
5	CANADA	加拿大	3	2.08
6	THAILAND	泰国	2	1.39
7	AUSTRALIA	澳大利亚	2	1.39
8	SCOTLAND	苏格兰	1	0.69
9	ESTONIA	爱沙尼亚	1	0.69
10	INDIA	印度	1	0.69

(四) 发表论文的中国作者所在机构

统计一个机构在 WOS 数据库中相关领域的发文数量,是衡量该机构该学科科研实力和评估研究者学术水平的重要参考指标,也能据此反映出该机构在国际上的学科学术影响力,以及对国内该学科建设的贡献大小。表 6—59 中列出在 SSCI 和 A&HCI 发表法学论文最多的前 10 位中国作者所在机构,另有大连海事大学、中国社会科学院与华中科技大学同样分别发表论文 5 篇,但由于篇幅所限不再列出。从表中可以看出:

1. SSCI、A&HCI 收录中国内地法学论文的作者所在机构前 10 位皆为高等院校,这说明了高等院校是我国法学研究主体中的主力军。

2. 从发文数量上看,发文数最多的前 4 所机构依次为中国政法大学、武汉大学、中国人民大学和复旦大学。这四所高校在一定程度上占据了我国法学国际性科研成果的主导地位,对我国法学研究的国际化做出了极大的贡献。

表 6—59　　2006—2010 年 SSCI、A&HCI 收录中国内地法学论文的作者所在机构前 10 位

序号	论文作者所在机构（英文）	论文作者所在机构（中文）	论文数量（篇）	所占比例（%）
1	CHINA UNIVERSITY OF POLITICAL SCIENCE LAW	中国政法大学	14	9.72
2	WUHAN UNIVERSITY	武汉大学	10	6.94
3	RENMIN UNIVERSITY OF CHINA	中国人民大学	8	5.56
4	FUDAN UNIVERSITY	复旦大学	8	5.56
5	TSING HUA UNIVERSITY	清华大学	7	4.86
6	XIAN JIAOTONG UNIVERSITY	西安交通大学	5	3.47
7	SUN YAT SEN UNIVERSITY	中山大学	5	3.47
8	SHANGHAI JIAO TONG UNIVERSITY	上海交通大学	5	3.47
9	PEKING UNIVERSITY	北京大学	5	3.47
10	HUAZHONG UNIVERSITY OF SCIENCE TECHNOLOGY	华中科技大学	5	3.47

3. 从高校类型和实力看，发表法学领域论文的高等院校大多为国家重点大学。从学科建设上看，部分高校的法学在国内学术界享有一定的学术声誉，或为国家一级或二级重点学科，如中国政法大学、武汉大学、中国人民大学等高校的法学专业在该学科领域中都占有一席之地。这些都充分说明了学科研究成果的产出往往与机构的知名度、科研实力等息息相关。

（五）发表论文被引频次

在这 144 篇论文中，被引用论文有 89 篇，占发表论文总数的 61.81%，但被引频次普遍较低，集中分布在 5 次及以下，高被引论文则较少。表6—60 是对 2006—2010 年 SSCI 和 A&HCI 收录的中国内地法学论文在 2006—2014 年被引频次排名前 10 位的论文的统计。从表中可以看出，被引频次相对较多的这 10 篇法学论文，皆为两个或两个以上作者合著完成，且有 5 篇是与国外学者合作完成，这说明了与国外学者的科研合作对提高论文的学术影响力具有重要的作用。

表6—60　　2006—2010 年 SSCI、A&HCI 收录中国内地法学论文的被引频次前 10 位

序号	论文标题	作者	出版年份	被引频次
1	Providing Health Insurance in Rural China: From Research to Policy	Liu YL; Rao, KQ	2006	27
2	Life Strain, Coping, and Delinquency in the People's Republic of China – An Empirical Test of General Strain Theory from a Matching Perspective in Social Support	Bao Wanning; Haas, Ain; Pi Yijun	2007	21
3	Determination of Serum Alcohol Using a Disposable Biosensor	Luo Peng; Liu Yi; Xie Guoming	2008	17
4	Assessing Risk of Sexually Abusive Behavior Among Youth in a Child Welfare Sample	Prentky, Robert A.; Li Nien-Chen; Righthand, Sue	2010	15
5	Drug Problems in China – Recent Trends, Countermeasures and Challenges	Chen Zhonglin; Huang Kaicheng	2006	13
6	Correlates of Formal and Informal Social/crime Control in China: An Exploratory Study	Jiang Shanhe; Lambert, Eric; Wang Jin	2007	13

续表

序号	论文标题	作者	出版年份	被引频次
7	The Decline of the Attorney – Client Privilege in the Corporate Setting	McLucas, William R.; Shapiro, Howard M.; Song, Julie J.	2006	12
8	Drug Problems in China – Recent Trends, Countermeasures and Challenges	Chen Zhonglin; Huang Kaicheng	2007	11
9	Toward a Clean Government in China: Does the Budget Reform Provide a Hope?	Ma Jun; Ni Xing	2008	10
10	Chronologic and Geographic Variability of Neurovascular Structures in the Human Mandible	Liang, X.; Jacobs, R.; Corpas, L. S.	2009	10

（六）法学中国内地核心作者分析

表6—61中列出2006—2010年在SSCI、A&HCI发表法学论文最多的前10位中国作者，从表中可知：

表6—61　　　2006—2010年SSCI、A&HCI收录中国内地法学论文的前10位发文作者

序号	作者名（英文）	作者名（中文）	所在机构	论文数量（篇）	所占比例（%）
1	Yee Sienho	易显河	武汉大学	5	3.47
2	Wang Jin	王进	中山大学	4	2.78
3	Jiang Shanhe	江山河	中山大学	4	2.78
4	Zhu Lijiang	朱利江	中国政法大学	3	2.08
5	Wan Yong	万勇	上海交通大学	3	2.08
6	Liang Zhiwen	梁志文	华南师范大学	3	2.08
7	Gao Jianjun	高建军	中国政法大学	3	2.08
8	Wu Xinbo	吴心伯	复旦大学	2	1.39
9	Zhang Xinzhu	张昕竹	中国社会科学院	2	1.39
10	Shan Wenhua	单文华	西安交通大学	2	1.39

1. 名列首位的是武汉大学法学院的易显河，其主要研究方向是国际公法，发表的 7 篇法学论文都刊载在 *CHINESE JOURNAL OF INTERNATIONAL LAW*（《中国国际法论刊》）上。中山大学的王进教授与江山河教授以合著发表 4 篇论文位居第二，论文研究方向都为 CRIMINOLOGY & PENOLOGY（犯罪与刑罚学）。

2. 发表法学论文篇数最多的中国内地学者都来自高等院校，这再次说明高等院校是我国法学研究中的绝对主力军。

四　小结

通过统计我国作者的法学论文在国际性的数据库中收录情况，审视并分析我国法学这一人文社会学科在国际上的地位和影响，以及其"走出去"的发展动态，为相关科研人员和机构客观认识法学学科发展提供一些参考数据。这里将对我国法学学科在国际上的影响力做一个总结和概括。

我国内地学者被 SSCI 和 A&HCI 收录的法学论文当前的总体发展状况还有待提高，国际影响力整体偏低，主要表现在以下几点。

1. 从发文数量上看，我国法学的国际性论文虽然总体呈增长的趋势，但是其发文数量与其他国家和地区相比，仍然太少，其与我国内地的研究规模和发展现状也不成正比。

2. 从论文期刊分布上看，我国作者的法学论文主要刊载在位于 Q3 和 Q4 分区的期刊上，在相对高水平、高质量、高影响力的期刊上缺少发表论文。

3. 从发表论文的合作国家来看，合作国家仅为 13 个，且与美国合作论文篇数最多，国际合作范围推广度与深度还有待提高。

4. 从论文被引频次看，法学学科的国际论文被引频次和篇均被引频次都较低，甚至部分论文从未被引用。而对论文进行引用的国家也相对集中在我国国内，其影响力扩展程度较低、范围较小。

5. 从中国核心作者看，核心作者效应不显著，在法学学科研究领域比较固定的研究者数量很少，缺乏对法学的持续性和长期研究，尚未形成一支强大的具有国际影响力的研究队伍。

第十一节　社会学学科国际学术影响力

一　引言

社会学起源于19世纪末的西方国家，是一门研究社会事实的拥有多重研究范式的学科。由于其研究范围广泛，不仅包括了微观层级的社会行动或人际互动，还包括宏观层级的社会系统或结构，因此社会学通常跟经济学、政治学、人类学、心理学、历史学等学科并列于社会科学领域之下。19世纪末20世纪初，西方社会学从创立阶段进入形成阶段。当时的中国学术界根据中国社会的实际，通过外派留学生、邀请外国学者来华讲学、国人办学等多种途径，引进和吸收了西方社会学的有关理论和观点，逐步建立了中国的社会学。经过一百多年的发展，目前的中国社会学、社会工作相关研究成果不断涌现，国内学者不仅翻译并介绍了大量的西方社会学理论著作，而且创建了具有中国特色的社会学理论和方法体系，开展了多方面的社会学应用研究。随着中国在国际政治、经济地位的不断提升，提升国家软实力的呼声也越来越强。一个国家的软实力是由诸如伦理道德、思想、教育、政治、社会等各个方面组成的，表现为文化取向、价值观、影响力、道德准则、文化感召力等。社会学和社会学研究作为文化的重要组成部分，其自身所蕴含的理论与方法等在提升国家软实力方面的作用有着其他学科所不能比拟的优势。因此，可以说研究中国社会学在国际学术界的影响力在一定程度上是衡量我国学术影响力的重要标尺之一。

二　数据来源

根据《我国学科门类、一级学科与WOS学科类别对应表》，与社会学对应的WOS类别有：ANTHROPOLOGY（人类学）；ASIAN STUDIES（亚洲研究）；CULTURAL STUDIES（文化研究）；DEMOGRAPHY（人口学）；FAMILY STUDIES（家庭学）；FOLKLORE（民俗学）；SOCIAL IS-SUES（社会问题）；SOCIAL SCIENCES INTERDISCIPLINARY（跨学科社会科学）；SOCIAL WORK（社会工作）；SOCIOLOGY（社会学）；WOM-ENS STUDIES（妇女研究）。经检索，2006—2010年SSCI、A&HCI收录我国内地学者发表的论文只涉及DEMOGRAPHY（33篇）、WOMENS STUDIES（35篇）、SOCIOLOGY（125篇）、SOCIAL SCIENCES INTERDIS-

CIPLINARY（142 篇）、ANTHROPOLOGY（192 篇）、ASIAN STUDIES（197 篇）6 个类别，共计发文 621 篇。

三 数据统计与分析

（一）发表论文年度分布

2006—2010 年，我国内地学者在 SSCI、A&HCI 中发表社会学论文共计 621 篇，年均 124 篇，在我国人文社会科学学科领域发文量较高。在发表论文的趋势方面，从 2006 年的 88 篇开始整体上呈上升趋势，其中 2009 年的发文量为 161 篇，较前一年增长了约 35%，是 5 年中增幅最大的一年（见表 6—62）。

表 6—62 2006—2010 年 SSCI、A&HCI 收录中国内地社会学论文年代分布

出版年份	论文数量（篇）	所占比例（%）
2006	88	14.17
2007	88	14.17
2008	119	19.16
2009	161	25.93
2010	165	26.57
合计	621	100

（二）发表论文的期刊分布

2006—2010 年，我国内地学者发表的 621 篇社会学论文共刊载在 133 种期刊上。其中刊载论文最多的是 CHINESE SOCIOLOGY AND ANTHROPOLOGY（《中国社会学与人类学》），共有 63 篇论文。该刊自 1968 年创刊以来由美国 ME Sharpe Inc. 出版公司负责出版，主要译载我国报刊发表的社会学和人类学方面的文章，诸如社会不平等、教育、性别、民族、婚姻家庭、社会趋势与价值变迁等。2011 年秋季起，该刊更名为 CHINESE SOCIOLOGICAL REVIEW，由香港科技大学吴晓刚教授出任主编。排名第二的是 CONTEMPORARY CHINESE THOUGHT（《当代中国思想》），共刊载论文 62 篇，该刊于 1967 年创办，同样由美国 ME Sharpe Inc. 出版公司负责出版，主要发表关于当代中国各个思想领域的研究成果。从刊载论文的期刊类型可以看出，社会学本身与诸多学科存在交叉、互联，如哲学、

行为学、考古学、语言学、宗教等。

表6—63　　2006—2010年SSCI、A&HCI收录中国内地社会学论文的所载期刊排名前10位

序号	期刊名（英文）	期刊名（中文）	论文数量（篇）	所占比例（%）
1	CHINESE SOCIOLOGY AND ANTHROPOLOGY	《中国社会学与人类学》	63	10.15
2	CONTEMPORARY CHINESE THOUGHT	《当代中国思想》	62	9.98
3	SYSTEMS RESEARCH AND BEHAVIORAL SCIENCE	《系统研究与行为科学》	44	7.09
4	JOURNAL OF ARCHAEOLOGICAL SCIENCE	《考古学杂志》	33	5.31
5	JOURNAL OF CHINESE PHILOSOPHY	《中国哲学季刊》	29	4.67
6	CHINESE STUDIES IN HISTORY	《中国历史研究》	27	4.35
7	BULLETIN OF THE INSTITUTE OF HISTORY AND PHILOLOGY ACADEMIA SINICA	《（台湾）"中研院"历史语言研究所集刊》	19	3.06
8	ACCIDENT ANALYSIS AND PREVENTION	《事故分析与预防》	19	3.06
9	AMERICAN JOURNAL OF PHYSICAL ANTHROPOLOGY	《美国体质人类学杂志》	14	2.25
10	SOCIAL INDICATORS RESEARCH	《社会指标研究》	13	2.09

（三）发表论文的合作国家

我国内地学者发表的621篇社会学论文中，国际合作发文占了非常大的比例，共与26个国家的学者有合作，这说明我国社会学学者与国际社会学界的联系非常广泛，其中与美国学者合作发文量达到了133篇，占总量的21.42%。其次是与英国、澳大利亚、德国、加拿大和日本。美国的社会学研究在世界社会学研究领域长期占据第一的位置，这不仅与其建立的多元文化价值观有关，而且与其是由一个多元民族和族裔构成的国家的现实情况有密切联系。群体认同、群体权利的保障、民族意识、种族歧视

等现实问题的矛盾和冲突，都使得社会学研究上升到了非常重要的地位。相应地，美国的很多大学都有社会学系，而且都会设置许多研究方向，例如美国社会学专业排名第一的加州大学伯克利分校（University of California-Berkeley）甚至设有 22 个与社会学有关的专业研究方向，几乎涵盖了社会学研究的各个方面。美国一般的学校的社会学研究方向也有 10 个左右，包括传统的社会学研究和新兴课题研究。研究方向的广泛以及学科设置的多元化都使得美国的社会学教学与科研呈现出从业者数量多、学术成果质量高的特点（见表6—64）。

表6—64　　2006—2010 年 SSCI、A&HCI 收录中国内地社会学论文国际合作前 10 位

序号	合作发文作者国家/地区（英文）	合作发文作者国家/地区（英文）	合作发文数量（篇）	所占比例（%）
1	USA	美国	133	21.42
2	ENGLAND	英国	29	4.67
3	AUSTRALIA	澳大利亚	29	4.67
4	GERMANY	德国	12	1.93
5	CANADA	加拿大	12	1.93
6	JAPAN	日本	11	1.77
7	FRANCE	法国	10	1.61
8	SOUTH KOREA	韩国	8	1.29
9	SWEDEN	瑞典	5	0.81
10	SPAIN	西班牙	3	0.48

（四）发表论文机构

621 篇论文按照作者机构进行排序，在排除掉国外作者后，表6—65 列举了发文量最多的前 10 个中国内地作者的来源机构。其中来自北京大学的学者是发表论文数量最多的，共有 88 篇论文。1982 年北京大学建立社会学系，是改革开放以来我国高校最早建立的社会学系之一。经过 30 多年的建设，目前的北京大学社会学系已经发展成为一个涵盖了社会学、人类学、人口学 3 个二级学科，社会学、社会工作、人口学、人类学 4 个专业设置，本科生、硕士研究生、博士研究生和博士后研究生 4 个人才培

养层次的相对完整的社会学一级学科教学与科研体系。2007年8月，北京大学社会学一级学科被教育部正式认定为国家一级重点学科。由于其建立时间长，教学与科研积累深厚，因此在SSCI、A&HCI中发表社会学论文数量最多。发表论文数量紧随其后的是中国科学院，共发表论文61篇，其涉及的研究方向有：人类学、考古、进化生物学、地质、南亚研究、环境科学、生态学、商业经济等。

表6—65　　2006—2010年SSCI、A&HCI收录中国内地社会学论文的作者所在机构前10位

序号	论文作者所在机构（英文）	论文作者所在机构（中文）	论文数量（篇）	所占比例（%）
1	PEKING UNIVERSITY	北京大学	88	14.17
2	CHINESE ACADEMY OF SCIENCES	中国科学院	61	9.82
3	TSING HUA UNIVERSITY	清华大学	36	5.80
4	SUN YAT SEN UNIVERSITY	中山大学	35	5.64
5	CHINESE ACADEMY OF SOCIAL SCIENCES	中国社会科学院	33	5.31
6	RENMIN UNIVERSITY OF CHINA	中国人民大学	28	4.51
7	FUDAN UNIVERSITY	复旦大学	24	3.87
8	BEIJING NORMAL UNIVERSITY	北京师范大学	24	3.87
9	XIAN JIAOTONG UNIVERSITY	西安交通大学	21	3.38
10	ZHEJIANG UNIVERSITY	浙江大学	12	1.93

（五）发表论文被引频次

为了衡量我国内地社会学学者发表论文的学术影响力水平，表6—66对2006—2014年被引频次排前10位的论文进行了罗列：

2006—2010年SSCI、A&HCI收录我国内地学者发表的社会学论文中在2006—2014年被引频次最高的是发表于2006年的"A Cross - national Study of Subjective Sexual Well-being among Older Women and Men：Findings from the Global Study of Sexual Attitudes and Behaviors"，该论文发表于 *ARCHIVES OF SEXUAL BEHAVIOR* [《性行为档案（美国）》]。该文是由来自美国芝加哥大学（The University of Chicago）社会学系的Laumann E. O. 以

及来自清华大学社会学系的王天夫等共同合作撰写的。被引频次排名第二的是"Presumed Domestication? Evidence for Wild Rice Cultivation and Domestication in the Fifth Millennium BC of the Lower Yangtze Region",该文同时也是本《报告》第七节考古学国际学术影响力中被引频次排名第一的论文,排名第八位的论文也曾出现在考古学的高被引论文中,这反映出社会学与考古学的交叉、融合。

表6—66　　2006—2010年SSCI、A&HCI收录中国内地社会学论文的被引频次前10位

序号	标题	作者	出版年份	被引频次
1	A Cross-national Study of Subjective Sexual Well-being among Older Women and Men: Findings from the Global Study of Sexual Attitudes and Behaviors	Laumann, E. O.; Paik, A.; Glasser, D. B.; Kang, J. H.; Wang, T. F.; Levinson, B.; Moreira, E. D.; Nicolosi, A.; Gingell, C.	2006	94
2	Presumed Domestication? Evidence for Wild Rice Cultivation and Domestication in the Fifth Millennium BC of the Lower Yangtze Region	Fuller, Dorian Q.; Harvey, Emma; Qin Ling	2007	81
3	Middle Pleistocene Handaxes from the Korean Peninsula	Norton, Christopher J.; Bae, Kidong; Harris, John W. K.; Lee, Hanyong	2006	60
4	A Deviation-Based Approach to Intuitionistic Fuzzy Multiple Attribute Group Decision Making	Xu Zeshui	2010	58
5	Integrating Knowledge Management and ERP in Enterprise Information Systems	Xu LD; Wang CG; Luo XC; Shi ZZ	2006	58
6	A Note on Linguistic Hybrid Arithmetic Averaging Operator in Multiple Attribute Group Decision Making with Linguistic Information	Xu Zeshui	2006	52
7	China's Local and National Fertility Policies at the End of the Twentieth Century	Gu Baochang; Wang Feng; Guo Zhigang; Zhang Erli	2007	51
8	Consilience of Genetics and Archaeobotany in the Entangled History of Rice	Fuller, Dorian Q.; Sato, Yo-Ichiro; Castillo, Cristina; Qin Ling; Weisskopf, Alison R.; Kingwell-Banham, Eleanor J.; Song Jixiang; Ahn, Sung-Mo; van Etten, Jacob	2010	50

续表

序号	标题	作者	出版年份	被引频次
9	Mitochondrial DNA Diversity and Population Differentiation in Southern East Asia	Li Hui; Cai Xiaoyun; Winograd-Cort, Elizabeth R.; Wen Bo; Cheng Xu; Qin Zhendong; Liu, Wenhong; Liu Yangfan; Pan Shangling; Qian Ji; Tan, Chia-Chen; Jin Li	2007	47
10	Early Evidence of the Genus Homo in East Asia	Zhu, R. X.; Potts, R.; Pan, Y. X.; Yao, H. T.; Lue, L. Q.; Zhao, X.; Gao, X.; Chen, L. W.; Gao, F.; Deng, C. L.	2008	43

（六）社会学中国内地核心作者分析

来自北京大学的李玲教授以12篇独著论文占据了作者发文数量排行榜首位，这12篇论文都发表在 CONTEMPORARY CHINESE THOUGHT（《当代中国思想（美国）》）上，其中2009年、2010年分别发表6篇，是一位高产作者。同来自北京大学的朴庞也在同一期刊上发表7篇独著论文。中山大学人类学系的周大明以10篇论文位居第二，论文全部发表在 CHINESE SOCIOLOGY AND ANTHROPOLOGY（《中国社会学与人类学（美国）》）上，其中2007年发表2篇，2008年发表1篇，2009年发表3篇，2010年发表4篇，其中以第一作者或通讯作者发表论文6篇，独著1篇。吉林大学边疆考古研究中心古DNA实验室的周辉发表论文8篇，其中第一作者或通讯作者论文7篇。来自同一机构的朱泓发表论文8篇，张全超发表论文6篇，其中这三人共同参与撰写的论文有4篇。这说明同单位的学者之间易于交流和合作，也易于高水平论文的发表（见表6—67）。

表6—67　2006—2010年SSCI、A&HCI收录中国内地社会学论文的前10位发文作者

序号	作者名（英文）	作者名（中文）	所在机构	论文数量（篇）	所占比例（%）
1	Li Ling	李玲	北京大学	12	1.93
2	Zhou Daming	周大明	中山大学	10	1.61
3	Zhou Hui	周辉	吉林大学	8	1.29

续表

序号	作者名（英文）	作者名（中文）	所在机构	论文数量（篇）	所占比例（%）
4	Zhu Hong	朱泓	吉林大学	8	1.29
5	Pang Pu	朴庞	北京大学	7	1.13
6	Xu Shoubo	徐寿波	北京交通大学	6	0.97
7	Li Shuzhuo	李树茁	西安交通大学	6	0.97
8	Zhang Quanchao	张全超	吉林大学	6	0.97
9	Li Chengsen	李承森	中国科学院	5	0.81
10	Liu Wu	刘武	中国科学院	5	0.81

四 小结

从前述我国内地学者发表社会学论文来看，我国的社会学研究成果数量逐年稳步增长，发表论文的期刊多达133个，内容涉及社会学及相关的诸多学科。在发文机构方面，北京大学的社会学系及相关学科的学者贡献了88篇论文，是发文数量最多的机构。在论文的国际合作方面，有45%的论文是国际合作发文，这说明我国社会学研究不仅突破了国界限制，而且与国际社会学研究接轨，在社会学相关的研究领域有中国学者的声音和位置。但从整体上来说，相比我国从事社会学研究和工作的人员数量，我国内地学者在SSCI、A&HCI中发表论文数量仍有很大的进步空间。

第十二节 新闻学与传播学学科国际学术影响力

一 引言

19世纪与20世纪之交，新闻学在德国和美国正式形成学科。而在中国新闻学作为一门学科以及中国新闻学教育的开端，通常学术界公认以1918年10月北京大学新闻学研究会的成立作为标志；1978年7月复旦大学新闻系创办的刊物——《外国新闻事业资料》首次公开介绍传播学，通常被视为中国传播学研究的起点。在我国，"新闻学与传播学"被列为一级学科，下设新闻学、传播学两个二级学科。随着以互联网为代表的网络新生力量的迅速发展，当今中国社会的媒介文化、媒介方式、传媒理念等都发生了重大的变化，传统媒体已黯然失色，新媒体及基于互联网技术的新的传播渠道正深刻地影响着当今社会,这些变化都对新闻学与传播学提出了新的要求。为了从整体上衡量"十一五"期间中国新闻学与传播学研究在世界学术界的学术影响力和地位,本文通过对 2006—2010 年 SSCI、A&HCI 收录中国内地学者发表的新闻学与传播学论文数量、论文被引频次等多个指标对该学科进行测评。

二 数据来源

根据《我国学科门类、一级学科与 WOS 学科类别对应表》,与新闻学与传播学对应的 WOS 类别为 COMMUNICATION(传播),经检索共得到 72 篇论文。即 2006—2010 年,SSCI、A&HCI 收录中国内地学者发表或参与发表的有关新闻学与传播学的论文共计 72 篇。

三 数据比较与分析

(一)发表论文年代分布

2006—2010 年,我国内地学者在 SSCI、A&HCI 中共发表新闻学与传播学论文 72 篇。从发表年代来看,2006—2008 年三年间共发表 26 篇,而 2009 年仅一年就发表了 32 篇论文,这与 2008 年第 29 届夏季奥运会在北京召开以及当年发生了"5·12"汶川 8 级大地震有相当大的关系,通过这两件大事的发生,世界对于中国的关注度提高,对于来自中国学者的新闻学与传播学研究论文的重视程度也有一定程度的提高(见表 6—68)。

表 6—68　2006—2010 年 SSCI、A&HCI 收录中国内地新闻学与传播学论文年代分布

出版年份	论文数量(篇)	所占比例(%)
2006	6	8.33
2007	9	12.50
2008	11	15.28
2009	32	44.44
2010	14	19.44
合计	72	100

(二)发表论文期刊分布

中国内地学者发表的 72 篇新闻学与传播学论文共发表在 33 种期刊上,

其中发表论文最多的是 CYBERPSYCHOLOGY &BEHAVIOR（《网络心理及行为》）与 CHINESE JOURNAL OF COMMUNICATION（《中国传播杂志》），分别发表 10 篇和 7 篇，占总数的 23.6%。其他 31 种期刊共发表论文 55 篇，这些期刊绝大多数都是新闻学与传播学的专业期刊，这说明我国学者在向国际期刊投稿时注重学科与所投期刊方向的对口性（见表 6—69）。

表 6—69　　2006—2010 年 SSCI、A&HCI 收录中国内地
新闻学与传播学论文所载期刊排名前 10 位

序号	期刊名（英文）	期刊名（中文）	论文数量（篇）	所占比例（%）
1	CYBERPSYCHOLOGY &BEHAVIOR	《网络心理及行为》	10	13.89
2	CHINESE JOURNAL OF COMMUNICATION	《中国传播杂志》	7	9.72
3	INTERNATIONAL JOURNAL OF MOBILE COMMUNICATIONS	《国际移动通信杂志》	5	6.94
4	JOURNAL OF HEALTH COMMUNICATION	《健康传播杂志》	4	5.56
5	TELECOMMUNICATIONS POLICY	《电信政策》	3	4.17
6	PUBLIC RELATIONS REVIEW	《公共关系评论》	3	4.17
7	NEW MEDIA&SOCIETY	《新媒体与社会》	3	4.17
8	IEEE TRANSACTIONS ON PROFESSIONAL COMMUNICATION	《IEEE 专业传播汇刊》	3	4.17
9	ASIAN JOURNAL OF COMMUNICATION	《亚洲传播杂志》	3	4.17
10	VISUAL COMMUNICATION	《视觉传播》	2	2.78

（三）发表论文的合作国家

在发表的 72 篇论文中，有 22 篇是我国内地学者与美国学者合著的，占总数的 30.6%，这说明我国的新闻学与传播学界与美国学者建立了较为稳固的合作关系。此外我国内地学者还与 17 个国家的学者发表合著论文，甚至有乌干达、土耳其等，这说明我国新闻学与传播学突破了地理版块、文化与民族的界线，在学术交流与合作中呈现出外向性的发展态势（见表 6—70）。

表 6—70　　2006—2010 年 SSCI、A&HCI 收录中国内地
新闻学与传播学论文国际合作前 10 位

序号	合作发文作者 国家/地区（英文）	合作发文作者 国家/地区（英文）	合作发文数量 （篇）	所占比例 （%）
1	USA	美国	22	30.56
2	CANADA	加拿大	5	6.94
3	AUSTRALIA	澳大利亚	4	5.56
4	NETHERLANDS	荷兰	2	2.78
5	GERMANY	德国	2	2.78
6	ENGLAND	英国	2	2.78
7	UGANDA	乌干达	1	1.39
8	TURKEY	土耳其	1	1.39
9	SPAIN	西班牙	1	1.39
10	SINGAPORE	新加坡	1	1.39

（四）发表论文机构

从发表论文机构来看，高校是科研主力，复旦大学以发表论文 8 篇位居榜首。复旦大学新闻学院前身为复旦大学新闻系，创办于 1929 年 9 月，是复旦大学下属院系之一，也是中国历史最悠久、名扬海内外的新闻传播教育机构，并于 1981 年和 1984 年先后建立了硕士点和博士点，形成了培养本科生、硕士生、博士生的完备的教学体系。为了适应学科发展和对外交流的迫切需要，在新闻系不断壮大的基础上，1988 年 6 月成立了复旦大学新闻学院，这是新中国高等学校建立的第一所新闻学院。由于学科积淀时间久、学术成果卓著，因此在此次统计中复旦大学发表新闻学与传播学国际论文的数量也最多。浙江大学新闻与传播学院前身为原杭州大学新闻与传播学院，是浙江省最早开展新闻传播教育和研究的机构。1958 年，杭州大学开始设立新闻系，后因高等院校专业设置调整而停办。1982 年，为适应需要，杭大筹建了中文系新闻专业。1988 年，重新恢复新闻系建制，成立了杭州大学新闻系。1993 年，杭州大学与《浙江日报》、浙江广播电视厅、浙江省新闻出版局等数十家浙江新闻媒体一起，建立了杭州大学新闻与传播学院。该学院目前有两个研究所：新闻传媒与社会发展研究所和传播学研究所，分别从事新闻和传播以及与此相关的研究。专业的研究所较教学专业有更强的学术资源支持，也更易汇聚科研能力水平较高的

科研人员，因此浙江大学新闻与传播学院在国际期刊发表论文的数量也较多（见表6—71）。

表6—71　　2006—2010年SSCI、A&HCI收录中国内地新闻学与传播学论文的作者所在机构前10位

序号	发表论文作者所在机构（英文）	发表论文作者所在机构（中文）	论文数量（篇）	所占比例（%）
1	FUDAN UNIVERSITY	复旦大学	8	11.11
2	ZHEJIANG UNIVERSITY	浙江大学	7	9.72
3	PEKING UNIVERSITY	北京大学	6	8.33
4	TSING HUA UNIVERSITY	清华大学	5	6.94
5	RENMIN UNIVERSITY OF CHINA	中国人民大学	3	4.17
6	XIAN JIAOTONG UNIVERSITY	西安交通大学	2	2.78
7	UNIVERSITY OF SCIENCE TECHNOLOGY CHINA	中国科学技术大学	2	2.78
8	SUN YAT SEN UNIVERSITY	中山大学	2	2.78
9	SHENZHEN UNIVERSITY	深圳大学	2	2.78
10	DALIAN UNIVERSITY OF TECHNOLOGY	大连理工大学	2	2.78

（五）发表论文被引频次

2006—2010年SSCI、A&HCI收录中国内地新闻学与传播学论文的被引频次前10位见表6—72。在检索结果中，被引频次最高的是由来自澳大利亚圣母大学（University Notre Dame Australia）的Lam Lawrence T. 和来自中山大学公共卫生学院的彭子文等合作撰写的"Factors Associated with Internet Addiction among Adolescents"，该文发表在 *CYBERPSYCHOLOGY & BEHAVIOR*（《网络心理及行为》）上，2006—2014年总计被引56次。被引频次位居第二的是由来自西安交通大学的倪晓丽、西安交通大学附属医院的刘正稳等合作撰写的"Factors Influencing Internet Addiction in a Sample of Freshmen University Students in China"，同样发表在 *CYBERPSYCHOLOGY & BEHAVIOR* 上。值得注意的是排名前两位的论文均发表于2009年，但在2009—2014年其被引频次分别为56次和46次，这说明论文被引频次的高低虽然在一定程度上受发表年代的影响，但起决定作用的仍是论文本身的质量高低。与其他人文社会科学被

引频次较高的论文第一作者大都是国外学者不同,新闻学与传播学的高被引论文前10位中有9篇的第一作者都是中国内地学者,在一定程度上反映出我国新闻与传播学较高的自主研究倾向。

表6—72　　2006—2010年SSCI、A&HCI收录中国内地新闻学与传播学论文被引频次前10位

序号	论文标题	作者	出版年份	被引频次
1	Factors Associated with Internet Addiction among Adolescents	Lam Lawrence T.; Peng Ziwen; Mai Jincheng; Jing Jin	2009	56
2	Factors Influencing Internet Addiction in a Sample of Freshmen University Students in China	Ni Xiaoli; Yan Hong; Chen Silu; Liu Zhengwen	2009	46
3	Parsing Framing Processes: The Interplay between Online Public Opinion and Media Coverage	Zhou Yuqiong; Moy, Patricia	2007	39
4	Chinese Internet Addiction Inventory: Developing a Measure of Problematic Internet use for Chinese College Students	Huang Zheng; Wang Mo; Qian Mingyi; Zhong Jie; Tao Ran	2007	27
5	Perceived Effectiveness of Text vs. Multimedia Location-Based Advertising Messaging	Xu Heng; Oh, Lih-Bin; Teo, Hock-Hai	2009	22
6	Questions and the Exercise of Power	Wang Jinjun	2006	22
7	Myths and Attitudes that Sustain Smoking in China	Ma Shaojun; Hoang, Mai-Anh; Samet, Jonathan M.; Wang Junfang; Mei Cuizhu; Xu Xuefang; Stillman, Frances A.	2008	21
8	Bridging the Digital Divide for Rural Communities: The Case of China	Xia Jun; Lu Tingjie	2008	21
9	Adolescents' Paternal Attachment and Internet Use	Lei Li; Wu Yana	2007	18
10	Internet Advertising Strategy of Multinationals in China A Cross-cultural Analysis	Li Hairong; Li Ang; Zhao Shuguang	2009	18

（六）新闻学与传播学中国内地核心作者分析

从新闻学与传播学的作者统计来看，该学科的研究呈现出较为平均的状态，即尚未形成明显的核心作者群。2006—2010年，被SSCI、A&HCI收录的中国内地学者的新闻学与传播学论文中，同一作者的论文最多不超过两篇，详见表6—73。

表6—73　　2006—2010年SSCI、A&HCI收录中国内地新闻学与传播学论文的前10位发文作者

序号	作者名（英文）	作者名（中文）	所在机构	论文数量（篇）	所占比例（%）
1	Zhou Yuqiong	周裕琼	深圳大学	2	2.78
2	Xu Zhengchuan	胥正川	复旦大学	2	2.78
3	Sun Shaojing	孙少晶	复旦大学	2	2.78
4	Shi Junqi	施俊琦	北京大学	2	2.78
5	Min Qingfei	闵庆飞	大连理工大学	2	2.78
6	Liu Yan	刘燕	清华大学	2	2.78
7	Liu Yu	刘瑜	清华大学	2	2.78
8	Chen Yang	陈阳	中国人民大学	2	2.78
9	Zhou Jun	卓骏	浙江大学	1	1.39
10	Zhou Xiang	周翔	汕头大学	1	1.39
11	Zhong Jie	钟杰	清华大学	1	1.39

四　小结

从以上我国内地学者于2006—2010年在SSCI、A&HCI中收录的新闻学与传播学论文可以看出，我国的新闻学与传播学处在极为弱势的地位，论文占有量低，影响力低。国际合作发表论文最多的是美国，有30%以上的论文是与美国学者合著的。这说明在世界新闻与传媒界，美国仍然掌握着话语权。可喜的状态是，我国内地学者与共18个国家的学者合著论文。从发表论文的作者机构来看，高校是发表新闻学与传播学论文的主力，复旦大学、浙江大学、北京大学、清华大学分别发表论文8篇、7篇、6篇、5篇，这说明这四所高校在新闻学与传播学研究方面实力悬殊

不大。被引频次排前10位的中国内地作者论文都是合著,这说明在新闻学与传播学领域学术交流与合作是提高学术成果质量、推动学术成果发表的主要途径。从发表论文最多的作者的统计可以看出,在新闻学与传播学领域我国既未形成核心作者也没有形成强有力的学术团队,基本处于个人研究或以同单位合作为基础的学术创作状态。

第十三节 图书馆学情报学国际影响力

一 引言

图书馆学情报学(Library and Information Science)是随着图书馆与情报事业的发展而确立的应用型社会学科。图书馆学是信息科学中最古老的分支学科之一,经历了历史、社会、人文与技术的变迁,具有较稳定的研究内涵与行业使命,即保存人类知识与文明。第二次世界大战结束之后,随着科学技术的快速发展,为解决科技文献的爆炸式增长与利用之间的矛盾,情报学在图书馆学业务基础上衍化而来,情报学理论、方法与技术发展迅速,与其相呼应的各类情报机构也相继成立。最具代表性的情报机构是尤金·加菲尔德博士(Dr. Eugene Garfield)创建的美国科学信息研究所(ISI),这也是SCI的编制者与拥有者。

图书馆学与情报学虽然在研究对象上有所差异,但其内核都是围绕信息这一主体开展的管理活动,专业共通性紧密。图书馆学情报学在20世纪下半叶强烈依赖实体机构业务,进入21世纪,随着信息技术与互联网的快速发展,逐渐扩展到泛化数字网络的虚拟与现实结合的信息管理。从学科归属上看,国际上一般将其归入一个大学科范畴,SSCI的期刊学科分类中设有"Information Science & Library Science"这一学科门类。值得一提的是,专业名称的表述前后曾发生过变化。之前Library Science是位于Information Science之前,如今,名称上两者换位,凸显的是信息科学大内涵,也符合时代发展的需要。

我国的图书馆学与情报学作为两个二级学科,实际存在两个一级学科归属。一个是《中华人民共和国学科分类与代码国家标准(GB/T13745—2009)》中的"图书馆、情报与文献学"一级学科,这也是国家社科基金项目执行的学科门类。另一个是教育部《学位授予和人才培养学科目录》(2011)中管理学门类下的"图书情报与档案管理"(学科代码1205)一级学科。从名称上可以看出，两个一级学科名称设置都属于学科靠近原则下的列举式多学科的整合归类，在图书馆学与情报学的归类上是一致的，而在档案学与文献学方面则存在一定侧重。虽然档案学与图书馆学、情报学在信息元概念上具有共同基础，但其学科范围与业务领域有其专属性，相较图书馆学与情报学的紧密相关性有一定距离。相对于图书馆学、情报学、信息这些舶来专业概念，文献学是中国专有词汇，由于其与历史学之间悠久的渊源，所以文献学的研究以历史学科为主阵地。因此，基于以上认识，客观上为避免过度交叉与混淆，本节根据专业内聚性强度，将图书馆学与情报学整合在一起，以"图书馆学情报学"为学科分析对象，分析图书馆学情报学学科在"十一五"期间的国际学术影响力情况。档案学与文献学并未直接纳入分析范畴。

2006—2010年是全球信息技术与互联网快速发展期间，我国信息基础设施建设与互联网信息产业处在高速发展阶段。信息无处不在，由于信息的互联互通，地球变得扁平化，地球村拉近了各方距离，图书馆学情报学的研究内涵也变得愈来愈多元化。

本节针对2006—2010年SSCI和A&HCI中收录的中国内地学者发表的图书馆学情报学期刊论文数据进行统计分析，以期更全面客观地看待中国内地图书馆学情报学在信息时代作为排头兵的机遇与挑战双重压力，探讨该学科"走出去"的特殊性。

二　数据来源

基于以上分析，本节采用WOS类别中的信息科学与图书馆学（Information Science & Library Science）进行精练，得到2006—2010年我国内地学者发表相关论文356篇。

由于"信息"一词在计算机、通信、自动化、地理学、编辑出版等领域都有使用（特别是国内相关学科对"信息"一词有泛化使用现象），跨学科的交叉现象突出，导致"信息科学"并不能直接对应"信息管理""情报学"等，对学科界定与成果归属认定上造成一定的分析难度。因此，在该学科类别下需要对一些期刊进行筛选，具体情况如下：

（1）《国际地理信息科学杂志》（*INTERNATIONAL JOURNAL OF GEOGRAPHICAL INFORMATION SCIENCE*）与图书馆学情报学没有直接关系，在中国内地主要隶属于地理学分支，并且国内图书馆学情报学对地理信息方面的研究极少。因此，去掉《国际地理信息科学杂志》的47篇发文。

（2）《健康传播杂志》（JOURNAL OF HEALTH COMMUNICATION）、《学术出版》（LEARNED PUBLISHING）与《学术出版杂志》（JOURNAL OF SCHOLARLY PUBLISHING）属于传播学与编辑出版领域的重要期刊，在新闻学与传播学国际学术影响力（本章第十二节）中已讨论分析过，中国内地图书馆学情报学研究者并未在该刊物上发文。因此，要去除《健康传播杂志》的4篇论文、《学术出版》的14篇论文、《学术出版杂志》的7篇论文。

（3）《电信政策》（TELECOMMUNICATIONS POLICY）属于与电信行业相关而与图书馆学情报学并无直接关系。因此，去掉《电信政策》的3篇论文。

另外，对检索结果进行逐条核实发现，有3篇论文存在误检，一篇并未有中国内地作者或科研机构署名；一篇作者为大连理工大学外聘德国籍教授；一篇作者为Elsevier公司驻京工作的外籍人士。

综上所述，除去以上不属于图书馆学情报学的期刊论文75篇和误检论文3篇，2006—2010年SSCI和A&HCI收录我国内地学者发表图书馆学情报学论文278篇。

三　数据比较与分析

（一）发表论文年代分布

2006—2010年期间SSCI和A&HCI收录中国内地学者发表图书馆学情报学的论文总数为278篇，2006年和2007年两年发文量基本持平，分别为30篇与31篇；随后2008年发文量有较大增长，发文53篇；2009年为最高发文数量年，达到89篇，2010年论文数量有所回落，发文75篇。发文量分年统计，如表6—74所示。

表6—74　2006—2010年SSCI、A&HCI收录中国内地图书馆学情报学论文年代分布

出版年份	论文数（篇）	约占比例（%）
2006	30	10.79
2007	31	11.15

续表

出版年份	论文数（篇）	约占比例（%）
2008	53	19.06
2009	89	32.01
2010	75	26.98
合计	278	100.00

（二）发表论文期刊分布

2006—2010 年 SSCI 和 A&HCI 收录中国内地学者发表的图书馆学情报学共刊载在 44 种期刊上。SSCI 收录该学科的期刊总数为 84 种，发文期刊覆盖面约为 52.38%。由于该学科的综合性与交叉性明显，所以发文期刊覆盖面仅具有相对参考价值。

表 6—75 是罗列的刊载论文总量前 10 名的期刊。其中，排名前三的期刊分别为：SCIENTOMETRICS（《科学计量学》，73 篇）、JOURNAL OF THE AMERICAN SOCIETY FOR INFORMATION SCIENCE AND TECHNOLOGY（《美国信息科学与技术学会期刊》，31 篇）、INFORMATION PROCESSING & MANAGEMENT（《信息处理与管理》，22 篇），另外累计发文 1 次的期刊有 20 种。

表 6—75　　2006—2010 年 SSCI、A&HCI 收录中国内地图书馆学情报学论文的所载期刊排名前 10 位

序号	期刊名（英文）	期刊名（中文）	论文数量（篇）	所占比例（%）
1	SCIENTOMETRICS	《科学计量学》	73	26.26
2	JOURNAL OF THE AMERICAN SOCIETY FOR INFORMATION SCIENCE AND TECHNOLOGY	《美国信息科学与技术学会期刊》	31	11.15
3	INFORMATION PROCESSING & MANAGEMENT	《信息处理与管理》	22	7.91
4	ELECTRONIC LIBRARY	《电子图书馆》	18	6.47
5	JOURNAL OF INFORMETRICS	《信息计量学杂志》	18	6.47
6	JOURNAL OF INFORMATION SCIENCE	《信息科学杂志》	14	5.04
7	JOURNAL OF GLOBAL INFORMATION MANAGEMENT	《全球信息管理杂志》	9	3.24

续表

序号	期刊名（英文）	期刊名（中文）	论文数量（篇）	所占比例（%）
8	ONLINE INFORMATION REVIEW	《在线信息评论》	8	2.88
9	INFORMATION & MANAGEMENT	《信息与管理》	8	3.88
10	DATA BASE FOR ADVANCES IN INFORMATION SYSTEMS	《信息系统中的数据库进展》	8	2.88

（三）合作发表论文的作者所属国家/地区

现代科学研究中的跨国交流与合作现象非常之普遍。在"十一五"期间 SSCI 和 A&HCI 收录的图书馆学情报学论文产出里，中国内地学者与 20 个国家/地区的研究人员存在合作发文情况，合计 128 篇，占总发文量的 45.55%。表 6—76 对合作发文前 10 位的国家/地区进行了统计。其中，我国内地学者与美国合作最多，达到 50 篇，反映了我国该学科研究发展在美国领先，其次为比利时（30 篇）和加拿大（9 篇）。

我国内地学者与比利时和匈牙利合作发表论文较多的主要原因是国际科学计量学与信息计量学会主席 Ronald Rousseau 教授的牵头，在"十一五"期间与中国学者有较为紧密的科研合作与成果产出，这是图书馆学情报学领域的一个典型国际合作案例。

表 6—76　　2006—2010 年 SSCI、A&HCI 收录中国内地图书情报学论文国际合作前 10 位

序号	合作发文作者国家（英文）	合作发文作者国家（中文）	合作数量（篇）	所占比例（%）
1	USA	美国	50	17.99
2	BELGIUM	比利时	30	10.79
3	CANADA	加拿大	9	3.24
4	SINGAPORE	新加坡	8	2.88
5	HUNGARY	匈牙利	8	2.88
6	GERMANY	德国	6	2.16
7	ENGLAND	英国	6	2.16
8	NETHERLANDS	荷兰	5	1.80
9	AUSTRALIA	澳大利亚	4	1.40
10	KOREA	韩国	3	1.08

（四）发表论文的中国作者所在机构

2006—2010年，SSCI和A&HCI收录中国内地学者发表的图书馆学情报学论文作者所在机构前10位如表6—77所示。中国科学院文献情报中心发表论文12篇，未在表中列出。

表6—77　　2006—2010年SSCI、A&HCI收录中国内地图书馆学情报学论文的作者所在机构前10位

序号	论文作者所在机构（英文）	论文作者所在机构（中文）	论文数量（篇）	所占比例（%）
1	WUHAN UNIVERSITY	武汉大学	32	11.51
2	FUDAN UNIVERSITY	复旦大学	24	8.63
3	ZHEJIANG UUNIVERSITY	浙江大学	18	6.47
4	PEKING UNIVERSITY	北京大学	15	5.40
5	TSING HUA UNIVERSITY	清华大学	14	5.04
6	BEIHANG UNIVERSITY	北京航空航天大学	14	5.04
7	HENAN NORMAL UNIVERSITY	河南师范大学	14	5.04
8	HARBIN INSTITUTE OF TECHNOLOGY	哈尔滨工业大学	13	4.68
9	INSTITUTE OF SCIENTIFIC AND TECHNICAL INFORMATION OF CHINA	中国科学技术信息研究所	12	4.32
10	DALIAN UNIVERSITY OF TECHNOLOGY	大连理工大学	12	4.32

从发表论文机构排名看，985高校和部属科技情报机构是主要研究力量。综合类院校以武汉大学、复旦大学、浙江大学、北京大学为代表；理工类院校以清华大学、北京航空航天大学、哈尔滨工业大学为代表；科技情报机构以中国科学技术信息研究所与中国科学院文献情报中心为代表。

值得注意的是，机构排名中存在个案情况。由于个别作者高产导致其所在单位排名靠前，例如，北京航空航天大学主要是由于复旦大学官建成教授与北京航空航天大学的合作者发文导致其排名提升；河南师范大学排名靠前主要是因为该校梁立明等与Ronald Rousseau教授的合作产出。

（五）发表论文被引频次

2006—2010年SSCI和A&HCI收录中国内地学者发表的图书馆学情报学论文在期刊源2006—2014年的被引统计中被引频次排名前10位的论

文,即被引频次在 53 次以上的论文,如表 6—78 所示。

表 6—78　　2006—2010 年 SSCI、A&HCI 收录中国内地图书馆学情报学论文被引频次前 10 位

序号	论文标题	作者	出版年份	被引频次
1	An Examination of the Determinants of Customer Loyalty in Mobile Commerce Contexts	Lin HH; Wang YS	2006	134
2	Determinants of Accepting Wireless Mobile Data Services in China	Lu June; Liu Chang; Yu Chunsheng; Wang Kanliang	2008	85
3	E-government Strategies in Developed and Developing Countries: An Implementation Framework and Case Study	Chen YN; Chen HM; Huang W; Ching RKH	2006	65
4	Global Stem Cell Research Trend: Bibliometric Analysis as a Tool Formapping of Trends from 1991 to 2006	Li Lingli; Ding Guohua; Feng Nan; Wang Minghuang; Ho Yuh-Shan	2009	64
5	Assessment of World Aerosol Research Trends by Bibliometric Analysis	Xie Shaodong; Zhang Jing; Ho Yuh–Shan	2008	63
6	The Structure and Dynamics of Cocitation Clusters: A Multiple–Perspective Cocitation Analysis	Chen Chaomei; Ibekwe–SanJuan Fidelia; Hou Jianhua	2010	60
7	Bringing Page Rank to the Citation Analysis	Ma Nan; Guan Jiancheng; Zhao Yi	2008	59
8	H–index Sequence and H–index Matrix: Constructions and Applications	Liang Liming	2006	58
9	Towards an Explanatory and Computational Theory of Scientific Discovery	Chen Chaomei; Chen Yue; Horowitz, Mark; Hou Haiyan; Liu Zeyuan; Pellegrino, Donald	2009	54
10	The Structure of Scientific Collaboration Networks in Scientometrics	Hou Haiyan; Kretschmer, Hildrun; Liu Zeyuan	2008	53

　　排名靠前的前 3 篇论文研究主题分别为移动电子商务客户研究、中国无线数据服务、发展中国家的电子政务战略。其他 7 篇论文均可划归为信

息计量学方向,这从一个侧面说明了"十一五"期间图书馆学情报学在信息计量学方向有较强的国际声音。

(六)图书馆学情报学中国核心作者

2006—2010 年 SSCI 和 A&HCI 收录中国内地图书馆学情报学论文的前 10 位作者情况,如表 6—79 所示。

表 6—79　　2006—2010 年 SSCI、A&HCI 收录中国内地图书馆学情报学论文的前 10 位发文作者

序号	作者名(英文)	作者名(中文)	所在机构	论文数量(篇)	所占比例(%)
1	Guan Jiancheng	官建成	复旦大学	14	5.04
2	Liang Liming	梁立明	河南师范大学	11	3.96
3	Yu Guang	于光	哈尔滨工业大学	10	3.60
4	Zhou Ping	周萍	中国科学技术信息研究所	8	2.88
5	Qiu Junping	邱均平	武汉大学	5	1.80
6	Ye Ying	叶鹰	浙江大学	5	1.80
7	Zhang Lin	张琳	大连理工大学	5	1.80
8	Gao Xia	高霞	内蒙古大学	5	1.80
9	Li Yijun	李一军	哈尔滨工业大学	4	1.44
10	Liu Yuxian	刘玉仙	同济大学	4	1.44

这十位作者的研究主题主要集中在信息计量学方向,具体情况分析如下。

(1)第一位是复旦大学的官建成,主要从事科学评价与计量学研究,其合作者高霞(5 篇)与来自北京航空航天大学的马楠(4 篇,表中未列出)在本学科门类下也有较高的发文量。

(2)梁立明(11 篇)、张琳(5 篇)、刘玉仙(4 篇)三位在这一时期与 Ronald Rousseau 教授及其研究团队紧密合作,发文量较高。

(3)周萍(8 篇)、邱均平(5 篇)、叶鹰(5 篇)是图书馆学情报学领域长期从事信息计量与科学评价方向的知名学者。

(4)于光(10 篇)、李一军(4 篇)是同一高校的高产合作者。

四 小结

相对于其他社会科学,我国图书馆学情报学研究在"引进来"方面相对活跃,这归功于该学科对信息的专业敏感性。然而,在"走出去"方面相对较弱,国人发表的外文研究成果较为分散,在国际学术界未能形成"中国声音"。这一阶段,中国内地学者的关于国内国际发文主要体现在科学计量与信息计量学这一个方向,该主题发文量最高。其他方面,如数字图书馆、图书馆服务、知识组织、知识管理、社交网络、信息系统等主题的论文较少且分散。

第十四节 管理学科国际学术影响力

一 引言

广义理解的管理学科(包括工商管理学、公共管理学、军事管理学、教育管理学等),经过一个多世纪的演进发展,已经成为一个包容上百门分支学科、边缘分支学科的交叉科学学科门类。特别是20世纪70年代末在中国大地上涌起的改革开放大潮,进一步催化了学术的勃兴和繁荣,营造了各种新兴学科引进、生长、发育、成长的良好学术生态环境。在各学科"引进来"的大潮下,管理学也打开看世界的窗口,积极引进国外先进管理理论、管理方法与管理经验,管理学研究视野日趋国际化。随着全球一体化趋势的深化,我国管理学如何在"引进来"的基础上更好地在国际舞台展现自己的学科智慧与学科影响力成为我国管理学科发展面临的重要命题。在实施"引进来"与"走出去"并重的学科发展战略指导下,我国管理学科不仅要构建既符合中国实际,又能够与世界有效沟通和交流的学科体系,增强我们的对外学习能力和自我创新能力,还要积极参与到国际事务的讨论和解决中,实现中国管理学界与国际管理学界的直接对话,拓展和增强自己的影响力。因此,了解我国管理学科在国际学术竞争中的能力,有助于发现我国管理学科与其他国际科研机构之间的差距,进而通过加强国际学术合作,拓展学术国际视野等方法来提高国际学术影响力。

二 数据来源

根据《我国学科门类、一级学科与 WOS 学科类别对应表》,与管理学对应的 WOS 类别为 AGRICULTURALECONOMICS & POLICY（农业经济及政策）、BUSINESS（商业）、BUSINESS & FINANCE（商业及金融）、ENGINEERING & INDUSTRIAL（工程及工业）、ERGONOMICS（人体工程学）、HEALTH POLICY & SERVICES（卫生政策及服务）、HOSPITALITY LEISURE SPORT & TOURISM（酒店、休闲、体育及旅游）、INDUSTRIAL RELATIONS & LABOR（工业关系及劳动）、MANAGEMENT（管理）、OPERATIONS RESEARCH & MANAGEMENT SCIENCE（运筹学及管理学）、PUBLIC ADMINISTRATION（公共行政）、HEALTH CARE SCIENCES & SERVICES（卫生保健科学及服务）。在 WOS 类别中找到这 12 项进行精练，得出 2006—2010 年 SSCI 和 A&HCI 收录我国内地学者发表论文1650 篇。

三 数据统计与分析

数据统计与分析主要从发文数量、发表论文的期刊分布、发表论文的合作国家、发表论文机构、发表论文被引频次、核心作者这六个方面对 2006—2010 年 SSCI、A&HCI 收录我国内地学者发表的管理学论文进行统计分析。结论部分主要是根据统计分析部分的数据总结得出。

（一）发表论文年代分布

根据检索结果，SSCI、A&HCI 在 2006—2010 年收录中国内地管理学论文共计 1650 篇，占 SSCI、A&HCI 在 2006—2010 年收录中国内地论文总数 9198 篇的比例为 17.94%，所占比例较高。从表 6—80 可以看出，2006—2010 年，管理学论文数量从 129 篇增加至 552 篇，呈现稳步上升的趋势。2008 年增幅最大，较前一年增加了达到 71.75%。

表6—80　2006—2010 年 SSCI、A&HCI 收录中国内地管理学论文年代分布

出版年份	论文数（篇）	所占比例（%）
2006	129	7.81
2007	177	10.73
2008	304	18.42
2009	488	29.58
2010	552	33.46
合计	1650	100

(二) 发表论文期刊分布

对检索结果按照来源出版物进行精练,结果显示,我国内地学者发表的 1650 篇管理学论文共刊载在 346 种期刊上,表中只列出了发文数量排前十位的期刊。其中发表论文数量最多的是 EUROPEAN JOURNAL OF OPERATIONAL RESEARCH (《欧洲运筹学杂志》) 和 EXPERT SYSTEMS WITH APPLICATIONS (《专家系统及其应用》),两者的发文篇数占论文总数的 7.70%。EUROPEAN JOURNAL OF OPERATIONAL RESEARCH 由荷兰主办,近五年平均影响因子为 2.911,在 JCR 编制的期刊引文分析报告中按学科内排序为 Q1 区,在商业经济、运筹学与管理科学研究领域认可度较高。EXPERT SYSTEMS WITH APPLICATIONS 由英国主办,是一种专门探讨计算机科学、工程学和运筹管理学的国际性刊物。该期刊近五年平均影响因子为 2.571,在 JCR 编制的期刊引文分析报告中按学科内排序为 Q1 区,其学术影响力较高(见表 6—81)。

表 6—81　　2006—2010 年 SSCI、A&HCI 收录中国内地管理学论文所载期刊排名前 10 位

序号	期刊名称(英文)	期刊名称(中文)	论文数量(篇)	所占比例(%)
1	EUROPEAN JOURNAL OF OPERATIONAL RESEARCH	《欧洲运筹学杂志》	65	3.94
2	EXPERT SYSTEMS WITH APPLICATIONS	《专家系统及其应用》	62	3.76
3	SYSTEMS RESEARCH AND BEHAVIORAL SCIENCE	《系统研究与行为科学》	44	2.67
4	INTERNATIONAL JOURNAL OF PRODUCTION ECONOMICS	《国际生产经济学杂志》	37	2.24
5	JOURNAL OF BUSINESS ETHICS	《商业伦理期刊》	34	2.06
6	AIDS CARE PSYCHOLOGICAL AND SOCIO MEDICAL ASPECTS OF AIDS HIV	《艾滋病心理关怀与社会医疗》	33	2.00
7	CHINA AGRICULTURAL ECONOMIC REVIEW	《中国农业经济评论》	30	1.82
8	JOURNAL OF BANKING FINANCE	《银行金融杂志》	27	1.64
9	COMPUTERS INDUSTRIAL ENGINEERING	《计算机工业工程》	24	1.45
10	JOURNAL OF THE OPERATIONAL RESEARCH SOCIETY	《运筹学学会杂志》	24	1.45

(三) 合作发表论文的作者所属国家/地区

对检索结果按照国家/地区进行分析结果显示，1650 篇论文共与 59 个国家有合作，合作范围较广，反映出我国管理学科已具备一定的国际合作基础，与众多国家共同致力于学科研究与发展。现列出合作发表论文最多的前 10 位国家，如表 6—82 所示。其中合作最多的是美国，一方面美国云集世界一流高等学府，其管理学科研究处于学界前沿位置，强大的管理学术队伍为国际学术合作提供了可能性；另一方面近年来中国高等院校与美国各类院校、研究所开展了较为频繁的联合培养、学术交流等活动，为科研合作搭建了桥梁。

表 6—82　　　2006—2010 年 SSCI、A&HCI 收录中国内地管理学论文国际合作前 10 位

序号	合作发文作者国家/地区（英文）	合作发文作者国家/地区（中文）	合作发文数量（篇）	比例（%）
1	USA	美国	599	36.30
2	ENGLAND	英国	112	6.79
3	CANADA	加拿大	108	6.55
4	AUSTRALIA	澳大利亚	83	5.03
5	SINGAPORE	新加坡	54	3.27
6	JAPAN	日本	39	2.36
7	SOUTH KOREA	韩国	36	2.18
8	NEW ZEALAND	新西兰	26	1.58
9	FRANCE	法国	23	1.39
10	GERMANY	德国	22	1.33

(四) 发表论文的中国作者所在机构

对检索结果按照来源出版物进行精练，结果显示，1650 篇论文共来自 500 多个发文机构，在此，为了便于分析，仅以刊登管理学论文的数量排在前 10 位的机构，列举每一个机构 2006—2010 年刊登管理学论文数量的情况（见表 6—83）。其中北京大学以 168 篇（占 10.18%）的数量位居榜首，清华大学、中国科学院分别以 8.12%、5.15% 的比例紧随其后。

表 6—83　　2006—2010 年 SSCI、A&HCI 收录中国内地管理学论文的作者所在机构前 10 位

序号	论文作者所在机构（英文）	论文作者所在机构（中文）	论文数量（篇）	所占比例（%）
1	PEKING UNIVERSITY	北京大学	168	10.18
2	TSING HUA UNIVERSITY	清华大学	134	8.12
3	CHINESE ACAD SCI	中国科学院	85	5.15
4	FUDAN UNIVERSITY	复旦大学	84	5.78
5	SHANGHAI JIAO TONG UNIVERSITY	上海交通大学	77	4.67
6	XI AN JIAO TONG UNIVERSITY	西安交通大学	50	3.03
7	HUAZHONG UNIV SCI TECHNOL	华中科技大学	45	2.73
8	ZHEJIANG UNIVERSITY	浙江大学	43	2.61
9	SUN YAT SEN UNIVERSITY	中山大学	40	2.42
10	RENMIN UNIVERSITY CHINA	中国人民大学	39	2.36

（五）发表论文被引频次

被引频次是指一篇论文被其他文献引用参考的文献篇数，是衡量研究成果被同行关注程度的重要指标，也是衡量论文学术质量的一个最基本的指标。经过统计，2006—2010 年 SSCI、A&HCI 收录我国内地管理学论文 1650 篇，在此，仅列举被引频次排名前十位的论文（见表 6—84）。其中于 2006 年发表的论文"The Emergence of China as a Leading Nation in Science"被引频次最高，为 180 次。该文章由来自中国科学技术情报研究所、阿姆斯特丹大学（University of Amsterdam）的学者合作而成。

表 6—84　　2006—2010 年 SSCI、A&HCI 收录中国内地管理学论文被引频次前 10 位

序号	论文标题	作者	出版年份	被引频次
1	The Emergence of China as a Leading Nation Inscience	Zhou P.; Leydesdorff L.	2006	180
2	Supplier Selection with Multiple Criteria in Volume Discount Environments	Xia Weijun; Wu Zhiming	2007	151
3	Perspectives on China's Outward Foreign Direct	Morck Randall; Yeung Bernard; Zhao Minyuan	2008	131

续表

序号	论文标题	作者	出版年份	被引频次
4	Extending Health Insurance to the Rural Population: An Impact Evaluation of China's New Cooperative Medical Scheme	Wagstaff Adam; Lindelow Magnus; Gao Jun; Xu Ling; Qian Juncheng	2009	117
5	An Examination of the Determinants of Customer Loyalty in Mobile Commerce Contexts	Lin HH; Wang YS	2006	117
6	Unpacking Organizational Ambidexterity: Dimensions, Contingencies, and Synergistic Effects	Cao Qing; Gedajlovic Eric; Zhang Hongping	2009	103
7	Single-machine Scheduling Problems with the Effects of Learning and Deterioration	Wang Ji-Bo	2007	100
8	From Homogenization to Pluralism: International Management Research in the Academy and Beyond	Tsui, Anne S.	2007	95
9	The Moderating Effects of Institutional Pressures on Emergent Green Supply Chain Practices and Performance	Zhu Qinghua; Sarkis Joseph	2007	94
10	An Empirical Analysis of Search Engine Advertising: Sponsored Search in Electronic Markets	Ghose Anindya; Yang Sha	2009	94

(六) 管理学科中国核心作者

2006—2010 年 SSCI、A&HCI 收录的中国内地管理学论文的数量为 1650 篇,共涉及了 500 多位作者。在此,为便于分析,仅列举发表论文数排名前 10 位的作者(见表 6—85)。来自上海交通大学的李垣教授发表论文 21 篇,为 2006—2010 年我国管理学科高产作者。李垣教授现任上海交通大学安泰经济与管理学院执行院长,在技术创新、企业战略和企业家机制的研究领域颇有建树。

表 6—85 2006—2010 年 SSCI、A&HCI 收录中国内地管理学论文的前 10 位发文作者

序号	作者名(英文)	作者名(中文)	所在机构	论文数量(篇)	所占比例(%)
1	Li Yuan	李垣	上海交通大学	21	1.27
2	Liang Liang	梁樑	中国科学技术大学	19	1.15

续表

序号	作者名（英文）	作者名（中文）	所在机构	论文数量（篇）	所占比例（%）
3	Liu Yi	刘益	西安交通大学	18	2.06
4	Huang Jikun	黄季焜	中国科学院	18	1.09
5	Hua Zhongsheng	华中生	中国科学技术大学	10	0.61
6	Li Hui	李辉	浙江师范大学	9	0.55
7	Wang Jibo	王吉波	沈阳航空航天大学	9	0.55
8	Xiao Tiaojun	肖条军	南京大学	9	0.55
9	Sun Jie	孙洁	浙江师范大学	9	0.55
10	Fang Xiaoyi	方晓义	北京师范大学	8	0.48

四 小结

学术论文是基础研究成果的主要表现形式之一，一个学科的学术影响力，主要取决于其在高水平学术期刊上发表成果的情况。近年来，我国管理学学科论文被 SSCI 和 A&HCI 收录的数量明显增长、质量不断提升，影响力在不断增强。主要表现在以下各方面：

（1）从发文量上来看，我国管理学学科论文数量整体呈现稳步增长趋势，我国管理学者在国际管理学界日益活跃。

（2）从发表论文期刊分布来看，我国管理学学科学术论文发表在影响因子较高的 Q1、Q2 分区中的期刊上，该区段期刊具有一定的国际影响力。反映出我国管理学具备了一定的科研实力，初步得到了国际学界权威期刊的认可。

（3）从合作发表论文的作者所属国家来看，中美合作在一段时期内仍占据主要地位，中英、中加合作持续加强。

（4）从发表论文的中国作者所在机构来看，北京大学、清华大学、中国科学院发文量较多，学术研究成果较为丰硕。

（5）从发表论文被引频次来看，被引频次总体较低，我国管理学科在国际管理学界的关注度有待提升。

（6）从管理学科中国核心作者来看，来自上海交通大学的学者论文产出较多。

第十五节 教育学学科国际学术影响力

一 引言

教育学是研究人类教育现象和解决教育问题、揭示一般教育规律的一门社会科学,其运用多学科的专业知识和思维方式,对教育进行综合性的研究,以揭示教育规律,论证教育原理,说明教育方法,指导教育实践。教育学是我国当前学科分类的重要学科之一,是社会科学的重要组成部分。在长期的学科建设与研究中,教育学已取得了长足的进步与丰硕的研究成果,具体体现在教育学的科研机构建设、人才队伍培养、经费项目设立、成果的传播与应用等方面上,且教育学在丰富自己教育理论基础、解决社会现实中的教育问题的同时,也不断推动着我国社会科学研究的长足发展。教育学的发展状况在一定程度上可以通过其论文产出反映出来,而我们在通过论文产出对教育学进行评价时,不仅要对其在国内的影响力水平进行测评,还应顺应全球化的潮流,对其在国际上的发展现状进行评估,以了解我国教育学在国际学术圈中的影响力和学术地位。

通过对国际著名人文社会科学数据库收录中国学者发表的教育学论文的计量统计和分析研究,对客观认识我国教育学的发展现状与趋势,衡量教育学在国际上的学术贡献率和影响力具有极其重要的作用。以下将基于 WOS 的 SSCI 和 A&HCI 两大人文社会科学检索系统,统计我国内地教育学论文数量、期刊分布、合作国家、核心作者等相关数据,以分析 2006—2010 年我国教育学的国际学术影响力以及该学科的发展态势。

二 数据来源

在《我国学科门类、一级学科与 WOS 学科类别对应表》中,教育学对应的 WOS 类别有 EDUCATION & EDUCATIONAL RESEARCH(教育与教育研究)和 EDUCATION SCIENTIFIC DISCIPLINES(教育学学科)、EDUCATION SPECIAL(特殊教育)。经查询,2006—2010 年我国内地学者发表的论文涉及上述三种 WOS 类别,共计发文 286 篇。

三 数据比较与分析

(一) 发表论文年度分布

表6—86列出了2006—2010年,SSCI和A&HCI收录的中国内地作者发表教育学论文年度分布。通过对每个年度论文篇数的统计,可以看出教育学的论文产出总体上保持了增长的态势。论文篇数的逐年增长反映出我国内地教育学学者已由国际学术资源的获取和阅读者逐步向学术资源的创造者转变,我国教育学在国际上的学术研究与交流中越来越活跃,国际影响力也在不断提高。

在这286篇教育学论文中,有102篇(35.66%)论文在WOS类别划分中同时也被归入语言学、计算机、康复学、经济学、心理学、精神病学、护理学等学科领域。这是由于学科分化的进一步加剧以及边缘学科的出现,逐渐模糊了传统教育学的明确界限,并与其他学科交叉、融合,相互之间关联度不断加强造成的。

表6—86 2006—2010年SSCI、A&HCI收录中国内地教育学论文年代分布

出版年份	论文数(篇)	所占比例(%)
2006	18	6.29
2007	46	16.08
2008	51	17.83
2009	90	31.47
2010	81	28.32
合计	286	100

(二) 发表论文期刊分布

被SSCI和A&HCI收录的这286篇中国内地学者参与完成的教育学论文发表在81种期刊上,分布范围广,涉及学科类别多。表6—87中列出了发文数量排前10位的期刊,另外,ASIA PACIFIC JOURNAL OF EDUCATION(《亚太教育杂志》)也同样发表论文6篇,但由于篇幅所限未列出。

从表中可以看出,占刊载期刊总数12.35%的这10种期刊共刊载168篇中国内地学者发表的教育学论文,占发表论文总数的58.74%。这说明我国教育学领域的学者发表论文所选取的期刊较为集中。刊载论文篇数最

多的是 CHINESE EDUCATION AND SOCIETY（《中国教育与社会》），共刊载论文 76 篇。该期刊创刊于 1968 年，被国际学术界公认为研究中国教育与社会问题的权威刊物，在国际学术界享有较高的学术声誉和影响力。也正因为该刊主要对中国教育与社会问题进行研究，因此，发表中国内地作者的论文相对较多。此外这 10 种期刊都属于教育学类的期刊，部分期刊还同时被归入计算机、商业经济等学科类别，这反映出教育学与其他学科的交叉、融合。

表 6—87　　2006—2010 年 SSCI、A&HCI 收录中国内地教育学论文的所载期刊排名前 10 位

序号	期刊名（英文）	期刊名（中文）	论文数量（篇）	所占比例（%）
1	CHINESE EDUCATION AND SOCIETY	《中国教育与社会》	76	26.57
2	BRITISH JOURNAL OF EDUCATIONAL TECHNOLOGY	《英国教育技术杂志》	24	8.39
3	AIDS EDUCATION AND PREVENTION	《艾滋病教育与预防》	16	5.59
4	COMPUTERS & EDUCATION	《计算机与教育》	9	3.15
5	INTERNATIONAL JOURNAL OF EDUCATIONAL DEVELOPMENT	《国际教育开发杂志》	8	2.80
6	ECONOMICS OF EDUCATION REVIEW	《教育经济学评论》	8	2.80
7	SYSTEM	《体制》	7	2.45
8	EDUCATIONAL TECHNOLOGY & SOCIETY	《教育技术与社会》	7	2.45
9	ASIA PACIFIC EDUCATION REVIEW	《亚太教育评论》	7	2.45
10	TEACHING AND TEACHER EDUCATION	《教学与教师教育》	6	2.10

（三）合作发表论文的作者所属国家/地区

科研成果的国际合作是学科国际化的重要因素也是重要表现之一。通过对这 286 篇论文的作者及作者署名单位进行分析，可以了解我国教育学领域学者的国际合作状况。2006—2010 年，SSCI、A&HCI 收录我国内地学者发表的教育学论文主要与 26 个国家的学者有合作，合著论文共 118 篇，占论文总数的 41.26%，这说明我国在教育学领域的国际合作科研方

面具有一定的广泛性。表6—88列出与我国内地学者合作发表教育学论文最多的前10个国家,另有挪威、荷兰、法国、德国等与中国内地学者合作发表2篇教育学论文。从表中可看出,中国内地学者论文合作对象主要以西方发达国家和亚洲国家为主,其中,合著完成论文数最多的是美国,占合作论文数的一半之多,其次是英国。

表6—88 2006—2010年SSCI、A&HCI收录中国内地教育学论文国际合作前10位

序号	合作发文作者 国家/地区（英文）	合作发文作者 国家/地区（中文）	合作发文数量 （篇）	所占比例 （%）
1	USA	美国	64	22.38
2	ENGLAND	英国	17	5.94
3	CANADA	加拿大	10	3.50
4	AUSTRALIA	澳大利亚	10	3.50
5	SINGAPORE	新加坡	9	3.15
6	SOUTH KOREA	韩国	3	1.05
7	NEW ZEALAND	新西兰	3	1.05
8	JAPAN	日本	3	1.05
9	ISRAEL	以色列	3	1.05
10	SPAIN	西班牙	2	0.70

（四）发表论文的中国作者所在机构

表6—89列出了在SSCI和A&HCI发表教育学论文最多的前10位中国作者所在机构,另有上海交通大学与华南师范大学同样发表6篇论文,但由于篇幅所限不再列出。从表中可以管窥教育学研究领域中较有国际影响力的内地学术机构情况。

1. 2006—2010年中国内地学者在SSCI和A&HCI收录期刊上发表的教育学论文6篇及以上的机构共有11所,共计发文142篇,占论文总数的49.65%。其中,发文数最多的前3所机构,即北京师范大学、北京大学和中国科学院共发文88篇（占30.77%）。由此可看出,这10所机构特别是前3所是我国教育学领域的重要研究和成果产出机构,对我国教育学日益国际化做出了很大贡献。

2. 从发文机构的类型来看，这 10 所机构中，除中国科学院外，其余 9 所皆为高等院校，这说明了高等院校是我国教育学研究主体中的主要成果贡献力量。

3. 从高校类型和实力看，发表教育学论文的高等院校大多数都为国家重点大学，且这些高校的教育学多为国家一级或二级重点学科。这充分说明了学科研究成果的产出往往与学校的研究方向、关注热点、专业知名度、师资力量等息息相关。其中，北京师范大学作为国内教育学研究领域首屈一指的机构，发文量最多，共计 39 篇，而教育学正是该校的国家一级重点学科之一。

表 6—89　　2006—2010 年 SSCI、A&HCI 收录中国内地教育学论文的作者所在机构前 10 位

序号	论文作者所在机构（英文）	论文作者所在机构（中文）	论文数量（篇）	所占比例（%）
1	BEIJING NORMAL UNIVERSITY	北京师范大学	39	13.64
2	PEKING UNIVERSITY	北京大学	34	11.89
3	CHINESE ACADEMY OF SCIENCES	中国科学院	15	5.24
4	TSING HUA UNIVERSITY	清华大学	9	3.15
5	XIAMEN UNIVERSITY	厦门大学	8	2.80
6	FUDAN UNIVERSITY	复旦大学	8	2.80
7	EAST CHINA NORMAL UNIVERSITY	华东师范大学	8	2.80
8	CENTRAL CHINA NORMAL UNIVERSITY	华中师范大学	8	2.80
9	ZHEJIANG UNIVERSITY	浙江大学	7	2.45
10	SOUTH CHINA NORMAL UNIVERSITY	华南师范大学	6	2.10

（五）发表论文被引频次

衡量科研成果影响力的一个重要途径就是分析科研论文的被引用情况，同一研究方向的科研论文的被引用次数越高，说明论文的利用率越高，同时也说明该研究方向的热点性，更说明其研究成果具有一定的学术价值与影响力。表 6—90 是 2006—2010 年 SSCI 和 A&HCI 收录中国内地教育学论文在 2006—2014 年被引频次排名前 10 位的论文，这些数据从客观上能反映出我国教育学领域学者发表的科研论文对其他学者的影响力。

被引频次最多的是重庆大学学者与来自多个国家的学者合著完成的一篇于 2007 年刊载在 INTELLECTUAL AND DEVELOPMENTAL DISABILITIES（《智力和发育障碍》）上的论文。该期刊位于 Q1 区间，这从一定程度上说明了国际合作以及论文所刊载期刊质量的重要性。被引频次排名前 10 的论文中，大多是与国外学者合作发表的，这反映了与国外学者的科研合作对提高论文的学术影响力具有重要的作用，但也说明了我国当前在教育学的研究领域，在一定程度上缺乏在国际上的独立研究能力和自主影响力。

表 6—90　　2006—2010 年 SSCI、A&HCI 收录中国内地教育学论文的被引频次前 10 位

序号	论文标题	作者	出版年份	被引频次
1	The Renaming of Mental Retardation: Understanding the Change to the Term Intellectual Disability	Schalock Robert L.; Luckasson Ruth A.; Shogren Karrie A.	2007	112
2	Lack of HIV Testing and awareness of HIV Infection among Men Who Have Sex With Men, Beijing, China	Choi KH; Lui H; Guo YQ; Han L; Mandel JS	2006	53
3	The Effects of Focused and Unfocused Written Corrective Feedback in an English as Aforeign Tanguage Context	Ellis Rod; Sheen Younghee; Murakami Mihoko	2008	43
4	Sexual Behavior among Employed Male Rural Migrants in Shanghai, China	He N; Detels R; Chen Z; Jiang QW; Zhu JD; Dai YQ; Wu M; Zhong X; Fu CW; Gui DX	2006	40
5	Short-term Effect of a Cultural Adaptation of Voluntary Counseling and Testing among Female Sex Workers in China: A Quasi-experimental Trial	Li Xiaoming; Wang Bo; Fang Xiaoyi; Zhao Ran; Stanton Bonita; Hong Yan; Dong Baiqing; Liu Wei; Zhou Yuejiao	2006	40
6	Understanding HIV-related Stigma and Discrimination in a "Blameless" Population	Cao Xiaobin; Sullivan Sheena G.; Xu Jie; Wu Zunyou	2006	35
7	Affective E-Learning: Using "Emotional" Data to Improve Learning in Pervasive Learning Environment	Shen Liping; Wang Minjuan; Shen Ruimin	2009	35

续表

序号	论文标题	作者	出版年份	被引频次
8	STIS and HIV among Men Having Sex With Men in China: A Ticking Time Bomb?	Wong Frank Y.; Huang Z. Jennifer; Wang Weibing;	2009	34
9	The Impact of Mobile Learning on Students' Learning Behaviours and Performance: Report from a Large Blended Classroom	Wang Minjuan; Shen Ruimin; Novak Daniel;	2009	33
10	Patterns of HIV Prevalence and HIV Risk Behaviors among Injection Drug Users Prior to and 24 Months Following Implementation of Cross-border HIV Prevention Interventions in Northern Vietnam and Southern China	Hammett T. M.; Kling R; Johnston P.; Liu W; Ngu D; Friedmann P.; Dong HV	2006	32

（六）教育学中国核心作者分析

通过对被 SSCI 和 A&HCI 收录教育学论文的中国作者发文数量的统计分析，可以在一定程度上了解当前在教育学领域中较为活跃的学者的学术能力和影响力，也可作为衡量其所在机构教育学发展水平的标准之一。

表6—91 中列出了在 SSCI 和 A&HCI 发表教育学论文最多的前 10 位中国作者。从表中可知，被 SSCI 和 A&HCI 收录教育学论文的中国内地作者发文数相对较低，其中发文数最多的是上海交通大学的申瑞民和北京大学的丁小浩，各发表 5 篇教育学论文，其他学者的发文数量都较低，这在一定程度上反映了 2006—2010 年中国内地教育学缺乏具有国际影响力的核心研究者。发文篇数最多的前 10 位中国核心作者大多数都是来自高等院校的科研人员，这再次说明高等院校是我国教育学研究主体中的绝对主力军。

表6—91　　2006—2010 年 SSCI、A&HCI 收录中国内地教育学论文的前 10 位发文作者

序号	作者名（英文）	作者名（中文）	所在机构	论文数量（篇）	所占比例（%）
1	Shen Ruimin	申瑞民	上海交通大学	5	1.75
2	Ding Xiaohao	丁小浩	北京大学	5	1.75
3	Zhang Linxiu	张林秀	中国疾病预防控制中心	4	1.40

续表

序号	作者名（英文）	作者名（中文）	所在机构	论文数量（篇）	所占比例（%）
4	Zhu Zhiyong	朱志勇	北京师范大学	4	1.40
5	Liu Chengfang	刘承芳	中国科学院	4	1.40
6	Li Fengliang	李凤亮	清华大学	4	1.40
7	Deng Meng	邓猛	华中师范大学	4	1.40
8	He Na	何娜	复旦大学	3	1.05
9	Wu Xinchun	伍新春	北京师范大学	3	1.05
10	Sha Guoquan	沙国泉	四川经济管理学院	3	1.05

四 小结

通过对教育学论文数量、合作国家、刊载期刊、被引情况和核心作者等相关指标的统计与分析，能客观地反映出我国教育学学科在国际上的影响力水平和发展趋势。以下将在前文数据统计分析的基础上，对我国教育学学科的国际学术影响力做一个总结和概括。

2006—2010 年我国内地学者被 SSCI 和 A&HCI 收录的教育学论文当前的总体发展态势还不错，相对其他学科来说具有一定的国际学术影响力，主要表现在以下几点。

1. 从发文数量上看，与其他国家相比，我国教育学的国际性论文较少，这与该学科在国内的发展状况不一致。但是从发展趋势上看，呈现出不断增长的趋势，这是教育学领域科研人员不断努力的结果。

2. 从研究领域看，我国作者发表的教育学国际论文的研究领域较为集中，从统计数据可看出主要集中在"教育与教育研究"领域，其他两个 WOS 类别的论文数量还有待增加。

3. 从论文国际合作方面看，我国教育学学科的国际合作相对广泛，国际合作伙伴相对较多，与国际的交流与合作逐渐增多。

4. 从论文被引频次看，与国内其他人文社会科学学科相比，教育学学科的国际论文被引频次和篇均被引频次相对较高，对论文进行引用的国家和地区分布广泛，其在国际上的影响范围相对较广。

5. 从中国核心作者看，核心作者效应不显著，在教育学学科研究领域比较固定的研究者数量很少，尚未形成具有国际影响力的核心作者群。

第十六节 心理学学科国际学术影响力

一 引言

心理学（Psychology）一词源于古希腊语，意思是"灵魂的学问"。心理学最初并不是一门独立学科，而是包含在哲学中，1825年，德国哲学心理学家约翰·弗里德里希·赫尔巴特（Johann Friedrich Herbart）创作的名为《作为科学的心理学》的巨著问世，第一次庄严宣布心理学是一门科学。1876年，英国心理学家亚历山大·培因（Alexander Bain）创办了世界上第一份心理学杂志《心灵》（MIND）。1879年，威廉·冯特（Wilhelm Wundt）在德国的莱比锡大学创立了世界上第一个心理实验室，用实验的手段来研究心理现象，此举被公认为是心理科学独立的标志。现代意义上的心理学被称为是一门研究人类及动物的心理现象、精神功能和行为的科学，既是一门理论学科，同时也是一门应用学科，涵盖理论心理学与应用心理学两大领域，而且已越来越广泛地渗透于人们生活实践的各个方面。《中华人民共和国国家标准 GB/T13745—2009》中心理学为一级学科，包括了心理学史、普通心理学、生理心理学、认知心理学、发展心理学、个性心理学、缺陷心理学、比较心理学、实验心理学、应用心理学、心理学其他学科共11个二级学科。但实际上心理学所涉及的领域非常广泛，还有诸如心理人类学、医学心理学、工程心理学、管理心理学、宗教心理学等，由此可见，心理学对于其他学科的重要作用和影响。基于此，对于我国内地发表的心理学论文进行国际影响力水平的分析，不仅可以从心理学自身发展的角度评估其发展状况，发现其优势与不足，进而改进相应的研究策略与方法等，而且还可以以心理学作为审视其他学科发展状况的一个标尺，为心理学及相关学科的发展提供一定的指导和参考。

二 数据来源

根据《我国学科门类、一级学科与WOS学科类别对应表》及检索可知，2006—2010年，SSCI、A&HCI收录中国内地作者发表的心理学论文共计981篇，与心理学对应的WOS类别分别为：PSYCHOLOGY DEVELOPMENTAL（心理发育，124篇）、PSYCHOLOGY EXPERIMENTAL（心理学实验，252 篇）、BEHAVIORAL SCIENCES（行为科学，121 篇）、PSYCHOLOGY EDUCATIONAL（教育心理学，43 篇）、PSYCHOLOGY CLINICAL（临床心理学，104 篇）、PSYCHOLOGY APPLIED（应用心理学，92 篇）、PSYCHOLOGY MULTIDISCIPLINARY（跨学科心理学，189 篇）、PSYCHOLOGY SOCIAL（社会心理学，160 篇）、PSYCHOLOGY BIOLOGICAL（生物心理学，81 篇）、PSYCHOLOGY（心理学，153 篇）。

三　数据比较与分析

（一）发表论文年代分布

根据检索结果，SSCI、A&HCI 在 2006—2010 年收录中国内地心理学论文共计 981 篇，占同一时段中国内地论文总数 9198 篇的比例为 10.7%。从表 6—92 可以看出，2006—2010 年我国内地学者在 SSCI 和 A&HCI 中发表的心理学论文数量增长了 3 倍多，反映出这一时期我国的心理学研究在国际学术界处于研究成果数量不断增加、影响力不断增大的稳步发展阶段。

表 6—92　2006—2010 年 SSCI、A&HCI 收录中国内地心理学论文年代分布

出版年份	论文数量（篇）	所占比例（%）
2006	90	9.17
2007	144	14.68
2008	173	17.64
2009	266	27.12
2010	308	31.40
合计	981	100

（二）发表论文期刊分布

2006—2010 年，我国内地学者在 SSCI 和 A&HCI 中发表的 981 篇心理学论文共分布在 269 种期刊上，由于篇幅所限，本《报告》只列出刊载论文前 10 位的期刊。其中发表论文最多的是 SOCIAL BEHAVIOR AND PERSONALITY（《社会行为与人格》），共发表论文 62 篇，该刊创刊于 1973 年，由新西兰主办，由 Society for Personality Research Inc. 负责出版发行，主要刊载心理学、发展心理学及人格方面的论文。刊载论文排名第

二的是 AIDS CARE：PSYCHOLOGICAL AND SOCIO MEDICAL ASPECTS OF AIDS HIV（《艾滋病看护——艾滋病心理与社会医学问题》），该刊创刊于 1989 年，主要刊载有关艾滋病患者的心理和社会医学问题的论文，出版商是 Carfax Publishing，Taylor & Francis Ltd。这两种期刊共刊载了其中约 10% 的论文，是我国内地学者发表心理学论文的主要阵地（见表6—93）。

表6—93　　2006—2010 年 SSCI、A&HCI 收录中国内地心理学论文所载期刊排名前 10 位

序号	期刊名（英文）	期刊名（中文）	论文数量（篇）	所占比例（%）
1	SOCIAL BEHAVIOR AND PERSONALITY	《社会行为与人格》	62	6.32
2	AIDS CARE：PSYCHOLOGICAL AND SOCIO MEDICAL ASPECTS OF AIDS HIV	《艾滋病看护——艾滋病心理与社会医学问题》	33	3.36
3	NEUROPSYCHOLOGIA	《神经心理学》	27	2.75
4	PHYSIOLOGY & BEHAVIOR	《生理学与行为》	22	2.24
5	PSYCHOLOGICAL REPORTS	《心理报告》	19	1.94
6	COMPUTERS IN HUMAN BEHAVIOR	《计算机在人类行为研究中的应用》	18	1.84
7	PERSONALITY AND INDIVIDUAL DIFFERENCES	《人性与个体差异》	18	1.84
8	AMERICAN JOURNAL OF DRUG AND ALCOHOL ABUSE	《美国滥用药物和酗酒期刊》	17	1.73
9	JOURNAL OF CROSS CULTURAL PSYCHOLOGY	《跨文化心理学杂志》	17	1.73
10	PERCEPTUAL AND MOTOR SKILLS	《知觉和动作技能》	15	1.53

（三）发表论文的合作国家

我国内地学者发表的 981 篇心理学论文共计与来自 51 个国家的学者进行了合作。心理学与其他学科一样，与中国内地学者合作发文最多的国家是美国，共计发表论文 411 篇。其次是加拿大和英国、澳大利亚。值得注意的是，我国学者还与塞尔维亚、斯洛伐克、斯里兰卡、乌干达、威尔

士等国的学者合作发文,这在其他学科中是少有的,说明我国内地学者的心理学研究视野较为广泛,重视与不同国家和民族的学者之间的合作与交流(见表6—94)。

表6—94　　2006—2010年SSCI、A&HCI收录中国内地心理学论文国际合作前10位

序号	合作发文作者 国家/地区(英文)	合作发文作者 国家/地区(英文)	合作发文数量 (篇)	所占比例 (%)
1	USA	美国	411	41.90
2	CANADA	加拿大	97	9.89
3	ENGLAND	英国	54	5.51
4	AUSTRALIA	澳大利亚	46	4.69
5	GERMANY	德国	32	3.26
6	JAPAN	日本	24	2.45
7	NETHERLANDS	荷兰	17	1.73
8	ITALY	意大利	17	1.73
9	SPAIN	西班牙	16	1.63
10	FRANCE	法国	11	1.12

(四)发表论文机构

981篇论文的作者共来自500个机构,因篇幅限制,此处仅列出排名前10位的中国机构。从发文机构类型来看,高校是发表心理学论文的主要力量。从表6—95可看出,来自北京大学的学者发表论文数量最多为182篇,其次是中国科学院和北京师范大学。北京大学是中国最早传播心理学的学府,早在1900年即开设心理学课程。1917年创立了中国第一个心理学实验室,被视为中国现代科学心理学的开端。目前北京大学心理学系拥有一级学科博士学位授予权,可授予心理学各专业心理学或教育学学士、硕士、博士学位。在学科建设方面,该系的认知神经心理学、生理心理学在国内处于领先地位,临床心理学、比较心理学、情绪心理学也颇具特色。中国科学院心理研究所成立于1951年,是我国唯一的国家级心理学研究机构,设有基础心理学、发展与教育心理学和应用心理学专业的博士和硕士点,并设有心理学博士后流动站。北京师范大学的心理学教学与

研究始于 1902 年创立的京师大学堂师范馆。1922 年，创办了我国第一种心理学期刊《心理》。到了 2001 年，北京师范大学经过院系调整，成立了全国第一个心理学院。该学院是我国唯一一个心理学一级学科国家重点学科单位，建有教育部人文社会科学重点研究基地和应用实验心理北京市重点实验室，并成立了全国高校中唯一一个心理学国家重点实验室——认知神经科学与学习国家重点实验室。

表 6—95　　2006—2010 年 SSCI、A&HCI 收录中国内地心理学论文的作者所在机构前 10 位

序号	发表论文作者所在机构（英文）	发表论文作者所在机构（中文）	论文数量（篇）	所占比例（%）
1	PEKING UNIVERSITY	北京大学	182	18.55
2	CHINESE ACADEMY OF SCIENCES	中国科学院	162	16.51
3	BEIJING NORMAL UNIVERSITY	北京师范大学	133	13.56
4	TSING HUA UNIVERSITY	清华大学	43	4.38
5	SOUTHWEST UNIVERSITY CHINA	西南大学	41	4.18
6	SUN YAT SEN UNIVERSITY	中山大学	36	3.67
7	ZHEJIANG UNIVERSITY	浙江大学	36	3.67
8	EAST CHINA NORMAL UNIVERSITY	华东师范大学	31	3.16
9	CENTRAL SOUTH UNIVERSITY	中南大学	28	2.85
10	SHANGHAI JIAO TONG UNIVERSITY	上海交通大学	26	2.65

（五）发表论文被引频次

发表论文被引频次是衡量论文影响力的重要指标。2006—2010 年 SSCI、A&HCI 收录我国内地心理学论文 981 篇，在此仅列举被引频次排名前 10 位的论文（见表 6—96），被引年代统计为从 2006—2014 年。其中被引频次最高的论文是 2007 年发表的 "The Other-race Effect Develops During Infancy—Evidence of Perceptual Narrowing"，2007—2014 年该文总计被引 178 次。该论文由来自英国的谢菲尔德大学（University of Sheffield）、德拉维尔大学（University of Delaware）、埃克塞特大学（University of Exeter）以及加拿大的多伦多大学（University of Toronto）和中国浙江理工大学的 6 位学者合作完成。其中谢菲尔德大学和埃克塞特大学均入选了有"英国常春藤联盟"之称的罗素集团，该集团成员均代表着英国最顶尖的

大学。该文的中国内地学者为浙江理工大学葛列众教授，这是一位在国内心理学领域成果卓著的学者。

被引频次排名第二的是2006年发表的论文"The Development of Executive Functioning and Theory of Mind – A Comparison of Chinese and US Preschoolers"，2006—2014年总计被引173次。该文由来自加拿大皇后大学（Queen's University）、北京师范大学、美国华盛顿大学（University of Washington）和俄勒冈大学（University of Oregon）、加拿大多伦多大学（University of Toronto）的5位学者共同合作完成的。这几所大学在国际上都有着较高的声誉，科研水平较高。其中来自中国的学者是时任北京师范大学认知神经科学与学习研究所的徐芬教授，来自加拿大多伦多大学的李康教授也是一位国际知名的华人心理学家。

单从被引频次最高前10位的论文可以看出，目前我国内地心理学学者虽然参与国际学术合作较多，但是仍处于从属地位。这10篇论文中第一作者为中国内地学者的仅有3篇。

表6—96　　2006—2010年SSCI、A&HCI收录中国内地心理学论文的被引频次前10位

序号	论文题目	作者	出版年份	被引频次
1	The Other – race Effect Develops During Infancy—Evidence of Perceptual Narrowing	Kelly David J.；Quinn Paul C.；Slater Alan M.；Lee Kang；Ge Liezhong；Pascalis Olivier	2007	178
2	The Development of Executive Functioning and Theory of Mind – A Comparison of Chinese and US Preschoolers	Sabbagh MA；Xu F；Carlson SM；Moses LJ；Lee K	2006	173
3	Cyberball：A program for Use in Research on Interpersonal Ostracism and Acceptance	Williams K. D.；Jarvis B.	2006	127
4	Internet Addiction among Chinese Adolescents：Prevalence and Psychological Features	Cao F.；Su L.	2007	114
5	A Cross – national Study of Subjective Sexual Well – being among Older Women and Men：Findings from the Global Study of Sexual Attitudes and Behaviors	Laumann E. O.；Paik A.；Glasser D. B.；Kang J. H.；Wang T. F.；Levinson B.；Moreira E. D.；Nicolosi A.；Gingell C.	2006	94

续表

序号	论文题目	作者	出版年份	被引频次
6	Language Selection in Bilingual Speech: Evidence for Inhibitory Processes	Kroll Judith F.; Bobb Susan C.; Misra Maya; Guo Taomei	2008	92
7	The Cultural Shaping of Depression: Somatic Symptoms in China, Psychological Symptoms in North America?	Ryder Andrew G.; Yang Jian; Zhu Xiongzhao; Yao Shuqiao; Yi Jinyao; Heine Steven J.; Bagby R. Michael	2008	90
8	Aversive Parenting in China: Associations with Child Physical and Relational Aggression	Nelson D. A.; Hart C. H.; Yang C. M.; Olsen J. A.; Jin S. H.	2006	81
9	Temporal Dynamic of Neural Mechanisms involved in Empathy for Pain: An Event–related Brain Potential Study	Fan Yan; Han Shihui	2008	75
10	The Symbolic Power of Money: Reminders of Money Alter Social Distress and Physical Pain	Zhou Xinyue; Vohs Kathleen D.; Baumeister Roy F.	2009	75

（六）心理学中国内地核心作者分析

表6—97列举了2006—2010年SSCI、A&HCI收录中国内地心理学论文数量前10位的作者。从表中可看出，来自北京大学心理学系的王垒教授以发表论文21篇位居榜首，王垒教授曾访学英国牛津大学、伯克利加州大学，曾任慕尼黑大学人类研究中心研究员。来自西南大学认知与人格教育部重点实验室的李红教授共发表论文20篇。李红教授是加拿大多伦多大学心理学系客座教授，并从2002年起，开始与加拿大多伦多大学、美国布朗大学、加利福尼亚大学、华盛顿大学等多国大学的心理学教授等建立了密切的合作关系。来自同一机构的陈红教授发表的11篇论文中均与来自澳大利亚詹姆斯库克大学（James Cook University）的临床心理学家Todd Jackson教授合作，Todd Jackson教授于2007年起成为西南大学的兼职教授。来自中国科学院心理研究所的李纾教授发表论文17篇，其中以第一作者或通讯作者发表的论文14篇。李纾教授于澳大利亚新南威尔士大学（University of New South Wales）心理学院获哲学博士学位，曾就职于新南威尔士大学、澳大利亚研究理事会、新加坡南洋理工大学等，是 *JUDGMENT AND DECISION*

MAKING 期刊顾问编辑。从 2006—2010 年 SSCI、A&HCI 收录中国内地心理学论文的前 10 位发文作者可以看出，这些发表论文数量最多的作者均有海外留学或访学经历，而且邀请国外知名教授作为本国高校或研究机构的兼职工作人员可以在很大程度上提升我国内地学者发表国际论文的数量。

表6—97　2006—2010 年 SSCI、A&HCI 收录中国内地心理学论文的前 10 位发文作者

序号	作者名（英文）	作者名（中文）	所在机构	论文数量（篇）	所占比例（%）
1	Wang Lei	王垒	北京大学	21	2.14
2	Li Hong	李红	西南大学	20	2.04
3	Li Shu	李纾	中国科学院	17	1.73
4	Shu Hua	舒华	北京师范大学	16	1.63
5	Zhang Jie	张杰	中央财经大学	15	1.53
6	Zhang Qinglin	张庆林	西南大学	15	1.53
7	Zhou Xiaolin	周晓林	北京大学	13	1.33
8	Han Shihui	韩世辉	北京大学	13	1.33
9	Miao Danmin	苗丹民	第四军医大学	13	1.33
10	Yao Shuqiao	姚树桥	湖南湘雅二医院	13	1.33

四 小结

从前述 2006—2010 年我国内地学者发表的心理学论文被 SSCI、A&HCI 收录情况的统计分析来看，论文数量呈稳步增长的态势，981 篇论文共发表在 269 种期刊上，传播和发布范围广。而且我国内地学者共与来自 51 个国家的学者合作发表论文，在一定程度上说明我国心理学研究在国际学术界具有一定的地位和影响力，其中合作发表论文最多的是美国、英国和加拿大，形成了较为稳定的跨国学术合作关系。在发表论文机构方面，北京大学、中国科学院和北京师范大学是发表心理学论文的主要阵营。我国内地学者发表的部分论文有较高的被引频次，但是这些论文的第一作者少有中国内地作者，这说明我国内地心理学研究在国际学术界仍有很大的进步空间。另外，从发表论文前 10 位的作者排序可以看出，我国内地心理学研究形成了较为稳定的核心作者群，一批具有海外留学或访学背景的学者组成了发表论文较多的核心作者群。

第七章 中国人文社会科学国际学术影响力总体评估与对策建议

从前文的统计分析来看，2006—2010年是我国人文社会科学研究工作快速发展的5年，与此同时，这5年也是我国社会经济发展速度快速提升的5年。2006年国务院制定了《国家中长期科学和技术发展规划纲要（2006—2020年）》，自从发布以来，国家财政对于科研经费的投入在逐年增加。2010年国家对于科研的财政投入总量已经是2006年的3倍多。在各方面的支持和鼓励下，高校和科研院所开展科学研究的基础条件进一步改善，积极承担国家和地方的重大研究项目，学术竞争力和学术研究水平不断上升。

第一节 回顾与评估

一 期刊论文影响力分析

根据统计结果，2006—2010年，SSCI、A&CHI中收录我国内地学者发表的论文共计9198篇，2010年的论文数量是2006年的3倍之多，数量增长非常迅速。为了对这些论文的影响力水平进行分析，以2006—2014为年限对这些论文的年篇均被引频次做统计，见表7—1。

表7—1 2006—2010年SSCI、A&CHI中收录中国内地学者发表期刊论文数量及被引情况

出版年份	论文数量（篇）	发表年—2014年被引总数	年篇均被引频次
2006	884	12808	1.61
2007	1246	18945	1.90

续表

出版年份	论文数量（篇）	发表年—2014年被引总数（次）	年篇均被引频次
2008	1623	18294	1.61
2009	2467	23577	1.59
2010	2978	22890	1.54
合计	9198	96514	1.65（平均值）

从表7—1可以看出，2006年我国内地学者发表的884篇论文在2006—2014年的年篇均被引频次是1.61，到了2010年，2977篇论文的篇均被引频次为1.54。这说明论文数量的增长并不意味着质量的提高，在我国内地人文社会科学学术成果大量进入国际知名检索系统的同时，应更加注重提高学术成果的质量。

二 著作影响力分析

根据检索结果，2006—2010年，BKCI-SSH共收录中国内地著作1274条记录。从2006年的93条开始，著作的记录数逐年增长，到了2010年共有381条，5年间记录数增加了3倍多，年均增长达46%。记录数虽然呈逐年增加的趋势，但是增长率却逐年下降，而与此同时，我国内地出版的著作数量猛增。BKCI-SSH收录中国内地著作1274条记录中约99%为英语、1%为德语，以及参与BKCI-SSH数据来源的出版机构也主要侧重于英、美以及母语为英语的国家/地区，由此可以看出，BKCI-SSH的遴选标准在一定程度上限制了优秀的中国内地中文学术著作的入选（见表7—2）。

表7—2　2006—2010年BKCI-SSH收录中国内地著作数量及被引情况

年度	记录（条）	增长率（%）	被引著作记录（条）	著作总被引（次）
2006	93		4	5
2007	181	95	12	11
2008	276	52	30	43
2009	343	24	51	78
2010	381	11	75	113
合计	1274		172	250

此外，在这 1274 条记录中，只有 172 条被其他著作或论文引用，总被引次数为 250 次，这说明我国内地著作的被引用数量较少，被引用次数也较少，整体的国际影响力水平较低。

三 期刊影响力分析

2006—2010 年，SSCI、A&HCI 收录的中国人文社会科学期刊共有 5 种，虽然被收录的期刊数量少，但有了零的突破，[①] 尤其是经济学领域有 3 种期刊被收录，这无疑会极大地推动我国经济学期刊水平的提升。由于被收录时间和出版周期不一，这 5 种期刊刊载的论文数量也有较大的差距，2006—2010 年刊载论文数量最多的是 *FOREIGN LITERATURE STUDIES*，共刊载论文 612 篇，但这 5 年间刊载论文被引总数最高的却是 *CHINA & WORLD ECONOMY*，达到了 323 次，也是 5 种期刊中影响因子（2008—2012 年）最高的，这提醒我国期刊的主办方在筛选论文时应在控制论文数量的基础上更加注重论文的质量（见表 7—3）。

表 7—3 2006—2010 年 SSCI、A&HCI 收录中国人文社会科学期刊及相关情况

序号	期刊名称（英文）	期刊名称	收录年份	刊载论文篇数（篇）	被引总数（次）
1	*CHINA & WORLD ECONOMY*	《中国与世界经济》	2006	221	323
2	*ANNALS OF ECONOMICS AND FINANCE*	《经济学与金融学年刊》	2007	71	19
3	*CHINA AGRICULTURAL ECONOMIC REVIEW*	《中国农业经济评论》	2009	60	15
4	*CHINESE JOURNAL OF INTERNATIONAL LAW*	《中国国际法论刊》	2008	88	32
5	*FOREIGN LITERATURE STUDIES*	《外国文学研究》	2005	612	48

---

① 在 2005 年以前，我国仅有 *CHINESE LITERATURE*（《中国文学》）一种人文社会科学期刊被 A&HCI 收录，且该刊在 2001 年起被停止收录。

四 国际学术交流活动分析

我国人文社会科学学者参与国际学术交流活动情况中,主要对来自高等院校、不同规格、不同隶属关系、不同类型的学校的人文社会科学学者参与国际学术活动等数据进行统计分析。根据前述学科影响力报告中所反映出的问题及相关研究表明,参与国际学术活动越频繁,国际学术活动的等级越高,越有利于我国人文社会科学学者发表高质量的国际学术论文,因此,这里着重分析在参与国际学术活动中我国学者"走出去"的情况,如表7—4所示。

表7—4　　2006—2010年中国内地人文社会科学学者参与
国际学术活动部分情况

年份	国际学术会议 参加人次	国际学术会议 提交论文(篇)	受聘讲学 派出人次	社科考察 派出人次	进修学习 派出人次	合作研究 派出人次	合作研究 课题数(项)
2006	30513	14885	2865	6251	5300	2264	1039
2007	28792	15964	2877	6981	5441	2296	1020
2008	34622	18393	3206	6583	5298	2152	1081
2009	33770	20250	3513	6673	5310	2372	981
2010	36289	20320	3459	7685	5515	2495	1107

从表7—4可以看出,2006—2010年,我国内地人文社会科学学者参与国际学术活动的人次、提交论文数量以及参与合作研究的课题数量等基本上都呈现出增长的趋势,但是与5年间发表论文增长3倍多相比,国际学术活动很显然增长幅度很小,而且各项学术活动中派出人次的增加非常有限。这不仅与科研资源的配置有很大关系,而且与相关人文社会科学研究的主管部门的相关管理制度和政策有关。

五 学科影响力分析

本《报告》共对16个学科的国际学术影响力水平进行测评。表7—5是根据《我国学科门类、一级学科与WOS学科类别对应表》以及实际在SSCI、A&HCI中查到的数据制作而成。在本次报告中社会科学类的学科共有11个:历史学、考古学、经济学、政治学、法学、社会学、新闻学与传播学、图书馆学情报学、教育学、管理学、心理学。人文与艺术科学的学科共有5个：哲学、文学、宗教学、语言学、艺术学。据检索，2006—2010年，SSCI和A&HCI未收录我国内地学者发表的民族学、统计学和体育学论文。此外，需要说明的是，同一篇论文可能因为涉及多个学科主题而被同时归入多个WOS类型，因此，表7—5中的论文数量总和等于大于实际的论文总数。

表7—5　16个人文社会科学一级学科与WOS类型对应及论文相关数据

一级学科	涉及WOS类型	论文数量（篇）	论文总数（篇）
哲学	ETHICS	50	229
	PHILOSOPHY	179	
宗教学	RELIGION		76
语言学	LANGUAGE&LINGUISTICS	140	197
	LINGUISTICS	139	
文学	LITERATURE		
艺术学	ART	32	535
	FILM, RADIO, TELEVISION	4	44
	MUSIC	3	
	THEATER	5	
历史学	HISTORY	69	74
	HISTORY OF SOCIAL SCIENCES	5	
考古学	ARCHAEOLOGY		65
经济学	BUSINESS, FINANCE	157	1519
	BUSINESS	246	
	ECONOMICS	1231	
政治学	INTERNATIONAL RELATIONS	166	192
	POLITICAL SCIENCE	39	
法学	LAW	120	144
	CRIMINOLOGY & PENOLOGY	22	
	MEDICINE, LEGAL	4	
社会学	ASIAN STUDIES	197	621
	ANTHROPOLOGY	192	
	DEMOGRAPHY	33	
	WOMENS STUDIES	35	
	SOCIAL SCIENCES, INTERDISCIPLINARY	142	
	SOCIOLOGY	125	

续表

一级学科	涉及 WOS 类型	论文数量（篇）	论文总数（篇）
新闻学与传播学	COMMUNICATION		72
图书馆学情报学	INFORMATION SCIENCE & LIBRARY SCIENCE		278
管理学	MANAGEMENT	575	1650
	OPERATIONS RESEARCH MANAGEMENT SCIENCE	466	
	BUSINESS	259	
	BUSINESS FINANCE	166	
	ENGINEERING INDUSTRIAL	165	
	HEALTH POLICY SERVICES	159	
	HEALTH CARE SCIENCES SERVICES	133	
	AGRICULTURAL ECONOMICS POLICY	72	
	ERGONOMICS	90	
	HOSPITALITY LEISURE SPORT TOURISM	61	
	PUBLIC ADMINISTRATION	39	
	INDUSTRIAL RELATIONS LABOR	15	
教育学	EDUCATION & EDUCATIONAL RESEARCH	263	286
	EDUCATION, SCIENTIFIC DISCIPLINES	12	
	EDUCATION, SPECIAL	14	
心理学	PSYCHOLOGY	153	955
	PSYCHOLOGY, APPLIED	92	
	PSYCHOLOGY, BIOLOGICAL	81	
	PSYCHOLOGY, CLINICAL	104	
	PSYCHOLOGY, EDUCATIONAL	43	
	PSYCHOLOGY, EXPERIMENTAL	252	
	PSYCHOLOGY, MULTIDISCIPLINARY	189	
	PSYCHOLOGY, SOCIAL	160	
	PSYCHOLOGY DEVELOPMENTAL	124	
	BEHAVIORALSCIENCES	21	

从表7—5中可以看出，各个学科的研究成果数量各有差异，这与学科本身的特点有很大的关系。从大的学科门类来看，社会科学的论文数量远多于人文与艺术科学，原因之一在于社会科学所包含的一级学科数量多于人文与艺术科学，而且社会科学与相关学科的交叉研究、跨学科研究较多，在研究领域方面较人文与艺术科学更为广泛，因此其成果数量也较多；原因之二在于SSCI、A&HCI中收录的社会科学类期刊多于人文与艺

术科学期刊；原因之三则在于各个学科发展的不均衡，这与我国的历史文化传统以及学科建设的政策倾向性等方面有密切的关系。

从整体发展来看，2006—2010 年我国人文社会科学学术成果无论是论文、著作、期刊还是国际学术活动，数量上的增加是显而易见的，国际学术影响力水平是稳步提升的（见表7—6）。

表7—6　　　　2006 年与 2010 年论文、著作与期刊数量增长对比

类型＼年份	2006	2010
论文	884 篇	2978 篇
著作	93 条记录	381 条记录
期刊	2 个期刊被 SSCI 和 A&HCI 收录	5 个期刊被 SSCI 和 A&HCI 收录

然而与现今科研实力居世界第一的美国相比可以明显看出，中国人文社会科学的研究成果数量少，在国际学术界并未占有优势地位，且缺乏有分量的、具有广泛的国际影响力的学术成果。2006—2010 年，美国和中国人文社会科学论文的比值从约59 缩小到了约24，这说明我国人文社会科学研究实力在不断增强，在国际学术界的地位在不断上升（见表7—7）。

表7—7　　　2006—2010 年我国内地与美国人文社会科学论文、
著作与期刊数量对比

类型	国别	2006 年	2007 年	2008 年	2009 年	2010 年
论文（篇）	中国	884	1246	1623	2467	2978
	美国	51751	53962	60367	66943	71241
著作（记录）（条）	中国	93	181	276	343	381
	美国	8959	10279	13084	15917	14413
期刊（种）	中国	2	3	4	5	5
	美国[①]	1452	1446	1464	1924	2003

---

① 美国的期刊数值为被 SSCI 和 A&HCI 收录的期刊数量，但一种期刊可能同时被这两个检索系统收录，因此此处的期刊数值可能多于实际的数量。

第二节　影响和阻碍我国人文社会科学国际学术影响力提升的原因

从目前收集到的各方面资料及现实情况来看，影响和阻碍我国人文社会科学研究成果国际学术影响力提升的原因主要有客观与主观两个方面。

在诸多客观原因中，有学者提出，国家的开放程度、国家与国际社会的融入程度是影响人文社会科学工作者国际发文量的一个重要因素。[①] 20世纪90年代以前，由于种种原因，我国的科学研究处在国际学术界的边缘，尤其是人文社会科学长期得不到国际学术界的认可和接纳。而且我国人文社会科学工作者对于 SSCI、A&HCI 的了解和认识非常有限，而要获取 SSCI、A&HCI 期刊及论文更是非常困难的。20世纪90年代以后，在国家大力发展科学研究、倡导学术界对外交流与开放的大背景下，我国的学者才逐渐认识和了解了 SSCI、A&HCI，相比于其他美国、英国等国家来说，我国的学者确实起步晚，因此在学术成果的发表、推广和转化方面与欧美等西方发达国家相比具有一定的差距。

第二个客观原因是我国内地被 SSCI、A&HCI 收录的期刊数量太少。据2005年的统计，SSCI、A&HCI 期刊分布于美国、英国、荷兰等40多个国家，其中美国出版的期刊占52.6%，英国出版的期刊占33.7%，荷兰、德国、加拿大、法国、瑞士、澳大利亚出版的期刊占10.5%，其余32个国家占3.2%……[②]而当时中国内地只有《外国文学研究》被 SSCI 收录。2006—2010年，我国内地仅有5种期刊被 SSCI 和 A&HCI 收录。再从世界板块来看，欧美发达国家出版的期刊占总数的97%，而亚洲国家出版的期刊占总数的1%不到。[③] 入选国际知名检索系统的期刊数量少直接导致我国的学者在学术界话语权和影响力方面处于弱势地位。当然，我

[①] 赵宴群：《对我国人文社会科学工作者在期刊发表论文的分析与思考》，《复旦教育论坛》2010年第1期。

[②] 徐勇、张昆丽、张秀华：《SSCI 源期刊的分析研究》，《浙江高校图书情报工作》2007年第3期。

[③] 党生翠：《美国标准能成为中国人文社科成果的最高评价标准吗?》，《学术评论》2005年第4期。

国人文社会科学学术期刊被 SSCI、A&HCI 收录的数量少与其自身的发展也有非常大的关系,例如起步时间晚、发展缓慢,再如学术水平较国际水平低、学术规范度不够、编审人员的国际影响力不足等诸多因素使得我国很多人文社会科学期刊被排除在世界优秀检索系统之外。

除了以上客观原因之外,还有一些主观原因导致了我国人文社会学术成果的国际影响力水平较低,首先是我国学者的母语非英语,而英语却是国际学术通用语言。据统计,仅 SSCI 中,英文类期刊占总数的 95% 以上,其次是德文和法文。[①] 语言和文字的不同,使得我国的一些学者所撰写的英文论文仍是中文的表达方式和思维习惯,对于国际期刊的编审来说往往会不知所云,即使有些学术成果具有非常高的学术水平也难以在国际一流刊物上发表。因此,学术语言、学术思维和表达方式的障碍也在一定程度上影响了我国人文社会科学成果"走出去"。

其次是我国学者的研究范围领域、研究方法和技术路线与国际学术界的惯例有差别。在研究范围领域方面,我国的人文社会科学研究的发展起步晚,前期发展缓慢,因此目前从整体上看是落后于西方发达国家的。而且由于传播和获取渠道不畅通,往往我国学者开始着手研究的一些问题,在西方却处于已经有研究定论的状态,因此我国的人文社会科学研究存在研究阶段落后于西方的现象。这就相应地导致了我国学者的研究成果不仅不能代表国际学术前沿,不能引发国际学术界的关注和共鸣,而且这也进一步导致西方学术界对我国学术界的不认同。另外,在全球一体化的发展背景下,社会科学、人文科学以及自然科学等各个专业领域之间的交流、融合更进一步加剧,学科之间不再泾渭分明,往往具有共同的研究领域,因此,即使人文社会科学的研究受传统文化、价值观等方面的影响较大,但是在科研领域和研究成果中如果过分强调各国的特殊性和独特性将不再受到较大范围的关注。长期以来,我国的人文社会科学研究范围主要在东亚地区,原因是这些国家具有相似的文化背景和历史渊源。而今东亚地区的独特性在全球一体化的研究潮流中不再具有优势。因此,要想得到国际学术界的认可和接纳,我国人文社会科学的学者必须更具有世界性的、全球化的研究视野和研究方法。

---

① 徐勇、张昆丽、张秀华:《SSCI 源期刊的分析研究》,《浙江高校图书情报工作》2007 年第 3 期。

第三节 提高中国人文社会科学国际学术影响力的对策与建议

全球化、国际化不仅意味着金融、商业的交融与合作发展，而且意味着全球的知识和科研领域的一体化，即知识和科研成果的交流与传播突破了地区、国家的局限，上升到了全球范围。在全球化进程越发加快的今天，中国人文社会科学学术成果走向国际也是必然趋势。温家宝于2007年在同济大学百年校庆上讲道，"没有一流的文科就没有一流的理科，没有一流的理科就没有一流的工科"，人文社会科学在整个科学发展中的重要性确实如此。科研成果的国际化对于科研工作者来说，是进行知识生产和交流的必要过程，使科学研究在更大范围、更高水平的交流、传播过程中产生新的成果。一个国家的学术成果能否进入国际学术话语体系，不仅标志着这个国家的学术话语权高低，而且也标志着该国家文化的国际接受度。只有提高本国学术成果的国际化水平，才能展示本国的科学研究实力、文化形象与发展潜力。而如何使我国人文社会科学在国际上的影响力从量的提高达到质的飞跃，从而提高整体科研实力和学术水平，是从国家层面到科研管理部门乃至科研工作者个人都需要思考和研究的重大课题。

本《报告》选取 SSCI、A&HCI 和 BKCI - SSH 三个数据库作为考察2006—2010年我国人文社会科学国际学术影响力的对象来源，原因在于这三个数据库是目前世界上公认的可反映机构和个人在国际人文社会科学界学术地位与影响力的重要参考依据。[①] 虽然这样的选取标准具有一定的局限性，但是在目前尚无更好的评价标准的情况下，这仍是比较客观、公正的评价。

针对目前我国人文社会科学学术研究中表现出来的特点和存在问题，本《报告》提出以下对策和建议，以提升我国人文社会科学的国际学术影响力水平，提升我国的学术话语权和文化"软实力"。

---

① 赵宴群：《对我国人文社会科学工作者在期刊发表论文的分析与思考》，《复旦教育论坛》2010年第1期。

一 鼓励和培养具有国际研究视野和研究能力的中国学者

曾任美国加州大学伯克利分校大学图书馆副馆长、东亚图书馆馆长、北美东亚图书馆委员会主席的周欣平在题为《占据国际视野：提升中国学术话语权新思维》的文章中深刻剖析了中国的学术话语权的内涵，指出中西方学界学术范式的异同，并提出中国的学术界急需打破旧思维建立新体系……要改变陈旧的教育、学习和研究方法，培养独立自主的学术思维和学术批判精神，建立其能发表中国学术研究成果的国际性的话语平台，最终才能建立中国学术话语权。[①] 从周欣平的文章中不难看出，作者认为要建立中国学术话语权最主要的责任在于培养一批具有国际视野、国际学术研究能力的学者，这些学者具有学术担当，了解西方学术研究范式，具备开展跨国学习、交流的能力，掌握前沿的研究方法和工具，更为重要的是具有独立自主的学术思维和学术批判精神。只有这些既具备国际视野和研究能力又扎根于中国现实社会的学者才能更多地为国际学术界展示中国学术研究成果，才能使中国的人文社会科学研究更具备国际竞争力。

具体来说，第一，我国的人文社会科学科研工作者必须树立国际化的学术理念，突破国家、地域的局限，积极主动地思考和探索全球化进程中自身研究领域的国内外研究热点、研究前沿和最新研究成果，在此基础上制订既适合我国国情又兼具竞争优势的人文社会科学研究发展方案，开展创新性研究，并力争使自己的研究工作和成果融入国际人文社会科学学术研究体系中；第二，要在保持本土文化特色的基础上，以开放的态度努力学习和吸收国际领先的研究方法与技术；第三，要积极参与国际学术交流，让世界了解中国的人文社会科学，让世界听到来自中国的声音；第四，人文社会科学成果的发表不要局限于国内，而要积极大胆地向国际期刊投稿，积累国际期刊的投稿经验。

二 打破地区、系统和机构壁垒，组建高质量的学术团队和学术合作平台

目前，科学研究的跨地区化、跨系统和机构化趋势日益显著，学术需要交流和思想碰撞，与高水平的、具有国际研究水平的学者进行合作、交

---

① 周欣平：《占据国际视野：提升中国学术话语权新思维》，《学术前沿》2012 年第 10 期。

流是产生思想火花、产生高质量学术成果的有效途径。我国香港和台湾的国际化程度较高，香港大学、香港中文大学等几所大学在 SSCI 和 A&HCI 中的发文量较大，整体学术水平与国际接轨程度高，与国际学术交流的密切度、接受国际学术信息的全面性和及时性等方面都优于内地，这些都利于港台地区高质量学术成果的产出。港台学术界与外国的交流合作时间长、程度深、范围广，因此我国内地学者可以通过与港台学者的合作交流，借助香港、台湾这两个学术国际化窗口和桥梁，学习规范的科学研究方法、写作规范，学习规范的国际化表达，逐步走向亚洲和世界各地。待内地学者与港台地区的学者形成了较为稳定的学术交流和合作关系，掌握了国际学术表达的一般方法后就可以进一步向欧美等科研发达国家的学者发起邀请参与国际合作。在打破地区、系统和机构壁垒的过程中，首先需要强化合作意识，创造机会加强与国内外顶尖人文社会科学研究机构的合作。这样不仅有利于提升自身机构的学术视野和学术水平，还有利于形成稳定的学术合作团队，尽快提升学术水平和影响力。

高校是我国人文社科学术成果的主要产出地，为了提升中国人文社会科学的影响力，各高校要利用自身的影响力和资源优势，为科研工作者搭建国际学术交流平台。第一，各高校要积极举办高水平国际学术会议和讲座。高校应积极邀请国际知名大学及研究机构的人文社会科学方面的专家学者、期刊编委、国际重要学术组织的任职人员等到学校参与学术交流，开办学术讲座，使本校科研工作者了解国际人文社会科学成果发表的系列程序和话语体系，同时客观上能为增强本校人文社会科学工作者的国际化视野提供条件。第二，积极组织或参与国际合作项目。各高校的科研管理部门要密切关注和积极争取国际科研合作项目，组织和督导本校人文社会科学工作者和学术团队积极申报，为组织或参与国际合作项目的组织和个人提供相关信息和具体申报等方面的支持和指导。第三，为英文学术论文的写作、翻译和投稿等提供专业化的咨询与指导。国际学术通用语言和文字是制约我国科研工作者成果发表的又一障碍，对此，我国一些高校已建立了专业的学术论文翻译组织，聘请各学科专业背景深厚与写作能力突出的资深专家和学者，为科研工作者的学术论文提供从投稿到发表的一站式服务，打破科研工作者在论文写作和投稿中遇到的种种障碍。第四，选派人文社会科学及相关领域的科研人员出国进修，并与一些国外顶尖大学建立固定的合作交流机制，开阔科研工作者的视野，提升其研究能力和成果的产出率。第五，加大对国际期刊发文作者的奖励力度。充足的时间和经费是科研工作持续、稳步开展的必要条件，因此，加大对国际学术成果作者的科研奖励，不仅是对其研究成果的肯定和激励，而且能帮助支持其后续的研究工作，为将来的学术成果走国际化道路打下一定的基础。第六，校际间根据学科优势和资源优势等组建强有力的国际性学术团队，提高科研成果的产出数量和质量。

三　实施中国人文社会科学类期刊"走出去"战略

学术期刊是进行无国界学术交流与合作的桥梁和窗口，中国的学者可以在国际期刊上发表研究成果，中国的期刊也欢迎来自外国学者的投稿。然而现实情况却是，由于中国学术期刊与国际学术期刊存在很大的差距，这些差距既表现在质量方面，又表现在数量方面，由此产生了大量的中国优秀学术成果流向国际期刊的单向运动，而外国学者缺乏对中国期刊的认识因而较少地向中国期刊投稿，在这种情况下学术期刊作为双向学术交流与合作的功能产生了严重失衡。

据中华人民共和国新闻出版总署2012年7月公布的数据，截至2011年全国共出版期刊9849种，总印数32.9亿册，其中哲学社会科学类期刊占总印数的42.3%，位居第一。[①] 这一数据可以说明，虽然目前我国学术期刊的国际影响力与发达国家相比仍存在一定的差距，但如果仅从数量上看已成为世界期刊大国，并且正在成为国际出版业中的重要力量。目前，我国的部分自然科学期刊已"走出去"，其中一些优秀期刊还进入了国际知名检索系统，具备了一定的国际展现力和影响力，主要原因之一是因为科学、技术没有国界，受文化背景、历史积淀的影响较少；而我国人文社会科学类期刊在国际学术界仍处在占有数量少、发展后劲不足、影响力较弱的状态，这是因为人文社会科学具有鲜明的意识形态的性质，因此，表现在中国与世界、中华民族和世界其他各民族、东方与西方之间不仅存在语言、文化、道德、伦理等诸多差异以及由此而导致的理解、认识和交流上的障碍，而且还存在由于不同的国情和文化传统的制约而导致的东西方文化、思想和精神交流的隔阂。有学者指出，21世纪，国与国之间的冲

---

① 《2011年新闻出版产业快速稳步增长（上）》[EB/OL]，http://www.bkpcn.com，2012年7月12日。

突表面上是政治、经济和军事的冲突,实质上更是"文化战争"。[①] 我国的人文社会科学研究及其成果不仅承担着学术交流的责任,同时也承担着传播文化、消除文化理解中的障碍和隔阂的重任。

在学术期刊的数量方面,曾有学者统计,欧美发达国家出版的 SSCI 期刊数占总数的 97%,而亚洲出版的期刊数量不到总数的 1%。[②] A&HCI 入选期刊的地理分布与 SSCI 大致相似,大多分布在西方发达国家。若我国有更多的学术期刊被 SSCI、A&HCI 收录,那么在客观上就为提升我国的国际学术影响力提供了有利的条件与保障。因此,基于上述客观因素以及本《报告》的研究宗旨,本《报告》认为"十三五"规划应重视我国人文社会科学期刊的整体发展,全面实施人文社会科学类期刊的"走出去"战略。

对于期刊主办方和相应的行政主管部门而言,应努力学习和借鉴已被 SSCI、A&HCI 收录的中国人文社会科学期刊的做法,采取以下具体措施,使更多高质量的人文社会科学期刊走出国门,走向世界学术舞台。

1. 组织相关领域的专家和学者,从战略层面全方位地制订我国人文社科类期刊发展体制创新和分阶段实施"走出去"的具体操作方案,努力突破现有人文社会科学期刊的经营管理模式,进行资源整合,使同一学科的期刊通过兼并、组合等方式,走集团化、产业化发展道路,形成规模效应和品牌效应。集团化、产业化代表着高素质的编校团队、高效率的工作流程和高质量的文章,这是中国的人文社会科学期刊"走出去"的必经之路。学术期刊作为新闻出版业的重要组成部分,转企改制已是势在必行。2011 年 1 月 26 日,时任国家新闻出版总署副署长的李东东前往中国学术期刊电子杂志社和同方知网(北京)技术有限公司调研时指出,"通过学术期刊转企改制,重塑学术期刊的市场主体地位,是学术期刊做大做强的必由之路","学术期刊改制为企业,进行产业化运作,其主要难点有:一是如何合理定位,创造规模化的市场需求;二是如何吸引高水平稿件,打造优势出版品牌;三是如何降低出版发行成本,提高盈利空间;四是如何拓展营销渠道,扩大发行;五是如何延揽优秀人才,提高办刊能力

---

① 武文茹:《人文社科期刊"走出去"的制约因素》,《编辑之友》2013 年第 6 期。
② 党生翠:《美国标准能成为中国人文社科成果的最高评价标准吗?》,《学术评论》2005 年第 4 期。

和水平"。① 学术期刊转企改制进行集团化运作后可以建立专业的期刊推广团队，积极参与国际性的学术会议，宣传我国的人文社会科学类学术期刊，提高我国学术期刊的国际知名度，努力实现更多人文社会科学类期刊被国际大型检索系统收录的目标。而学术期刊在经营管理模式转变的同时，如何继续保持其学术特色，发挥其在推动研究创新中的作用，这不仅需要期刊主办方积极探索和学习借鉴已有经验，也需要相应的行政主管部门在充分尊重不同期刊学术特点和编审理念的基础上对期刊进行引导，使我国的人文社会科学期刊在"走出去"的同时继续坚持鲜明的国家和学术特点。

2. 加大对国内已有人文社会科学英文期刊的培育力度。据 ISSN（国际标准连续出版物号）中国国家中心资料显示，自 1950 年以来，我国外文学术期刊创刊近 380 种，基本上都以英文出版，其中自然科学类 329 种，人文社会科学类近 50 种。② 目前，这些英文期刊的出版方式主要有以下两种：一是由国内编委完成收稿、编审的工作，由国外出版社负责申请刊号和出版发行事宜；二是由一些学会、协会主办，并完成编审、出版事宜，例如目前由中国科学技术协会主办的 70 余种英文期刊。以上这两类英文期刊基本具备了国际英文期刊的各项要素，也形成了较为规范的编审、出版流程。加大对这类已有英文期刊的资金支持力度和规范化引导，不仅可以尽快提升其国际化程度，进而为进入国际知名检索系统打下基础，而且还能降低扶持期刊"走出去"的成本投入。

3. 新办一批高质量的具有中国特色的人文社会科学类英文期刊。近年来，越来越多的华人学者应国家海外高层次人才引进计划回国，进入高校和科研院所等本身积累了深厚的人文社会科学研究成果的机构中，这些学者中不乏一些国际知名期刊的编委和审稿人。他们不仅掌握国际人文社会科学期刊的编审和出版发行等具体运作方式和管理理念，而且对于国际研究热点和焦点非常了解，也能在一定程度上把握世界学术界对中国学术研究的关注点，邀请这样的学者参与新办一批高质量的和具有中国学科特色、文化特色、民族特色、地域特色的人文社会科学英文期刊，不仅可以

---

① 晋雅芬、李东东：《重塑学术期刊市场主体地位》，《中国新闻出版报》2010 年 1 月 28 日。
② 李文珍：《"中国学术期刊国际化现状调查"之一：英文学术期刊基本状况调查》，http://www.cssn.cn/xspj/gjsy/201406/t 20140627_1232410.shtml，2014 年 6 月 27 日。

很快使期刊的管理模式与国际接轨，而且也能使内地的研究人员尽快把握国际研究前沿而发表出高水平、高关注率的论文，同时也能使国际学术界对于整个中国的社会政治、经济、文化等有更深入的了解，增加国际学术交流与合作。

无论是扶持现有英文期刊还是新办英文期刊，都需要远高于中文期刊的资金支持。英文期刊需要邀请高素质的翻译人才对稿件进行语言文字方面的把关，需要邀请外国专家进行复审、校订、匿名评审，并引入英文排版系统等，其成本远远高于中文期刊。因此，资金的缺乏会严重制约期刊质量的提升，也会阻碍和放慢我国期刊进入国际知名检索系统的步伐。从2013年开始，中国科学技术协会联合财政部、教育部、国家新闻出版广电总局、中国科学院、中国工程院组织实施"中国科技期刊国际影响力提升计划"，对于已进入 SCI、EI、MedLine 的中国期刊，或具有发展潜力、具有学科特色的英文科技期刊实施资助。截至2014年6月，我国进入 SCI、EI、MedLine 的自然科学类期刊有250多种，而进入 SSCI 的人文社会科学类期刊仅有几种。相比之下可以看出，目前急需培育和提升的是我国人文社会科学类英文期刊，因为自然科学与人文社会科学互相影响、互相渗透、互相促进，人文社会科学的重要性同样不言而喻。因此，有关行政主管部门应联合相关部门积极组织和实施中国人文社会科学期刊国际影响力提升计划，加大对人文社会科学类英文期刊的资金资助和发展培育力度。

四 构建具有中国特色的学术话语体系

我国当代著名哲学家、教育家高清海先生曾指出，一个民族的未来发展需要自己的哲学理论，同时一个民族的学术也需要自己的学术话语。[1] 作为中国文化重要内容之一的学术研究成果，不仅可以代表中国文化向世界展示中国的成就与进步，也可以通过学术成果的传播和扩散，将中华文明的精髓、中华文化的内涵传播到世界各地，起到推动中华文化"走出去"的目的。但是也正如季羡林先生所说："把中国文化介绍出去，是十分困难的一件事。"中国人文社会科学学术成果要实现"走出去"的目

---

[1] 韩璞庚：《公共理性视域中的学术期刊与中国学术话语建构》，《福建论坛》（人文社会科学版）2009年第11期。

标，构建起具有中国特色的学术话语体系是基础之一。学术话语不仅仅是对学术问题、学术成果的表达与言说，更是一个民族精神与文化的载体，是一个民族一个国家文明进步的符号表征与价值荷载，其对一个国家的发展具有重要的意义与价值。[①] 学术话语体系是对学术话语元素的有机整合，是在一定价值观念方法体系与理论体系支撑下，由合理有序的架构将话语符号整合在一起的有机语词体系。[②] 对于中国人文社会科学研究及其成果来说，学术话语体系首先要遵循国际学术研究方法和学术规范，这是话语体系能否被国际学术界认可的第一步；其次，学术话语体系要与世界话语保持一致，这里的世界话语是指当今世界正在发生的、成为大众关注的焦点式的事件，即使研究对象是中国，也要摒弃自说自话、闭关自守的学术态度，要以世界学术界关注的热点、焦点问题等为导向；最后，中国的学术话语体系要与体现中国特色，即研究情景的选择、研究对象的特殊性、研究主体的边沿领域等，都要以中国当前的发展境况为背景，使地域、文化、价值观等迥异于西方欧美各国的中国人文社会科学研究在世界学术研究的体系范围内创造出独具特点的学术成果。

结　语

本《报告》考察的时间段是2006—2010年，这是我国的"十一五"规划时期，也是我国人文社会科学研究及其成果在国际化的过程中迈出重要一步的阶段，这五年间，我国人文社会科学研究成果的国际发表量和占有量得到了蓬勃的发展，并且维持着良好的发展势头。人文社会科学的学者在各自的领域内开展了较广泛的国际合作，并取得了一定成果，提升了学术水平和影响力。但是从整体上来说，我国人文社会科学的原创性研究、创新性研究还需要进一步加强，研究的方法、理论、层次和国际化发表意识以及发表文献的质量等各个方面都需要进一步纵深发展，这样才能够获得较高的被引率和国际学术界广泛的关注度，并进而形成自身的研究优势和特色。

---

① 韩璞庚：《公共理性视域中的学术期刊与中国学术话语建构》，《福建论坛》（人文社会科学版）2009年第11期。

② 同上。

附录

附录1 教育部关于进一步发展繁荣高校哲学社会科学的若干意见

（2003年2月10日）

为深入学习贯彻党的十六大精神，全面落实江泽民同志关于加强哲学社会科学的重要讲话精神，进一步发展繁荣高校哲学社会科学，现提出如下意见：

一 发展繁荣高校哲学社会科学的指导思想

1. 哲学社会科学是社会主义精神文明建设的重要组成部分。建设中国特色社会主义，不仅要大力发展自然科学，而且要大力发展哲学社会科学，坚持社会科学和自然科学并重，充分发挥哲学社会科学在经济和社会发展中的重要作用。高校哲学社会科学人才资源丰富，队伍结构合理，学科门类齐全，基础研究优势明显，国际学术交流活跃，图书资料建设具有一定的基础。新中国成立以来，特别是改革开放以来，高校为繁荣我国哲学社会科学做出了重大贡献，为国家经济社会发展、文化繁荣和人才培养做出了显著成绩。但是，与世界不断变化的形势和我国全面建设小康社会的发展要求相比，高校哲学社会科学还存在较大差距和一些亟待解决的问题。为此，要充分认识哲学社会科学在认识世界、传承文明、创新理论、咨政育人、服务社会等方面的重要作用，采取切实有力的措施，进一步推动高校哲学社会科学的发展繁荣。

2. 发展繁荣高校哲学社会科学，必须坚持以马列主义、毛泽东思想、邓小平理论和"三个代表"重要思想为指导，把是否体现中国先进生产力的发展要求、中国先进文化的前进方向和中国最广大群众的根本利益，作为衡量高校哲学社会科学性质、方向和水平的根本尺度。要不断增强实践意识，坚持理论联系实际的原则，加强对全局性、前瞻性、战略性重大课题的研究，在研究和解决重大理论问题和现实问题的过程中推动高校哲学社会科学的发展。要不断增强创新意识，提高创新能力，积极推动理论创新、制度创新和方法创新。要确立人才资源是第一资源的思想，积极实施高校哲学社会科学人才战略，努力创造有利于创新人才成长的良好环境。要采取联合攻关的科研组织形式，推动学科之间尤其是文理学科的交叉渗透，推动跨学校、跨地区、跨系统的联合，发挥集成优势，形成重大创新成果。要加强学术规范建设，树立良好学风。

二 实施高校哲学社会科学繁荣计划

我部从2003年开始实施"高校哲学社会科学繁荣计划"，包括重大课题攻关计划、重点研究基地建设计划、人才培养和奖励计划、学术精品奖励计划、文科教育改革计划、基础设施和信息化建设计划。

3. 实施哲学社会科学重大课题攻关计划。适应建设中国特色社会主义经济、政治、文化的需要，组织高校教师以全面建设小康社会中的重大理论问题和现实问题为主攻方向，联合攻关，力争取得一批具有重大学术价值和社会影响的标志性成果。

4. 继续实施人文社会科学重点研究基地建设计划。按照教育部《普通高等学校人文社会科学重点研究基地管理办法》的要求，在政策和经费等方面大力支持重点研究基地建设。不断推动重点研究基地的科学研究、人才培养、咨询服务、信息资料建设和科研体制改革，使其在动态管理中保持先进性，努力使重点研究基地的整体科研水平在若干年内居国内领先地位，并在国际相同研究领域享有较高学术声誉。

5. 实施哲学社会科学人才培养和奖励计划。启动哲学社会科学新世纪学术带头人培养计划和学术新人培养培训计划。在"长江学者奖励计划"中设立哲学社会科学特聘教授岗位，增加高校文科教师在"高校优秀青年教师奖"中所占的比例，将高校文科教师列入"骨干教师培养计划"。鼓励高校从实际出发设立哲学社会科学资深教授岗位，并给予与自然科学和工程科学院士相应的待遇。

6. 实施哲学社会科学学术精品奖励计划。在进一步完善"中国高校人文社会科学研究优秀成果奖励"制度的基础上，实施哲学社会科学学术精品奖励计划，对具有重大学术价值的基础研究成果和解决重大现实问题的应用研究成果给予重奖。

7. 实施哲学社会科学教育改革计划。适应高等教育发展和哲学社会科学发展的需要，在认真总结我国高等文科教育经验和积极吸收国外高等文科教育发展成果的基础上，积极推进高校文科教学内容和教学方式的改革。把社会实践和社会调查作为哲学社会科学教学和"两课"教学的重要环节，为高校文科师生和"两课"教育师生深入了解社会、研究现实问题创造条件。

8. 实施哲学社会科学基础设施和信息化建设计划。加强高校哲学社会科学图书资料建设，加大专业图书资料建设投入。加快哲学社会科学基础研究资料库、应用研究数据库以及外文原版图书期刊中心书库建设，加快"中国高校人文社会科学信息网""中国高校教材图书网"建设，形成布局合理、资源共享、方便快捷的图书情报系统。根据学科发展的需要，进一步推进研究手段的现代化，重点支持一批哲学社会科学实验室的建设。加强高校文科学报建设，实施哲学社会科学名刊大刊工程，重点建设一批国内一流、国际知名的高校哲学社会科学期刊。设立高校哲学社会科学国际学术会议专项基金，资助高校在境内举办高水平国际学术会议，扩大高校哲学社会科学研究的国际影响。

三 加强领导，改进管理，促进高校哲学社会科学的全面繁荣

9. 切实加强对哲学社会科学的领导。成立教育部社会科学发展领导小组，加强对高校哲学社会科学工作的宏观领导。成立教育部社会科学委员会，发挥专家对高校哲学社会科学发展的参谋咨询作用。认真研究和把握哲学社会科学教育和研究的规律，改进领导方式，充分调动广大哲学社会科学工作者的积极性、主动性和创造性，努力营造有利于哲学社会科学发展繁荣的良好环境。加强对哲学社会科学优秀成果、优秀人才的奖励和宣传，形成重视哲学社会科学成果、尊重哲学社会科学人才的氛围。适应哲学社会科学发展的需要，合理配备高校领导班子成员。

10. 高度重视哲学社会科学研究和人才培养条件的改善，不断加大经费投入力度。合理确定并逐步提高哲学社会科学在教育经费中所占的比例，保证哲学社会科学经费随着教育事业经费的逐年增加而相应增长，特别要为中青年学术骨干的成长、信息技术等先进手段的运用和重大课题的研究提供有力的物质保障和充足的经费资助。

11. 进一步深化高校科研管理体制改革。积极推进研究机构开放和研究人员流动；引进公平竞争机制，建立科学公正的评审制度和评价体系；加快"中文社会科学引文索引"系统的建设。倡导遵守学术道德、尊重他人劳动和他人创造的学术规范，注重保护哲学社会科学研究成果的知识产权。建立健全高校社科研究管理部门，加强管理人员的配备和培训，增强服务意识，提高管理水平。

各地教育行政部门和高校应根据本文件精神，结合实际情况，制定本单位促进哲学社会科学发展繁荣的具体措施。

附录 2　中共中央关于进一步繁荣发展哲学社会科学的意见

(2004 年 1 月 5 日)

在全面建设小康社会、开创中国特色社会主义事业新局面、实现中华民族伟大复兴的历史进程中，哲学社会科学具有不可替代的作用。必须进一步提高对哲学社会科学重要性的认识，大力繁荣发展哲学社会科学。

一　繁荣发展哲学社会科学是建设中国特色社会主义的一项重大任务

（1）繁荣发展哲学社会科学事关党和国家事业发展的全局。在改革开放和社会主义现代化建设进程中，哲学社会科学与自然科学同样重要，培养高水平的哲学社会科学家与培养高水平的自然科学家同样重要，提高全民族的哲学社会科学素质与提高全民族的自然科学素质同样重要，任用好哲学社会科学人才并充分发挥他们的作用与任用好自然科学人才并充分发挥他们的作用同样重要。社会主义现代化，应该有发达的自然科学，也应该有繁荣的哲学社会科学。

（2）我们党历来高度重视哲学社会科学。党领导下的哲学社会科学工作对于中国革命、建设和改革开放发挥了极其重要的作用。

（3）在全面建设小康社会、加快推进社会主义现代化的新的发展阶段，哲学社会科学工作面对新的时代课题，肩负新的历史重任。

（4）与时代和事业发展的要求相比，哲学社会科学的发展还有许多不适应。哲学社会科学重要的战略地位还没有受到普遍重视，哲学社会科学基础理论研究特别是反映当代马克思主义最新成果的理论研究和教材及学科建设亟待加强，哲学社会科学管理体制需要进一步改革，创新环境需要进一步改善，成果转化机制需要进一步健全，经费投入需要进一步加大，理论队伍建设特别是中青年理论人才培养相对滞后。因此，一定要从党和国家事业发展的全局高度，增强责任感和使命感，把繁荣发展哲学社会科学作为一项重大而紧迫的战略任务，切实抓紧抓好，努力推动我国哲学社会科学事业有一个新的更大发展。

二　繁荣发展哲学社会科学的指导方针

（5）繁荣发展哲学社会科学必须坚持马克思主义的指导地位。要用马克思列宁主义、毛泽东思想、邓小平理论和"三个代表"重要思想统领哲学社会科学工作，善于把马克思主义的基本原理同中国具体实际相结合，把马克思主义的立场、观点和方法贯穿到哲学社会科学工作中，用发展着的马克思主义指导哲学社会科学。绝不能搞指导思想多元化。

（6）坚持为人民服务、为社会主义服务的方向和百花齐放、百家争鸣的方针。

（7）坚持解放思想、实事求是、与时俱进，积极推进理论创新。努力建设哲学社会科学理论创新体系，积极推动学术观点创新、学科体系创新和科研方法创新。

三　繁荣发展哲学社会科学的目标

（8）繁荣发展哲学社会科学的总体目标是，努力建设面向现代化、面向世界、面向未来、具有中国特色的哲学社会科学。力争用10年左右的时间，形成全面反映马克思列宁主义、毛泽东思想、邓小平理论和"三个代表"重要思想的教材体系，形成具有时代特点、结构合理、门类齐全的学科体系，形成人尽其才、人才辈出的人才培养选拔和管理机制，充分发挥我国哲学社会科学认识世界、传承文明、创新理论、咨政育人、服务社会的重要作用。

（9）加强哲学社会科学传统学科、新兴学科和交叉学科的建设。

（10）加强哲学社会科学基础研究和应用对策研究。要把基础研究和应用对策研究紧密结合起来，以应用对策研究促进基础研究，以基础研究带动应用对策研究。

（11）加强哲学社会科学的宣传和普及。

（12）加强哲学社会科学宏观管理体制和微观运行机制建设。要建立健全党委统一领导、各部门分工负责的哲学社会科学管理体制。形成既能把握正确方向，又有利于激发哲学社会科学发展活力的引导机制；形成既能有效整合资源，又能充分发挥各方面积极性的调控机制。要深化哲学社会科学各单位的内部改革，转变管理方式，增强活力，壮大实力，形成创新能力和自我发展能力强的运行机制。要重视哲学社会科学领域立法工作。

（13）加强哲学社会科学工作的对外开放。

四　实施马克思主义理论研究和建设工程

（14）加强马克思主义基本原理研究是繁荣发展哲学社会科学的一项极为重要的工作。破除对马克思主义的教条式理解，澄清附加在马克思主义名下的错误观点。引导人们用科学的态度对待马克思主义，用发展着的马克思主义指导新的实践。

（15）要加强邓小平理论和"三个代表"重要思想研究基地建设，研究回答干部群众关心的重大理论和实际问题，推动理论武装工作深入发展。

五　积极推进哲学社会科学管理体制改革

（16）深化哲学社会科学研究体制改革。国家级的社会科学研究机构和重点高等学校主要承担重大基础理论研究，关系党和国家事业发展全局的战略性、前瞻性问题及重大现实问题的研究，并努力形成各自的优势和特色。地方社会科学研究机构应主要围绕本地区经济社会发展的实际开展应用对策研究，有条件的可开展有地方特色和区域优势的基础理论研究。

（17）深化哲学社会科学教学改革。

（18）深化哲学社会科学规划体制改革。全国哲学社会科学规划领导小组要加强对哲学社会科学的规划工作，制定国家哲学社会科学五年研究规划和年度项目计划。要按照公正、透明、竞争的原则，改革国家社会科学研究基金项目评审制度,重点支持重大基础研究项目和重大现实问题研究项目,着力推出代表国家水平的哲学社会科学研究成果。

(19)建立和完善哲学社会科学评价和激励机制。依法保护哲学社会科学的知识产权。

六 造就一支高水平的哲学社会科学队伍

(20)要按照政治强、业务精、作风正的要求,造就一批用马克思主义武装起来、立足中国、面向世界、学贯中西的思想家和理论家,造就一批理论功底扎实、勇于开拓创新的学科带头人,造就一批年富力强、政治和业务素质好、锐意进取的青年理论骨干。

(21)完善哲学社会科学人才培养选拔和管理机制。

(22)加强哲学社会科学队伍的思想道德和学风建设。

七 加强党对哲学社会科学工作的领导

(23)党委和政府要高度重视哲学社会科学工作,全面贯彻落实中央的有关方针政策。

(24)党委和政府要经常向哲学社会科学界提出一些需要研究的重大问题,注意把哲学社会科学优秀成果运用于各项决策中,要加大对哲学社会科学事业的投入,保证哲学社会科学事业经费和国家社会科学研究基金每年都有增加。

(25)要重视加强对哲学社会科学宣传阵地和哲学社会科学研讨会、报告会、讲座的管理。进一步规范国外哲学社会科学著作的引进。加强对哲学社会科学各类协会、研究会的引导和管理,加强对民办社会科学研究机构的管理,加强对互联网上哲学社会科学网站和论坛的引导和管理,使其健康发展。

(26)党委和政府密切同哲学社会科学工作者的联系,全面落实党的知识分子政策,团结一切可以团结的力量,充分发挥广大哲学社会科学工作者的积极性、主动性和创造性,引导他们始终坚持正确的政治方向。

附录3　高等学校哲学社会科学繁荣计划(2011—2020年)

(2011年11月7日)

为贯彻落实《国家中长期教育改革和发展规划纲要（2010—2020年)》《中共中央办公厅国务院办公厅转发〈教育部关于深入推进高等学校哲学社会科学繁荣发展的意见〉的通知》，全面规划2011—2020年高等学校哲学社会科学发展，制定本计划。

一　主要任务

"高等学校哲学社会科学繁荣计划"（以下简称"繁荣计划"）是教育部、财政部贯彻落实中央精神，推进高等学校哲学社会科学繁荣发展的重大举措，自2003年实施以来，调动了高等学校广大哲学社会科学工作者的积极性、主动性和创造性，提升了高等学校的综合实力和整体水平，推动了高等教育事业改革和发展，为进一步繁荣发展高等学校哲学社会科学奠定了坚实基础。

当前，高等学校哲学社会科学进入了新的发展阶段，面临新的机遇和挑战。深入实施"繁荣计划"，大力提升人才培养、科学研究、社会服务、文化传承创新的能力和水平，全面提高高等教育质量，积极推进高等学校哲学社会科学创新体系建设，为建设国家哲学社会科学创新体系，构建以当代中国马克思主义为指导，具有中国特色、中国风格、中国气派的哲学社会科学提供有力支撑，为全面建设小康社会作出新贡献，是未来十年的主要任务。内容包括：

——积极参与马克思主义理论研究和建设工程，深入开展中国特色社会主义道路、理论体系、制度的研究宣传，大力推动实践基础上的理论创新，加强哲学社会科学学科体系和教材体系建设，为推进马克思主义中国化、时代化、大众化作出新贡献。

——以研究解决重大理论和现实问题为重点，凝练学术方向、汇聚研究队伍、增强发展活力，构建哲学社会科学研究创新平台体系，建设一批达到世界水平、享有国际声誉的学术高地和咨询智库。

——统筹基础理论研究、应用对策研究，重点支持跨学科研究、综合研究和战略预测研究，构建团队协同攻关与个人自由探索并重的研究项目体系，大力提高研究质量和创新能力，努力培育学术精品和传世力作。

——推进哲学社会科学成果的转化应用，强化哲学社会科学育人功能，普及哲学社会科学知识，大力开展决策咨询研究，积极发挥思想库和智囊团作用，构建哲学社会科学社会服务体系，全面提升社会服务水平。

——适应信息化、数字化发展趋势，加强图书文献、网络、数据库等基础设施和信息化建设，构建方便快捷、资源共享的哲学社会科学研究条件支撑体系，全面提高保障水平。

——按照政治强、业务精、作风正的要求，造就一批学贯中西、享誉国际的名家大家，一批功底扎实、勇于创新的学术带头人，一批年富力强、锐意进取的青年拔尖人才，构建结构合理的哲学社会科学人才队伍体系，增强可持续发展能力。

——坚持"走出去"与"请进来"相结合，加强统筹规划，创新思路办法，拓展交流途径，健全合作机制，有选择、有步骤、有层次地推进高等学校哲学社会科学走向世界，推动中华文化"走出去"，增强我国国际话语权。

——深化科研体制机制改革，创新科研组织形式。加大科研投入，完善经费管理制度，提高经费使用效率。一手抓繁荣发展，一手抓科学管理，建立健全哲学社会科学管理体系，为学术发展提供良好的制度保障。

——加强科研诚信和学风建设，完善以创新和质量为导向的科研评价制度，构建教育、制度、监督、惩治相结合的学风建设工作体系，营造风清气正的学术环境。

二　重点建设内容

(一) 积极参与马克思主义理论研究和建设工程

深化马克思主义基础理论和基本观点研究，加强马克思主义经典著作研究，深入开展中国特色社会主义道路、理论体系、制度的研究宣传，在服务于中国特色社会主义建设的实践中，推动马克思主义理论创新。不断丰富我国哲学社会科学的学术思想和理论体系，努力形成具有中国特色、中国风格、中国气派的学术话语体系。扎实做好马克思主义理论研究和建设工程重点教材编写和使用工作，建立工程重点教材统一使用工作的检查监督机制，确保高校相关专业统一使用工程教材。建立中央、地方和高校分级培训体系，对工程教材所涉课程的任课教师有计划地开展培训。深入推进哲学社会科学教学科研骨干和思想政治理论课骨干教师研修，制定实施《高等学校马克思主义理论队伍建设规划》，加强高校马克思主义理论队伍特别是中青年理论队伍建设。制定实施《高等学校思想政治理论课教师队伍建设规划》，全面实施课程建设标准，健全质量测评体系，进一步提高教学水平。

(二) 推进人文社会科学重点研究基地建设

按照立足创新、提高质量、增强能力、服务国家的总体要求，构建特色鲜明、优势突出、结构合理、协调发展的人文社会科学重点研究基地体系。深化科研体制改革，创新组织管理，强化开放合作，全面提升综合创新能力，全面提升服务国家战略和经济社会发展能力，全面提升国际学术影响力和话语权。大力推进以国家重大需求为导向和新兴交叉研究领域的重点研究基地建设，推动社会科学实验室建设，着力加强部部共建、部省共建重点研究基地建设，以高水平学术平台建设引领和带动高等学校哲学社会科学的创新发展。

(三) 加强哲学社会科学基础研究

充分发挥高等学校基础研究实力雄厚的优势，重点支持关系哲学社会科学发展全局和学科创新发展的基础研究；重点支持对经济社会发展和国家安全具有长远影响的基础研究；重点支持对人类社会发展共同面对的一系列重大问题的基础研究；重点支持对传承中华文化、弘扬民族精神有重大作用的基础研究，加强文献资料的整理研究，推出对理论创新和文化传承创新具有重大影响的标志性成果。充分发挥高等学校学科齐全的优势，着力推进跨学科研究，促进哲学社会科学不同学科之间，哲学社会科学与自然科学、工程技术之间的交叉融合，培育新的学术领域和学科增长点。

（四）加强哲学社会科学应用对策研究

着眼党和国家的战略需求，聚焦社会主义经济建设、政治建设、文化建设、社会建设以及生态文明建设和党的建设中的重大问题，重点扶持立足实践、对经济社会发展有重要影响的应用对策研究，开展全球问题、国际区域和国别问题的长期跟踪研究，推进高等学校与国家部委、地方政府等合作建设咨询型智库，推出系列发展报告和政策建议，以扎实有力的研究成果服务于党和政府的决策。

（五）加强哲学社会科学优秀成果推广普及

充分发挥高等学校高层次人才密集的优势，面向社会开设"高校名师大讲堂"，开展"高校理论名家社会行"活动，组织动员名家大家撰写高质量社科普及读物，积极宣传哲学社会科学优秀成果，弘扬优秀传统文化，传播科学理论，满足人民群众日益增长的精神文化需求，提高公众人文素质。

（六）推动哲学社会科学优秀成果和优秀人才走向世界

坚持以推进学术交流与合作为主线，坚持"走出去"与"请进来"相结合，提升国际学术交流质量和水平，推动高等学校哲学社会科学走向世界，增强中国学术的国际影响力和话语权。探索在国外和港澳地区合作建立海外中国学术研究中心。面向国外翻译、出版和推介高水平研究成果与精品著作。重点加强高等学校优秀外文学术网站和学术期刊建设。鼓励高等学校参与和设立国际性学术组织。积极推动海外中国学研究。

（七）加强哲学社会科学基础支撑和信息化建设

加强高等学校社会调查、统计分析、基础文献、案例集成等专题数据库建设，推进人文社会科学优秀学术网站建设，加强与现有信息服务机构的衔接，推动哲学社会科学研究信息资源的共建共享。加强中国高校人文社会科学文献中心建设，扩大外文图书期刊入藏数量，提高服务水平，为教学科研提供文献保障。继续实施高校哲学社会科学名刊工程，建设一批国际知名的学术刊物，推动学术期刊专业化和数字化发展。

（八）开展哲学社会科学优秀成果评奖和表彰

以质量和贡献为导向，进一步完善高等学校哲学社会科学研究优秀成果奖励制度，建立健全成果分类评价标准，探索建立政府、社会组织、公众等成果受益者参与的多元多方评价机制。加强对理论创新和社会服务作出突出贡献的哲学社会科学优秀成果、优秀人才的奖励和宣传，定期组织开展高等学校科学研究优秀成果奖（人文社会科学）评奖和表彰活动，充分发挥奖励的激励和导向作用，增强高等学校哲学社会科学工作者的使命感和荣誉感。

三　经费保障和组织实施

1. 保障经费投入。"繁荣计划"由中央财政专项支持。鼓励各地区、各部门、各高等学校在中央财政资金支持的基础上，结合自身特点，积极筹措经费支持"繁荣计划"的实施。

2. 加强经费管理。"繁荣计划"中各类建设项目和经费使用坚持公开透明、公平公正原则。财政部、教育部联合制定《高等学校哲学社会科学繁荣计划专项资金管理办法》。项目承担高校要严格执行财政部、教育部有关规定，进一步完善经费管理制度，提高经费使用效益。在经费安排和使用上注重与国家社科基金、自然科学基金、中央高校基本科研业务费、"985工程""211工程"等的有机衔接，避免重复投入，形成合力，实现集成发展。

3. 完善管理体制。教育部、财政部共同成立繁荣计划管理委员会，负责审定"繁荣计划"管理规章制度，决定"繁荣计划"实施中的重大事项。管理委员会下设办公室，负责制定"繁荣计划"实施方案，编制年度工作计划和预算建议，组织实施和日常管理工作。

4. 坚持公平竞争、择优立项。繁荣计划管理委员会办公室根据繁荣计划建设目标和任务，制定年度项目指南，经繁荣计划管理委员会审议通过后，面向全国高等学校组织申报和评审，提出立项方案报繁荣计划管理委员会审批。各地区、各部门、各高校根据年度项目指南，发挥自身优势，组织项目申报和实施，并提供相应条件和经费支持。

5. 坚持项目建设与教育改革试点相结合。充分发挥"繁荣计划"建设项目的导向作用和示范效应，推动教育改革和体制机制创新。鼓励各地区、各高等学校将改革创新贯穿于项目实施的全过程，大胆探索，勇于实践，敢于突破。根据统筹规划、分步实施、试点先行、动态调整的原则，选择部分地区和高等学校开展推广应用、科研合作、学术评价、学科交叉等改革试点。

附录4 高等学校哲学社会科学"走出去"计划

(2011年11月7日)

为贯彻落实党的十七届六中全会精神，贯彻落实《中共中央办公厅国务院办公厅转发〈教育部关于深入推进高等学校哲学社会科学繁荣发展的意见〉的通知》，推动高等学校哲学社会科学优秀成果和优秀人才走向世界，制定本计划。

一 重要意义

高等学校哲学社会科学"走出去"，是中华文化"走出去"战略的重要组成部分。改革开放以来，高等学校哲学社会科学以开放促改革、以开放促发展，国际交流与合作取得显著成效。在新的起点上，实施高等学校哲学社会科学"走出去"计划，对于深入推进哲学社会科学繁荣发展，进一步提升高等教育国际化水平，扩大中国学术的国际影响力，妥善回应外部关切，增进国际社会对我国基本国情、价值观念、发展道路、内外政策的了解和认识，展现我国文明、民主、开放、进步的形象，增强我国国际话语权，具有十分重要的意义。

二 工作方针

1. 坚持以推进学术交流与合作为主线。发挥高等学校在世界文化交流融合中的独特优势，整合优质资源，形成推进合力。

2. 坚持"走出去"与"请进来"相结合。加强统筹规划，拓展交流途径，健全合作机制，形成"走出去"与"请进来"互动并进的良好态势。

3. 坚持以我为主，积极稳妥。立足实际，把握主动，深化国际学术交流与合作，有选择、有步骤、有层次地推进"走出去"。

三　主要目标

经过十年左右的努力，通过加强国际学术交流合作的内涵发展、品牌建设，国际学术交流合作体制机制更加完善，高端国际型人才培养体系基本形成，服务国家外交战略能力大幅提升，国际学术对话能力和话语权显著增强，中国学术海外影响明显扩大。

四　建设重点

1. 加强国际问题研究。服务国家外交战略，推进全球问题、国际区域和国别问题研究，提高研究的战略性、前瞻性和针对性。重点建设若干国际问题研究基地，着力打造有重要影响的国际问题研究"智库"。通过政策引导、项目资助，有计划地支持高校建设一批国际问题研究机构，形成布局合理、覆盖全面的高校国际问题研究机构体系。

2. 推动海外中国学研究。推进高等学校与国外高水平教育科研机构开展深入稳定的学术交流与合作，鼓励高校人文社会科学重点研究基地探索合作建立海外中国学术研究中心。面向海外学者设立中国问题研究专项，鼓励高等学校吸引海外学者参与研究项目，推进海外中国学研究。

3. 促进学术精品海外推广。实施"当代中国学术精品译丛""中华文化经典外文汇释汇校"项目。鼓励教育系统出版机构设立海外出版发行基地。重点建设一批国际知名的外文学术期刊。打造若干大型国际性研究数据库和有影响力的外文学术网站。鼓励高等学校教师加强学术成果的国际发表和出版。

4. 培养国际优秀学术人才。实施高校哲学社会科学国际高端人才资助项目，通过国外研修、科研合作、人员互派等方式，着力培育引领学术发展的外向型专家和中青年拔尖人才。重点培育一批高水平、专业化的翻译团队，培养造就一批造诣高深的翻译名家。提高各类公派留学项目的文科学生比例。支持高等学校办好若干示范性中外合作办学项目，开展全英文人才培养、联合培养和中外暑期学校等项目。

5. 促进杰出学者访学交流。大力支持优秀学者到海外进行讲学访问，积极吸引世界一流专家学者和中青年学术骨干来华从事合作研究。有计划地引进海外高端人才和学术团队。充分发挥海外华人学者的重要作用。

6. 积极参与国际学术活动和学术组织。设立国际学术会议专项，支持高等学校举办创办高层次国际学术会议。鼓励参与和设立国际学术组织、国际科学计划，选拔推荐优秀人才参与国际组织的招聘，加强国际职员和复合型人才培养储备。积极参与和推动国际学术组织有关政策、规则、标准的研究和制定。

7. 发挥港澳地区在国际学术交流领域的优势。探索内地高校与港澳高校、研究机构合作的新机制，构建学术研究交流的新平台，共同推动中华学术"走出去"。

五　保障措施

1. 加强领导，明确责任。各地教育行政部门和高等学校要从战略和全局高度，充分认识推动高等学校哲学社会科学"走出去"的重要意义，加强组织领导，落实责任分工，精心谋划，扎实推进。要坚持正确导向，维护学术安全，切实加强管理，保障涉外科研合作健康有序开展。

2. 完善制度，优化环境。建立健全实施高校哲学社会科学"走出去"计划的体制机制，完善有关政策措施。通过在高等学校科学研究优秀成果奖（人文社会科学）中设立"外文优秀成果奖"等方式，加大对优秀成果和优秀人才的奖励宣传力度。鼓励高等学校根据自身特点和优势，在人事考核、科研评价、资源配置等方面创造有利条件，给予充分支持。

3. 加大投入，提高效益。加大政府投入，动员社会力量参与，形成多渠道经费投入保障机制。完善经费管理制度，加强审计监督，提高经费使用效益，确保规范安全和高效。

附录 5　高等学校人文社会科学重点研究基地建设计划

(2011 年 11 月 7 日)

为贯彻落实《中共中央办公厅国务院办公厅转发〈教育部关于深入推进高等学校哲学社会科学繁荣发展的意见〉的通知》，进一步加强高等学校人文社会科学重点研究基地建设，制定本计划。

一　建设目标和主要任务

自 1999 年以来，高等学校人文社会科学重点研究基地（以下简称重点研究基地）在体制改革、科学研究、人才培养、咨询服务、资料和信息化建设等方面取得了显著成绩，科研创新能力和社会服务水平居于国内领先地位，在海内外享有较高声誉，引领了高等学校哲学社会科学的繁荣发展，为新时期重点研究基地建设奠定了坚实基础。

到 2020 年，重点研究基地建设总体目标是：从全面建设小康社会和高等教育事业改革发展实际需要出发，按照立足创新、提高质量、增强能力、服务国家的总体要求，继续深化科研体制改革，构建特色鲜明、优势突出、结构合理、协调发展的重点研究基地体系，为建设高等学校哲学社会科学创新体系提供强有力的支撑。

主要任务包括：

1. 深化科研体制改革，创新组织管理，强化开放合作，形成集成优势，激发科研活力。

2. 瞄准国家发展战略和学科发展前沿，注重内涵建设，全面提升综合创新能力，全面提升服务国家战略和经济社会发展能力，全面提升国际学术影响力和话语权。

3. 突出特色优势，凝练科研方向，总体设计、分步实施发展规划，产出一批具有重大社会影响和学术价值的标志性成果。

4. 新增一批以国家重大需求为导向和新兴交叉研究领域的重点研究基地，建设一批社会科学实验室，着力加强部部共建、部省共建重点研究基地建设。

二　建设重点

按照"巩固、深化、提高、创新"的要求，强化分类指导和管理，突出学术特色、提升学术优势、打造学术品牌，着力推进以下方面建设：

1. 突出问题导向，以研究回答全面建设小康社会中的重大问题为主攻方向，推动重点研究基地与国家部委、地方政府等开展实质性、高水平合作，形成一批国家级"智库"。

2. 聚焦国际学术前沿，拓展研究领域，长期、持续推进基础研究，形成一批有国际影响的学术高地。

3. 推进模拟仿真和实验计算研究，促进研究方法和手段创新，适应学科交叉融合的发展趋势，推动跨学科研究，培育新的学术增长点，形成一批新兴交叉问题研究的"孵化器"。

4. 主动适应国家和社会发展需要，促进科学研究与教育教学、社会实践相结合，创新人才培养模式，提高人才培养质量，形成一批拔尖创新人才培养的平台。

5. 着力加强社会调查、统计分析、基础文献、案例集成等专题数据库建设，形成一批高水平数据和信息中心。

6. 拓展国际学术合作的广度和深度，加强国际问题研究，探索在国外和港澳地区合作设立研究机构，形成一批国际学术交流合作的重镇。

7. 积极探索新型科研组织模式，使重点研究基地成为服务中国特色现代大学制度建设的改革实验区。

三　组织管理

1. 重点研究基地建设按照《普通高等学校人文社会科学重点研究基

地管理办法》(以下简称《管理办法》)实施,采取教育部与主管部门及高等学校共建、以高等学校自建为主的方式,实行优胜劣汰的动态管理。

2. 教育部负责重点研究基地建设计划的具体实施,主要职责是:(1)制定本计划实施细则;(2)组织重点研究基地申报、专家评审和检查评估;(3)指导重点研究基地建设并提供经费支持。

3. 各地教育行政部门、其他部委教育主管部门,负责本地区或本部门重点研究基地建设计划的制订实施和管理,主要职责是:(1)组织本地区或本部门重点研究基地的推荐申报;(2)制定本地区或本部门重点研究基地的具体建设方案,并负责实施;(3)提供相应条件和经费支持。

4. 高等学校由主要领导负责,学校学术委员会审议并提出建议,人文社科研究管理部门具体实施,主要职责是:(1)组织本校重点研究基地申报;(2)制定本校重点研究基地具体建设计划和实施细则;(3)负责本校重点研究基地日常管理;(4)提供相应条件和经费支持。

四 经费投入

重点研究基地建设由教育部、共建主管部门和高等学校共同负责经费投入,用于科研项目、学术会议、学术交流、资料建设、学术期刊、网络和数据库建设,以及办公经费等。

五 检查评估

重点研究基地建设实行竞争入选、定期评估、不合格淘汰的动态管理。教育部通过建立以数据信息库为支撑的重点研究基地质量管理和评估信息系统,随时监测并发布重点研究基地建设的基本情况。

根据《管理办法》要求,教育部定期组织检查评估,不达标的重点研究基地将进入预备期,给予警告、暂停拨款、限期整改等处理;再次评估不达标的,取消重点研究基地建设资格。

有关主管部门和高等学校要进行经常性检查和指导,发现问题,及时解决。

附录6 我国学科门类、一级学科与 WOS 学科类别对应表*

学科门类与 WOS 学科类别对应表		
Description	WOS Code	WOS Description
01 Philosophy	HF	ETHICS
	OO	MEDICAL ETHICS
	UA	PHILOSOPHY
	YI	RELIGION
02 Economics	DK	BUSINESS, FINANCE
	GY	ECONOMICS
03 Law	BF	ANTHROPOLOGY
	OR	ASIAN STUDIES
	FE	CRIMINOLOGY & PENOLOGY
	EN	CULTURAL STUDIES
	FU	DEMOGRAPHY
	JM	ETHNIC STUDIES
	JO	FAMILY STUDIES
	JW	FOLKLORE
	OE	INTERNATIONAL RELATIONS
	OM	LAW
	OP	MEDICINE, LEGAL
	UU	POLITICAL SCIENCE
	WM	SOCIAL ISSUES
	WU	SOCIAL SCIENCES, INTERDISCIPLINARY
	WY	SOCIAL WORK
	XA	SOCIOLOGY
	ZK	WOMENS STUDIES

---

* 中国国务院学位委员会学科分类（China SCADC Subject Categories, CSSC）是基于中华人民共和国国务院学位委员会（State Council Academic Degree Committee, SCADC）和教育部颁布的《学位授予和人才培养学科目录（2011）》的学科分类。CSSC 分类分两级：13 个大的学科门类，代码为二位阿拉伯数字；110 个细化的一级学科，代码为四位阿拉伯数字。本表格中代码的编排遵循学科门类和一级学科之间的等级关系，例如：一级学科生物学 Biology（CSSC－0710）属于学科门类理学 Natural Science（CSSC－07）。此外，CSSC 分类中有部分学科无法和 WOS 的学科分类建立合适的映射关系。由于 CSSC 分类中的某些学科在 WOS 数据库中没有论文记录，以及两种学科范围存在互相交叉重叠的问题，共有 33 个一级学科未包括在学科映射表中；另外有 1 个学科门类（即 11 军事学）也被排除在本次学科映射之外。WOS 学科分类中，除了"BQ－HUMANITIES, MULTIDISCIPLINARY"之外，都映射到 CSSC 学科分类中。一个 WOS 学科有可能被映射到超过一个的 CSSC 学科。

续表

学科门类与 WOS 学科类别对应表

Description	WOS Code	WOS Description
04 Education	CN	BEHAVIORAL SCIENCES
	HA	EDUCATION & EDUCATIONAL RESEARCH
	HB	EDUCATION, SCIENTIFIC DISCIPLINES
	HE	EDUCATION, SPECIAL
	VI	PSYCHOLOGY
	NQ	PSYCHOLOGY, APPLIED
	BV	PSYCHOLOGY, BIOLOGICAL
	EQ	PSYCHOLOGY, CLINICAL
	MY	PSYCHOLOGY, DEVELOPMENTAL
	HI	PSYCHOLOGY, EDUCATIONAL
	VX	PSYCHOLOGY, EXPERIMENTAL
	VS	PSYCHOLOGY, MATHEMATICAL
	VJ	PSYCHOLOGY, MULTIDISCIPLINARY
	VP	PSYCHOLOGY, PSYCHOANALYSIS
	WQ	PSYCHOLOGY, SOCIAL
	XW	SPORT SCIENCES
05 Literature	EO	CLASSICS
	EU	COMMUNICATION
	JW	FOLKLORE
	OY	LANGUAGE & LINGUISTICS
	OT	LINGUISTICS
	OZ	LITERARY REVIEWS
	OX	LITERARY THEORY & CRITICISM
	PA	LITERATURE
	PD	LITERATURE, AFRICAN, AUSTRALIAN, CANADIAN
	PF	LITERATURE, AMERICAN
	PG	LITERATURE, BRITISH ISLES
	PH	LITERATURE, GERMAN, DUTCH, SCANDINAVIAN
	QC	LITERATURE, ROMANCE
	QD	LITERATURE, SLAVIC
	UT	POETRY
06 History	BI	ARCHAEOLOGY
	MM	HISTORY
	MR	HISTORY OF SOCIAL SCIENCES
	QK	MEDIEVAL & RENAISSANCE STUDIES

续表

学科门类与 WOS 学科类别对应表

Description	WOS Code	WOS Description
07 Natural Science	DE	PLANT SCIENCES
	AA	ACOUSTICS
	BM	AREA STUDIES
	BU	ASTRONOMY & ASTROPHYSICS
	CO	BIOCHEMICAL RESEARCH METHODS
	CQ	BIOCHEMISTRY & MOLECULAR BIOLOGY
	BD	BIODIVERSITY CONSERVATION
	CU	BIOLOGY
	DA	BIOPHYSICS
	DR	CELL BIOLOGY
	EA	CHEMISTRY, ANALYTICAL
	DW	CHEMISTRY, APPLIED
	EC	CHEMISTRY, INORGANIC & NUCLEAR
	DY	CHEMISTRY, MULTIDISCIPLINARY
	EE	CHEMISTRY, ORGANIC
	EI	CHEMISTRY, PHYSICAL
	FI	CRYSTALLOGRAPHY
	HY	DEVELOPMENTAL BIOLOGY
	GU	ECOLOGY
	HQ	ELECTROCHEMISTRY
	IY	ENTOMOLOGY
	HT	EVOLUTIONARY BIOLOGY
	KM	GENETICS & HEREDITY
	GC	GEOCHEMISTRY & GEOPHYSICS
	KU	GEOGRAPHY
	KV	GEOGRAPHY, PHYSICAL
	KY	GEOLOGY
	LE	GEOSCIENCES, MULTIDISCIPLINARY
	MQ	HISTORY & PHILOSOPHY OF SCIENCE
	OU	LIMNOLOGY
	PI	MARINE & FRESHWATER BIOLOGY
	MC	MATHEMATICAL & COMPUTATIONAL BIOLOGY
	PQ	MATHEMATICS
	PN	MATHEMATICS, APPLIED
	PO	MATHEMATICS, INTERDISCIPLINARY APPLICATIONS
	QQ	METEOROLOGY & ATMOSPHERIC SCIENCES

学科门类与 WOS 学科类别对应表

Description	WOS Code	WOS Description
07 Natural Science	QU	MICROBIOLOGY
	RE	MINERALOGY
	RO	MULTIDISCIPLINARY SCIENCES
	RQ	MYCOLOGY
	NS	NANOSCIENCE & NANOTECHNOLOGY
	SI	OCEANOGRAPHY
	SY	OPTICS
	TA	ORNITHOLOGY
	TE	PALEONTOLOGY
	UB	PHYSICS, APPLIED
	UH	PHYSICS, ATOMIC, MOLECULAR & CHEMICAL
	UK	PHYSICS, CONDENSED MATTER
	UF	PHYSICS, FLUIDS & PLASMAS
	UR	PHYSICS, MATHEMATICAL
	UI	PHYSICS, MULTIDISCIPLINARY
	UN	PHYSICS, NUCLEAR
	UP	PHYSICS, PARTICLES & FIELDS
	UM	PHYSIOLOGY
	UY	POLYMER SCIENCE
	WF	REPRODUCTIVE BIOLOGY
	PS	SOCIAL SCIENCES, MATHEMATICAL METHODS
	XQ	SPECTROSCOPY
	XY	STATISTICS & PROBABILITY
	ZE	VIROLOGY
	ZM	ZOOLOGY
	QL	LOGIC
08 Engineering	QL	LOGIC
	AE	AGRICULTURAL ENGINEERING
	BK	ARCHITECTURE
	AC	AUTOMATION & CONTROL SYSTEMS
	DB	BIOTECHNOLOGY & APPLIED MICROBIOLOGY
	CT	CELL & TISSUE ENGINEERING
	EP	COMPUTER SCIENCE, ARTIFICIAL INTELLIGENCE
	ER	COMPUTER SCIENCE, CYBERNETICS
	ES	COMPUTER SCIENCE, HARDWARE & ARCHITECTURE
	ET	COMPUTER SCIENCE, INFORMATION SYSTEMS
	EV	COMPUTER SCIENCE, INTERDISCIPLINARY APPLICATIONS

续表

学科门类与 WOS 学科类别对应表

Description	WOS Code	WOS Description
08 Engineering	EW	COMPUTER SCIENCE, SOFTWARE ENGINEERING
	EX	COMPUTER SCIENCE, THEORY & METHODS
	FA	CONSTRUCTION & BUILDING TECHNOLOGY
	ID	ENERGY & FUELS
	AI	ENGINEERING, AEROSPACE
	IG	ENGINEERING, BIOMEDICAL
	II	ENGINEERING, CHEMICAL
	IM	ENGINEERING, CIVIL
	IQ	ENGINEERING, ELECTRICAL & ELECTRONIC
	IH	ENGINEERING, ENVIRONMENTAL
	IX	ENGINEERING, GEOLOGICAL
	IK	ENGINEERING, MANUFACTURING
	IL	ENGINEERING, MARINE
	IU	ENGINEERING, MECHANICAL
	IF	ENGINEERING, MULTIDISCIPLINARY
	IO	ENGINEERING, OCEAN
	IP	ENGINEERING, PETROLEUM
	JA	ENVIRONMENTAL SCIENCES
	JB	ENVIRONMENTAL STUDIES
	JY	FOOD SCIENCE & TECHNOLOGY
	UE	IMAGING SCIENCE & PHOTOGRAPHIC TECHNOLOGY
	OA	INSTRUMENTS & INSTRUMENTATION
	QE	MATERIALS SCIENCE, BIOMATERIALS
	PK	MATERIALS SCIENCE, CERAMICS
	QF	MATERIALS SCIENCE, CHARACTERIZATION & TESTING
	QG	MATERIALS SCIENCE, COATINGS & FILMS
	QH	MATERIALS SCIENCE, COMPOSITES
	PM	MATERIALS SCIENCE, MULTIDISCIPLINARY
	PJ	MATERIALS SCIENCE, PAPER & WOOD
	QJ	MATERIALS SCIENCE, TEXTILES
	PU	MECHANICS
	PZ	METALLURGY & METALLURGICAL ENGINEERING
	RA	MICROSCOPY
	ZQ	MINING & MINERAL PROCESSING
	RY	NUCLEAR SCIENCE & TECHNOLOGY
	UQ	PLANNING & DEVELOPMENT
	SR	REMOTE SENSING
	RB	ROBOTICS
	YE	TELECOMMUNICATIONS
	DT	THERMODYNAMICS
	YQ	TRANSPORTATION
	YR	TRANSPORTATION SCIENCE & TECHNOLOGY
	YY	URBAN STUDIES
	ZR	WATER RESOURCES

续表

学科门类与 WOS 学科类别对应表

Description	WOS Code	WOS Description
09 Agriculture	AF	AGRICULTURAL ECONOMICS & POLICY
	AE	AGRICULTURAL ENGINEERING
	AD	AGRICULTURE, DAIRY & ANIMAL SCIENCE
	AH	AGRICULTURE, MULTIDISCIPLINARY
	AM	AGRONOMY
	JU	FISHERIES
	KA	FORESTRY
	MU	HORTICULTURE
	XE	SOIL SCIENCE
	ZC	VETERINARY SCIENCES
10 Medicine	CL	AUDIOLOGY & SPEECH-LANGUAGE PATHOLOGY
	AQ	ALLERGY
	AY	ANATOMY & MORPHOLOGY
	AZ	ANDROLOGY
	BA	ANESTHESIOLOGY
	DQ	CARDIAC & CARDIOVASCULAR SYSTEMS
	DX	CHEMISTRY, MEDICINAL
	RT	CLINICAL NEUROLOGY
	DS	CRITICAL CARE MEDICINE
	FY	DENTISTRY, ORAL SURGERY & MEDICINE
	GA	DERMATOLOGY
	FF	EMERGENCY MEDICINE
	IA	ENDOCRINOLOGY & METABOLISM
	KI	GASTROENTEROLOGY & HEPATOLOGY
	LI	GERIATRICS & GERONTOLOGY
	LJ	GERONTOLOGY
	HL	HEALTH CARE SCIENCES & SERVICES
	MA	HEMATOLOGY
	NI	IMMUNOLOGY
	NN	INFECTIOUS DISEASES
	OI	INTEGRATIVE & COMPLEMENTARY MEDICINE
	OO	MEDICAL ETHICS
	PT	MEDICAL INFORMATICS
	PW	MEDICAL LABORATORY TECHNOLOGY
	PY	MEDICINE, GENERAL & INTERNAL
	OP	MEDICINE, LEGAL

续表

学科门类与 WOS 学科类别对应表

Description	WOS Code	WOS Description
10 Medicine	QA	MEDICINE, RESEARCH & EXPERIMENTAL
	RX	NEUROIMAGING
	RU	NEUROSCIENCES
	RZ	NURSING
	SA	NUTRITION & DIETETICS
	SD	OBSTETRICS & GYNECOLOGY
	DM	ONCOLOGY
	SU	OPHTHALMOLOGY
	TC	ORTHOPEDICS
	TD	OTORHINOLARYNGOLOGY
	TI	PARASITOLOGY
	TM	PATHOLOGY
	TQ	PEDIATRICS
	ZD	PERIPHERAL VASCULAR DISEASE
	TU	PHARMACOLOGY & PHARMACY
	ML	PRIMARY HEALTH CARE
	VE	PSYCHIATRY
	EQ	PSYCHOLOGY, CLINICAL
	NE	PUBLIC, ENVIRONMENTAL & OCCUPATIONAL HEALTH
	VY	RADIOLOGY, NUCLEAR MEDICINE & MEDICAL IMAGING
	WC	REHABILITATION
	WE	RESPIRATORY SYSTEM
	WH	RHEUMATOLOGY
	WV	SOCIAL SCIENCES, BIOMEDICAL
	GM	SUBSTANCE ABUSE
	YA	SURGERY
	YO	TOXICOLOGY
	YP	TRANSPLANTATION
	YU	TROPICAL MEDICINE
	ZA	UROLOGY & NEPHROLOGY

续表

学科门类与 WOS 学科类别对应表

Description	WOS Code	WOS Description
12 Management Science	AF	AGRICULTURAL ECONOMICS & POLICY
	DI	BUSINESS
	DK	BUSINESS, FINANCE
	IJ	ENGINEERING, INDUSTRIAL
	JI	ERGONOMICS
	LQ	HEALTH POLICY & SERVICES
	MW	HOSPITALITY, LEISURE, SPORT & TOURISM
	NM	INDUSTRIAL RELATIONS & LABOR
	NU	INFORMATION SCIENCE & LIBRARY SCIENCE
	PC	MANAGEMENT
	PE	OPERATIONS RESEARCH & MANAGEMENT SCIENCE
	VM	PUBLIC ADMINISTRATION
13 Art	BP	ART
	FS	DANCE
	JS	FILM, RADIO, TELEVISION
	RP	MUSIC
	YG	THEATER

一级学科与 WOS 学科类别对应表①

Description	WOS Code	WOS Description
0101 Philosophy	HF	ETHICS
	OO	MEDICAL ETHICS
	UA	PHILOSOPHY
	YI	RELIGION
0301 Law	FE	CRIMINOLOGY & PENOLOGY
	OM	LAW
	OP	MEDICINE, LEGAL
0302 Political Science	OE	INTERNATIONAL RELATIONS
	UU	POLITICAL SCIENCE

---

① 《CSC4 Category Mapping 2012》为《学位授予和人才培养学科目录（2011 年）》中的一级学科与 Web of Science 学科类别的对应关系表。

续表

一级学科与 WOS 学科类别对应表

Description	WOS Code	WOS Description
0303 Sociology	BF	ANTHROPOLOGY
	OR	ASIAN STUDIES
	EN	CULTURAL STUDIES
	FU	DEMOGRAPHY
	JO	FAMILY STUDIES
	JW	FOLKLORE
	WM	SOCIAL ISSUES
	WU	SOCIAL SCIENCES, INTERDISCIPLINARY
	WY	SOCIAL WORK
	XA	SOCIOLOGY
	ZK	WOMENS STUDIES
0401 Education	HA	EDUCATION & EDUCATIONAL RESEARCH
	HB	EDUCATION, SCIENTIFIC DISCIPLINES
	HE	EDUCATION, SPECIAL
0402 Psychology	CN	BEHAVIORAL SCIENCES
	VI	PSYCHOLOGY
	NQ	PSYCHOLOGY, APPLIED
	BV	PSYCHOLOGY, BIOLOGICAL
	EQ	PSYCHOLOGY, CLINICAL
	MY	PSYCHOLOGY, DEVELOPMENTAL
	HI	PSYCHOLOGY, EDUCATIONAL
	VX	PSYCHOLOGY, EXPERIMENTAL
	VS	PSYCHOLOGY, MATHEMATICAL
	VJ	PSYCHOLOGY, MULTIDISCIPLINARY
	VP	PSYCHOLOGY, PSYCHOANALYSIS
	WQ	PSYCHOLOGY, SOCIAL
0403 Science of Physical Culture and Sports	XW	SPORT SCIENCES
0502 Foreign Languages and Literature	PD	LITERATURE, AFRICAN, AUSTRALIAN, CANADIAN
	PF	LITERATURE, AMERICAN
	PG	LITERATURE, BRITISH ISLES
	PH	LITERATURE, GERMAN, DUTCH, SCANDINAVIAN
	QC	LITERATURE, ROMANCE
	QD	LITERATURE, SLAVIC
0503 Journalism and Communication	EU	COMMUNICATION

一级学科与 WOS 学科类别对应表

Description	WOS Code	WOS Description
0601 Archaeology	BI	ARCHAEOLOGY
0603 World History	MM	HISTORY
	QK	MEDIEVAL & RENAISSANCE STUDIES
0701 Mathematics	QL	LOGIC
	PQ	MATHEMATICS
	PN	MATHEMATICS, APPLIED
	PO	MATHEMATICS, INTERDISCIPLINARY APPLICATIONS
	PS	SOCIAL SCIENCES, MATHEMATICAL METHODS
0702 Physics	AA	ACOUSTICS
	SY	OPTICS
	UB	PHYSICS, APPLIED
	UH	PHYSICS, ATOMIC, MOLECULAR & CHEMICAL
	UK	PHYSICS, CONDENSED MATTER
	UF	PHYSICS, FLUIDS & PLASMAS
	UR	PHYSICS, MATHEMATICAL
	UI	PHYSICS, MULTIDISCIPLINARY
	UN	PHYSICS, NUCLEAR
	UP	PHYSICS, PARTICLES & FIELDS
0703 Chemistry	EA	CHEMISTRY, ANALYTICAL
	DW	CHEMISTRY, APPLIED
	EC	CHEMISTRY, INORGANIC & NUCLEAR
	DY	CHEMISTRY, MULTIDISCIPLINARY
	EE	CHEMISTRY, ORGANIC
	EI	CHEMISTRY, PHYSICAL
	FI	CRYSTALLOGRAPHY
	HQ	ELECTROCHEMISTRY
	UY	POLYMER SCIENCE
	XQ	SPECTROSCOPY
0704 Astronomy	BU	ASTRONOMY & ASTROPHYSICS
0705 Geography	BM	AREA STUDIES
	KU	GEOGRAPHY
	KV	GEOGRAPHY, PHYSICAL
0706 Atmospheric Sciences	QQ	METEOROLOGY & ATMOSPHERIC SCIENCES
0707 Marine Sciences	SI	OCEANOGRAPHY

续表

一级学科与 WOS 学科类别对应表

Description	WOS Code	WOS Description
0708 Geophysics	GC	GEOCHEMISTRY & GEOPHYSICS
	LE	GEOSCIENCES, MULTIDISCIPLINARY
0709 Geology	KY	GEOLOGY
	RE	MINERALOGY
	TE	PALEONTOLOGY
0710 Biology	CO	BIOCHEMICAL RESEARCH METHODS
	CQ	BIOCHEMISTRY & MOLECULAR BIOLOGY
	CU	BIOLOGY
	DA	BIOPHYSICS
	DR	CELL BIOLOGY
	HY	DEVELOPMENTAL BIOLOGY
	IY	ENTOMOLOGY
	HT	EVOLUTIONARY BIOLOGY
	KM	GENETICS & HEREDITY
	OU	LIMNOLOGY
	PI	MARINE & FRESHWATER BIOLOGY
	MC	MATHEMATICAL & COMPUTATIONAL BIOLOGY
	QU	MICROBIOLOGY
	RQ	MYCOLOGY
	TA	ORNITHOLOGY
	UM	PHYSIOLOGY
	WF	REPRODUCTIVE BIOLOGY
	ZE	VIROLOGY
	ZM	ZOOLOGY
0712 History of Science and Technology	MQ	HISTORY & PHILOSOPHY OF SCIENCE
0713 Ecology	BD	BIODIVERSITY CONSERVATION
	GU	ECOLOGY
0714 Statistics	XY	STATISTICS & PROBABILITY
0801 Mechanics	PU	MECHANICS
0802 Mechanical Engineering	IU	ENGINEERING, MECHANICAL
0804 Instruments and Instrumentation Science and Technology	OA	INSTRUMENTS & INSTRUMENTATION
	RA	MICROSCOPY

续表

一级学科与 WOS 学科类别对应表

Description	WOS Code	WOS Description
0805 Materials Science and Engineering	QE	MATERIALS SCIENCE, BIOMATERIALS
	PK	MATERIALS SCIENCE, CERAMICS
	QF	MATERIALS SCIENCE, CHARACTERIZATION & TESTING
	QG	MATERIALS SCIENCE, COATINGS & FILMS
	QH	MATERIALS SCIENCE, COMPOSITES
	PM	MATERIALS SCIENCE, MULTIDISCIPLINARY
	PJ	MATERIALS SCIENCE, PAPER & WOOD
	QJ	MATERIALS SCIENCE, TEXTILES
0806 Metallurgy and Metallurgical Engineering	PZ	METALLURGY & METALLURGICAL ENGINEERING
0807 Thermodynamics	DT	THERMODYNAMICS
0810 Information and Communication Engineering	YE	TELECOMMUNICATIONS
0811 Control Science and Engineering	AC	AUTOMATION & CONTROL SYSTEMS
	RB	ROBOTICS
0812 Computer Science and Technology	QL	LOGIC
	EP	COMPUTER SCIENCE, ARTIFICIAL INTELLIGENCE
	ER	COMPUTER SCIENCE, CYBERNETICS
	ES	COMPUTER SCIENCE, HARDWARE & ARCHITECTURE
	ET	COMPUTER SCIENCE, INFORMATION SYSTEMS
	EV	COMPUTER SCIENCE, INTERDISCIPLINARY APPLICATIONS
	EX	COMPUTER SCIENCE, THEORY & METHODS
0813 Architecture	BK	ARCHITECTURE
0814 Civil Engineering	FA	CONSTRUCTION & BUILDING TECHNOLOGY
	IM	ENGINEERING, CIVIL
0815 Hydraulic Engineering	ZR	WATER RESOURCES
0816 Surveying and Mapping	SR	REMOTE SENSING
0817 Chemical Engineering and Technology	II	ENGINEERING, CHEMICAL

续表

一级学科与 WOS 学科类别对应表

Description	WOS Code	WOS Description
0818 Geological Resources and Geological Engineering	IX	ENGINEERING, GEOLOGICAL
0819 Mineral Engineering	ZQ	MINING & MINERAL PROCESSING
0820 Oil and Natural Gas Engineering	ID	ENERGY & FUELS
	IP	ENGINEERING, PETROLEUM
0821 Textile Science and Engineering	QJ	MATERIALS SCIENCE, TEXTILES
0822 The Light Industry Technology and Engineering	PJ	MATERIALS SCIENCE, PAPER & WOOD
0823 Transportation Engineering	YQ	TRANSPORTATION
	YR	TRANSPORTATION SCIENCE & TECHNOLOGY
0824 Naval Architecture and Ocean Engineering	IL	ENGINEERING, MARINE
	IO	ENGINEERING, OCEAN
0825 Aerospace Science and Technology	AI	ENGINEERING, AEROSPACE
0827 Nuclear Science and Technology	RY	NUCLEAR SCIENCE & TECHNOLOGY
0828 Agricultural Engineering	AE	AGRICULTURAL ENGINEERING
0830 Environmental Science and Engineering	IH	ENGINEERING, ENVIRONMENTAL
	JA	ENVIRONMENTAL SCIENCES
	JB	ENVIRONMENTAL STUDIES
0831 Biomedical Engineering	CT	CELL & TISSUE ENGINEERING
	IG	ENGINEERING, BIOMEDICAL
0832 Food Science and Engineering	JY	FOOD SCIENCE & TECHNOLOGY

续表

一级学科与 WOS 学科类别对应表

Description	WOS Code	WOS Description
0833 Urban and Rural Planning	UQ	PLANNING & DEVELOPMENT
	YY	URBAN STUDIES
0835 Software Engineering	EW	COMPUTER SCIENCE, SOFTWARE ENGINEERING
0836 Biotechnology	DB	BIOTECHNOLOGY & APPLIED MICROBIOLOGY
0901 Crop Science	AM	AGRONOMY
0902 Horticulture	MU	HORTICULTURE
0903 Agricultural Resources and Environment	XE	SOIL SCIENCE
0905 Animal Science	AD	AGRICULTURE, DAIRY & ANIMAL SCIENCE
0906 Veterinary Medicine	ZC	VETERINARY SCIENCES
0907 Forestry	KA	FORESTRY
0908 Fisheries Science	JU	FISHERIES
1001 Basic Medicine	AY	ANATOMY & MORPHOLOGY
	NI	IMMUNOLOGY
	PT	MEDICAL INFORMATICS
	QA	MEDICINE, RESEARCH & EXPERIMENTAL
	RU	NEUROSCIENCES
	TI	PARASITOLOGY
	TM	PATHOLOGY
	YO	TOXICOLOGY
1002 Clinical Medicine	CL	AUDIOLOGY & SPEECH - LANGUAGE PATHOLOGY
	AQ	ALLERGY
	AZ	ANDROLOGY
	BA	ANESTHESIOLOGY
	DQ	CARDIAC & CARDIOVASCULAR SYSTEMS
	RT	CLINICAL NEUROLOGY
	DS	CRITICAL CARE MEDICINE
	GA	DERMATOLOGY

续表

一级学科与 WOS 学科类别对应表

Description	WOS Code	WOS Description
1002 Clinical Medicine	FF	EMERGENCY MEDICINE
	IA	ENDOCRINOLOGY & METABOLISM
	KI	GASTROENTEROLOGY & HEPATOLOGY
	LI	GERIATRICS & GERONTOLOGY
	LJ	GERONTOLOGY
	MA	HEMATOLOGY
	OI	INTEGRATIVE & COMPLEMENTARY MEDICINE
	PY	MEDICINE, GENERAL & INTERNAL
	SD	OBSTETRICS & GYNECOLOGY
	DM	ONCOLOGY
	SU	OPHTHALMOLOGY
	TC	ORTHOPEDICS
	TD	OTORHINOLARYNGOLOGY
	TQ	PEDIATRICS
	ZD	PERIPHERAL VASCULAR DISEASE
	VE	PSYCHIATRY
	EQ	PSYCHOLOGY, CLINICAL
	WC	REHABILITATION
	WE	RESPIRATORY SYSTEM
	WH	RHEUMATOLOGY
	YA	SURGERY
	YP	TRANSPLANTATION
	YU	TROPICAL MEDICINE
	ZA	UROLOGY & NEPHROLOGY
1003 Stomatology	FY	DENTISTRY, ORAL SURGERY & MEDICINE
1004 Public Health and Preventive Medicine	NN	INFECTIOUS DISEASES
	SA	NUTRITION & DIETETICS
	ML	PRIMARY HEALTH CARE
	NE	PUBLIC, ENVIRONMENTAL & OCCUPATIONAL HEALTH
	WV	SOCIAL SCIENCES, BIOMEDICAL
	GM	SUBSTANCE ABUSE
1007 Pharmaceutical Science	DX	CHEMISTRY, MEDICINAL
	TU	PHARMACOLOGY & PHARMACY
1009 Special Medicine	VY	RADIOLOGY, NUCLEAR MEDICINE & MEDICAL IMAGING

续表

一级学科与 WOS 学科类别对应表

Description	WOS Code	WOS Description
1010 Medical Technology	PW	MEDICAL LABORATORY TECHNOLOGY
	RX	NEUROIMAGING
	VY	RADIOLOGY, NUCLEAR MEDICINE & MEDICAL IMAGING
1011 Nursing	RZ	NURSING
1201 Management Science and Engineering	IJ	ENGINEERING, INDUSTRIAL
	JI	ERGONOMICS
	PC	MANAGEMENT
	PE	OPERATIONS RESEARCH & MANAGEMENT SCIENCE
1202 Business Administration	DI	BUSINESS
	DK	BUSINESS, FINANCE
	MW	HOSPITALITY, LEISURE, SPORT & TOURISM
	NM	INDUSTRIAL RELATIONS & LABOR
1203 Agricultural and Forestry Economics and Management	AF	AGRICULTURAL ECONOMICS & POLICY
1204 Public Administration	HL	HEALTH CARE SCIENCES & SERVICES
	LQ	HEALTH POLICY & SERVICES
	VM	PUBLIC ADMINISTRATION
1205 Library, Information and Archive Management	NU	INFORMATION SCIENCE & LIBRARY SCIENCE
1302 Music and Dance Studies	FS	DANCE
	RP	MUSIC
1303 Theatre and Film Studies	JS	FILM, RADIO, TELEVISION
	YG	THEATER

参考文献

著 作

1. 陈世清：《中国经济解释与重建》，中国时代经济出版社2011年第2版。
2. 杜平：《中国政府网站互联网影响力评估报告》，社会科学文献出版社2013年版。
3. 邱均平、杨瑞仙、丁敬达：《世界一流大学与科研机构学科竞争力评价研究报告》，科学出版社2009年版。
4. 邱均平、赵蓉英、王伟军：《世界一流大学与科研机构竞争力评价研究报告》，机械工业出版社2013年版。
5. 苏新宁：《中国人文社会科学图书学术影响力报告》，中国社会科学出版社2011年版。
6. 苏新宁：《中国人文社会科学期刊学术影响力报告》，中国社会科学出版社2009年版。
7. 苏新宁：《中国人文社会科学学术影响力报告（2011版）》，高等教育出版社2011年版。
8. 苏新宁：《中国人文社会科学学术影响力报告》，中国社会科学出版社2007年版。
9. 赵春荣：《经济学》，中国经济出版社2010年版。
10. 郑海燕：《中国人文社会科学国际论文统计分析：基于SSCI和A&HCI数据（2005—2009）》，中国社会科学出版社2012年版。

论 文

1. 曹振华、翁惠明：《合理定位发挥优势突出特色打造个性品牌——提升地方综合性人文社会科学学术期刊影响力专家谈》，《东岳论丛》2013年第1期。

2. 车黎莎、许光鹏：《对我国心理学研究最有影响的国外学术著作分析——基于CSSCI（2000—2007年度）数据》，《西南民族大学学报》（人文社会科学版）2010年第2期。

3. 陈燕、孔叶群：《社科学术期刊学术水准动态评估模型与实证研究——以高等教育"双核心"期刊为例》，《出版科学》2014年第3期。

4. 陈支平：《史学理论探索与命题话语权的建构》，《文史哲》2011年第4期。

5. 邓秀林：《人文社科期刊被转载论文学术影响力研究》，《河南工业大学学报》（社会科学版）2013年第4期。

6. 丁翼：《法学图书学术影响力分析（国内学术著作）——基于CSSCI（2000—2007）》，《东岳论丛》2009年第11期。

7. 董政娥、陈惠兰：《人文社会科学研究对世界的影响力分析——以SSCI和A&HCI（1975—2009）收录东华大学学术论文被引用文献为案例》，《科技管理研究》2011年第3期。

8. 冯潇：《中国综合类集刊的发展现状及其趋势展望》，《烟台大学学报》（哲学社会科学版）2013年第2期。

9. 傅梦孜：《关于中国国际影响力问题的若干思考》，《现代国际关系》2011年第1期。

10. 高英、宁笔、于秋涛：《从SCI科技论文分析国家海洋局科技成果的国际影响力》，《海洋学报》2015年第5期。

11. 高志奇：《文化差异与会通——以社会学的中西方特征为例》，《延安大学学报》（社会科学版）2013年第1期。

12. 龚放：《我国教育学研究领域机构、地区学术影响力报告——基于2005—2006年CSSCI的统计分析》，《清华大学教育研究》2009年第2期。

13. 谷玉荣：《苏州大学人文社会科学研究学术影响力统计分析》，《内蒙古科技与经济》2015 年第 4 期。
14. 韩建业：《中国北方地区新石器时代文化研究》，博士学位论文，北京大学，2000 年。
15. 韩新民：《中国人文社会科学期刊评价新体系创立》，《统计与决策》2008 年第 17 期。
16. 韩哲：《我国艺术学研究最有学术影响力的国外学术著作分析——基于 CSSCI（2000—2007 年度）数据》，《西南民族大学学报》（人文社会科学版）2010 年第 3 期。
17. 何秀成、庞龙斌、黄梅：《学术期刊的办刊特色与学术影响力——基于大学人文社科学报的视角》，《广东工业大学学报》（社会科学版）2011 年第 1 期。
18. 侯猛：《数据如此分组能否真实反映法学现状——评中国人文社会科学学术影响力报告·"法学部分"》，《法学》2008 年第 3 期。
19. 胡政平：《综合类学刊何以承担重要的社会责任》，《甘肃社会科学》2008 年第 5 期。
20. 胡政平、胡丹东、崔玉娟：《特色优势栏目：综合类学刊的根本出路》，《出版发行研究》2009 年第 3 期。
21. 黄长著：《中国学术期刊国际影响力评价研究的新进展》，《中国科技期刊研究》2015 年第 2 期。
22. 黄河清、韩健、张鲸惊：《从〈中国学术期刊国际引证年报〉数据看我国科技期刊国际影响力现状》，《中国药学》2015 年第 3 期。
23. 贾洁：《我国"图书馆、情报与文献学"图书学术影响力报告——基于 CSSCI 的分析》，《中国图书馆学报》2010 年第 2 期。
24. 姜春林：《CSSCI 与管理科学部分源期刊学术影响力浅析》，《科研管理》2002 年第 2 期。
25. 姜春林：《CSSCI 与科学学类源期刊学术影响力初步分析》，《情报科学》2002 年第 4 期。
26. 姜春林：《基于 CSSCI 的管理科学部分源期刊学术影响力分析》，《情报科学》2002 年第 2 期。
27. 李爱群：《国内外体育核心期刊评价的比较研究》，《中国科技期刊研究》2008 年第 4 期。
28. 李平：《我国民族学图书学术影响力报告——基于 CSSCI》（2000—

2007 年）数据，《西南民族大学学报》（人文社会科学版）2009 年第 7 期。

29. 李志红：《国内学术著作对我国政治学研究的影响分析——基于 CSSCI（2000—2007 年度）数据》，《西南民族大学学报》（人文社会科学版）2010 年第 1 期。

30. 刘钒：《"汤浅现象"内涵解析及其现实意义》，《社会科学论坛》2007 年第 7 期。

31. 刘燕：《河北省高校学报影响力现状与对策分析》，《中国科技期刊研究》2014 年第 1 期。

32. 马红鸽：《中国人文社会科学学术期刊评价指标修订及其问题——基于〈中国人文社会科学期刊学术影响力报告（2009 版）〉评价指标的分析》，《重庆科技学院学报》（社会科学版）2010 年第 18 期。

33. 马晓军：《近年来我国管理学研究进展分析——基于 CSSCI（1998—2006）数据统计》，《管理学报》2009 年第 3 期。

34. 任全娥：《国内人文社会科学成果评价研究文献计量分析社会》，《科学管理与评论》2013 年第 3 期。

35. 任胜利、宁笔、程维红：《2013 年度中国 SCI 期刊的引证指标评析》，《科技导报》2014 年第 2 期。

36. 史继红、李志平：《尤金·加菲尔德与 SCI 述论》，《医学与哲学》2014 年第 6 期。

37. 苏新宁：《我国人文社会科学图书被引概况分析——基于 CSSCI 数据库》，《东岳论丛》2009 年第 7 期。

38. 孙俊青：《〈北京联合大学学报（人文社会科学版）〉（2010—2012 年）学术影响力分析》，《北京联合大学学报》（人文社会科学版）2014 年第 12 期。

39. 滕蔓：《国外学术著作对我国人文社会科学研究的影响分析》，《西南民族大学学报》（人文社会科学版）2012 年第 2 期。

40. 滕跃民、荣叔安等：《对学科竞争力培育途径的新思考——兼谈提升印刷出版学科竞争力的实践》，《中国出版》2006 年第 10 期。

41. 田卫平：《"核心期刊"评选与学术期刊的影响力》，《福建论坛》（人文社会科学版）2009 年第 1 期。

42. 王建新：《呼唤世界考古学中的中国考古学》，《中国文化遗产》2005

年第 1 期。

43. 王敬尧、宋哲:《中国农村研究的特色与趋势——基于 2001—2009 年 CSSCI 关键词的统计分析》,《江汉论坛》2011 年第 6 期。

44. 王益明、谢新洲:《科学情报研究所的创立者——加菲尔德》,《情报理论与实践》1993 年第 6 期。

45. 王迎春:《对我国考古学研究最有影响的国内学术著作分析——基于 CSSCI（2000—2007 年度）数据》,《西南民族大学学报》(人文社会科学版) 2010 年第 1 期。

46. 王永斌:《高校人文社会科学研究学术影响力报告——基于第四届中国高校人文社会科学研究优秀成果奖的实证分析》,《中国地质大学学报》(社会科学版) 2007 年第 6 期。

47. 王泽龙、苏新宁:《中国高等教育研究现状与学术影响力评估——基于 2001—2009 年 CSSCI 论文数据》,《华中师范大学学报》(人文社会科学版) 2011 年第 3 期。

48. 魏清光:《中国文学"走出去":现状、问题及对策》,《当代文坛》2015 年第 1 期。

49. 吴志祥、苏新宁:《国际顶级学术期刊〈Nature〉的发展轨迹及启示》,《图书与情报》2015 年第 1 期。

50. 伍军红、肖宏:《中国科技期刊的国际影响力统计分析》,《编辑学报》2013 年第 5 期。

51. 武继芬:《山东人文社会科学国际化产出能力分析——基于 SSCI 和 A&HCI 的统计分析》,《东岳论丛》2012 年第 6 期。

52. 肖凤春:《中国考古学视野下的文化遗产保护》,《赤峰学院学报》(汉文哲学社会科学版) 2013 年第 6 期。

53. 谢靖:《对我国中国文学研究最有学术影响力的历史文献及国外学术著作——基于 CSSCI（2000—2007 年）数据》,《西南民族大学学报》(人文社会科学版) 2009 年第 7 期。

54. 谢靖:《中国文学图书学术影响力分析（国内学术著作）——基于 CSSCI（2000—2007）》,《东岳论丛》2009 年第 10 期。

55. 熊渠邻、阮建海等:《高校人文社会科学学术影响力的评价指标体系研究》,《西南师范大学学报》(自然科学版) 2013 年第 11 期。

56. 许光鹏:《对我国心理学研究最有影响的国内学术著作分析——基于

CSSCI（2000—2007 年度）数据》,《西南民族大学学报》（人文社科版）2010 年第 2 期。

57. 杨建林、苏新宁:《人文社会科学学科创新力研究的现状与思路》,《情报理论与实践》2010 年第 2 期。

58. 姚乐野、王阿陶:《我国高校人文社会科学学术成果的国际影响力分析——基于"985"高校在 Web of Science 期刊发文引文的研究》,《四川大学学报》（哲学社会科学版）2015 年第 1 期。

59. 佚名:《文献计量指标释义》,《科学观察》2006 年第 2 期。

60. 袁翀:《中国人文社会科学学位论文影响力分析报告——基于"中国社会科学引文索引"（2000—2004）》,《大学图书馆学报》2007 年第 2 期。

61. 袁玉立:《学术影响力与学术期刊的导向》,《北京行政学院学报》2007 年第 4 期。

62. 张弛、王昊:《领袖著作对我国人文社会科学研究的影响分析》,《西南民族大学学报》（人文社会科学版）2012 年第 1 期。

63. 张瑞雪、邓三鸿:《国内学术著作对我国人文社会科学研究的影响分析》,《西南民族大学学报》（人文社会科学版）2012 年第 2 期。

64. 张燕蓟:《〈复印报刊资料〉人文社科综合类期刊学术影响力分析》,《四川师范大学学报》（社会科学版）2009 年第 4 期。

65. 张燕蓟、徐亚男:《"复印报刊资料"文学系列期刊学术影响力分析》,《南方文坛》2009 年第 4 期。

66. 赵晖:《浅谈〈人大复印报刊资料〉的学术影响力》,《全国新书目》2008 年第 8 期。

67. 郑杭生:《中国社会学:现状·前景·问题》,《光明日报》2003 年 5 月 6 日第 B4 版。

68. 钟旭:《论文影响力指标的建立、预测与评价》,《情报科学》1999 年第 17 期。

69. 周冰清:《对我国语言学研究最有影响的国内学术著作分析——基于 CSSCI（2000—2007 年度）数据》,《西南民族大学学报》（人文社会科学版）2009 年第 12 期。

70. 周冰清:《对我国语言学研究最有影响的国外学术著作分析——基于 CSSCI（2000—2007 年度）数据》,《西南民族大学学报》（人文社会科学版）2010 年第 10 期。

71. 朱富强：《如何看待当前的经济学国际化现象——从社会科学和自然科学的理论研究之差异谈起》，《当代财经》2008 年第 10 期。

72. 朱惠、王昊：《改革开放 30 年出版的学术著作对我国人文社会科学研究的影响分析》，《西南民族大学学报》（人文社会科学版）2012 年第 4 期。

网络文献

1. 江泽民在庆祝北京大学建校一百周年大会上的讲话，[1998－05－04]，http：//www.people.com.cn/GB/jiaoyu/8216/2702275.html。

2. 面向 21 世纪教育振兴行动计划（教育部 1998 年 12 月 24 日制定，国务院 1999 年 1 月 13 日批转），[1999－02－25]，http：//news.sina.com.cn/richtalk/news/china/9902/022523.html。

3. 《国家中长期科学和技术发展规划纲要（2006—2020 年）》（中华人民共和国国务院），[2006－02－09]，http：//www.most.gov.cn/mostinfo/xinxifenlei/gjkjgh/200811/t20081129_65774.htm。

4. 《国家中长期人才发展规划纲要（2010—2020 年）》（中共中央、国务院），[2010－06－07]，http：//www.china.com.cn/policy/txt/2010－06/07/content_20197790.htm。

5. 胡锦涛在清华大学百年校庆大会上的重要讲话，[2011－04－25]，http：//www.bj.xinhuanet.com/bjpd_sdzx/2011－04/25/content_22604972_1.htm。

6. 中共中央办公厅、国务院办公厅转发《教育部关于深入推进高等学校哲学社会科学繁荣发展的意见》，[2011－11－13]，http：//news.xinhuanet.com/politics/2011－11/13/c_111164137.htm。

7. 教育部《关于印发〈高等学校哲学社会科学"走出去"计划〉的通知》，[2011－11－08]，http：//www.edu.cn/zong_he_793/20111108/t20111108_704313.shtml。

8. 教育部《关于全面提高高等教育质量的若干意见》（教高〔2012〕4 号），[2012－04－20]，http：//www.gov.cn/zwgk/2012－04/20/content_2118168.htm。

9. Book Citation Index, http：//thomsonreuters.com/en/products - services/cholarly - scientific - research/scholarly - search - and - discovery/book - citation - index.html。

10. 刘维维：《中国考古学研究应与世界考古学接轨——访当代著名考古学家王仲殊》，中国社会科学报刊网，http：//sspress.cass.cn/news/17349.htm，[2011 - 1 - 27]，访问日期2014年12月3日。

11. 穴居的猎人：《审视中国考古学理论的现状》，[2014 - 10 - 07] http：//blog.sina.com.cn/s/blog_ 679030190102v20u.html。

12. 《英学者谈中国考古不受关注：中国专家应提升外语能力》，新华网。http：//news.xinhuanet.com/world/2013 - 08/27/c _ 117102194.htm [2013 - 08 - 27]，访问日期2014年12月2日。

后　　记

随着我国在国际政治、经济领域地位的不断提升，提高我国文化软实力成为新时期一项紧迫而艰巨的任务。提高文化软实力是中华文化走向世界参与全球文化合作与竞争，进而提高中国国际话语权和文化影响力的重要手段。哲学社会科学作为我国文化的组成部分，在提高国家文化软实力方面发挥着越来越重要的作用。

2003年教育部、财政部贯彻落实中央精神制定了"高等学校哲学社会科学繁荣计划"，该举措自实施以来调动了高等学校广大哲学社会科学工作者的积极性、主动性和创造性，提升了高等学校的综合实力和整体水平，推动了高等教育事业改革和发展，为进一步繁荣发展高等学校哲学社会科学奠定了坚实基础。

2004年3月，中共中央发出《关于进一步繁荣发展哲学社会科学的意见》，提出必须进一步提高对哲学社会科学重要性的认识，大力繁荣发展哲学社会科学，充分发挥我国哲学社会科学认识世界的重要作用，加强哲学社会科学的对外开放。

2007年，党的十七大报告发展了这一观点，强调要"加强对外文化交流，吸收各国优秀文明成果，增强中华文化国际影响力"，"推动我国哲学社会科学优秀成果和优秀人才走向世界"。

2011年11月7日，教育部、财政部印发《高等学校哲学社会科学繁荣计划（2011—2020年）》，坚持以推进学术交流与合作为主线，坚持"走出去"与"请进来"相结合，提升国际学术交流质量和水平，推动高等学校哲学社会科学走向世界。同日，教育部印发了《高等学校哲学社会科学"走出去"计划》，指出高等学校哲学社会科学"走出去"，是中华文化"走出去"战略的重要组成部分，对于进一步提升高等教育国际化水平，扩大中国学术的国际影响力，妥善回应外部关切，增进国际社会对我国基本国情、价值观念、发展道路、内外政策的了解和认识，展现我国文明、民主、开放、进步的形象，增强我国国际话语权，具有十分重要的意义。

随后，中共中央办公厅、国务院办公厅转发了《教育部关于深入推进高等学校哲学社会科学繁荣发展的意见》，其中明确指出未来十年我国高等学校哲学社会科学的任务有：坚持"走出去"与"请进来"相结合，加强统筹规划，创新思路办法，拓展交流途径，健全合作机制，有选择、有步骤、有层次地推进高等学校哲学社会科学走向世界，推动中华文化"走出去"，增强我国国际话语权。

2012年，党的十八大报告指出，要建设社会主义文化强国，关键是要增强全民族的文化创造活力，增强文化整体实力和竞争力，开创中华文化国际影响力不断增强的新局面。推动中华文化走向世界，不仅是增强民族凝聚力和创造力、加快转变经济发展方式、促进经济社会发展的重要途径，而且也是不断增强我国文化软实力和国际话语权、营造良好的国际发展环境的重大战略选择。

从中共中央以及教育部等相关部门接连制定的繁荣与发展哲学社会科学的各项意见、计划中可以看出，我国的哲学社会科学不仅承担着打造中国文化软实力的重任，而且对于增强我国的国际话语权也发挥着重要的影响作用。

因此，全面掌握我国哲学社会科学国际学术影响力的发展现状和现实水平，不仅可以为我国政府及相关科研管理部门的决策提供参考借鉴，还能使我国哲学社会科学研究机构及学者认清现状，排除不利于学术成果"走出去"的种种障碍，进而提升我国哲学社会科学学术成果在国际学术界的整体影响力水平。

基于这样的社会背景和现实需要，2013年，本课题组以《中国人文社会科学国际学术影响力发展报告》为题，申报教育部哲学社会科学研究发展报告项目，并最终获批为培育项目（项目编号：13JBGP035）。立项后，本课题组十余名成员先后召开数十次的研讨会或工作会议，围绕本《报告》的结构、数据来源以及数据库的建设等问题开展了讨论和深入研究。历经两年的艰苦工作，最终完成了《中国人文社会科学国际学术影响力发展报告（2006—2010年）》（以下简称《报告》）。

2006—2010年是我国"十一五"规划时期，是我国人文社会科学全面推进"走出去"战略的重要阶段,取得了显著成就:初步形成了门类较为齐全、布局较为合理的学科体系结构,推出了一批学术价值高、社会影响广的优秀成果,涌现出一批学术领军人物、学科带头人和中青年科研骨干,对外学术交流与合作不断扩大,"走出去"步伐进一步加快,在国际学术舞台上的话语权和影响力明显增强。因此,本《报告》以"十一五"时期(2006—2010年)限定研究对象的时间范围,积极响应中共中央办公厅、国务院以及教育部的相关文件精神,一方面衡量2006—2010年我国人文社会科学学术成果在国际学术界的影响力水平,以供相关决策部门制定科学合理的科研发展规划;另一方面探寻目前我国人文社会科学"走出去"中的障碍和不利因素,并提供合理化建议和对策,为相关部门制定政策提供参考借鉴。

本《报告》的特点是突破了以往单纯以人文社会科学学术论文及其引用情况做评价指标,且局限于国内学科之间的横向比较的固有做法,而是站在国际人文社会科学发展的高度,从期刊、期刊论文、著作、学者参与国际学术活动以及学科五个方面综合分析研判"十一五"期间我国人文社会科学学术成果的国际影响力水平,并且坚持以数据为基础、用数据说话的原则,大量展示相关的数据、图表,提高了《报告》本身的科学性和可靠性。此外,本《报告》的研究结论对于了解"十一五"期间我国人文社会科学的整体发展情况,准确把握目前我国人文社会科学在国际学术界的地位和水平,对于下一步科学地、有针对性地审定我国人文社会科学的未来发展策略,建立既能展现中国人文社会科学研究特点又适应国际学术成果评价标准的综合学术评价体系等方面都有着十分重要的战略意义。

本《报告》由课题负责人姚乐野教授担任主编,负责报告的整体框架的构建,对课题组成员进行指导和任务分工,并对全书进行统稿和修改。《报告》共分为七章:第一章由蔡娜撰写;第二章由王阿陶撰写;第三章由刘彩云撰写;第四章由沈春会撰写;第五章由林曦撰写;第六章第一节、第六节、第九节、第十节、第十五节由沈春会撰写,第二节、第七节、第十一节、第十二节、第十六节由王阿陶撰写,第三节、第四节、第五节由刘彩云撰写,第八节由张巍巍撰写,第十四节由杨巧云撰写,第十三节由范炜撰写;第七章由姚乐野、王阿陶撰写;附录和参考文献部分由丁琳玲整理校对。

需要指出的是，由于受数据获取的局限，本《报告》还存在一定的不足之处：由于尚未获得科研院所、政府、党校和军队系统的人文社会科学国际学术交流活动的相应统计数据，因此，第五章中的国际学术交流只列举了高等院校的国际学术交流数据。在接下来的后续研究中，我们将努力弥补这一缺憾，增加科研院所、政府、党校和军队系统的人文社会科学国际学术交流方面的数据，最大限度上展现各个系统的国际学术交流活动。此外，由于本《报告》涉及的数据量大且时间跨度较长，尽管课题组成员进行了反复的核对和审阅，但是差错在所难免，望广大读者给予谅解和指正。

本《报告》的出版还要感谢教育部哲学社会科学研究发展报告项目的资金支助，感谢中国社会科学出版社领导的大力支持和责任编辑等编校人员认真细致的加工和审读。

姚乐野

2015 年 11 月